1 gegen 1 – Der Ursprung des Fußballs

Hinweise

Aus Gründen der besseren Lesbarkeit wird bei Personenbezeichnungen die männliche Sprachform verwendet. Gemeint ist sowohl die männliche als auch die weibliche und die diverse Form.

Kaß | Oswald | Palakaya | Agacinski

1 GEGEN 1

DER URSPRUNG DES FUSSBALLS

Mit modernen Trainingsformen zum Erfolg

MEYER & MEYER VERLAG

1 gegen 1 – Der Ursprung des Fußballs

Bibliografische Information der Deutschen Nationalbibliothek

Die Deutsche Nationalbibliothek verzeichnet diese Publikation in der Deutschen Nationalbibliografie; detaillierte bibliografische Details sind im Internet über <http://dnb.d-nb.de> abrufbar.

Auckland, Beirut, Dubai, Hägendorf, Hongkong, Indianapolis, Kairo, Kapstadt, Manila, Maidenhead, Neu-Delhi, Singapur, Sydney, Teheran, Wien

Member of the World Sport Publishers' Association (WSPA)

Gesamtherstellung: Print Consult GmbH, München

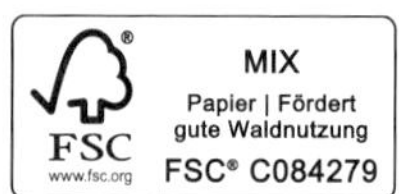

978-3-8403-7869-0

E-Mail: verlag@m-m-sports.com

www.dersportverlag.de

Inhalt

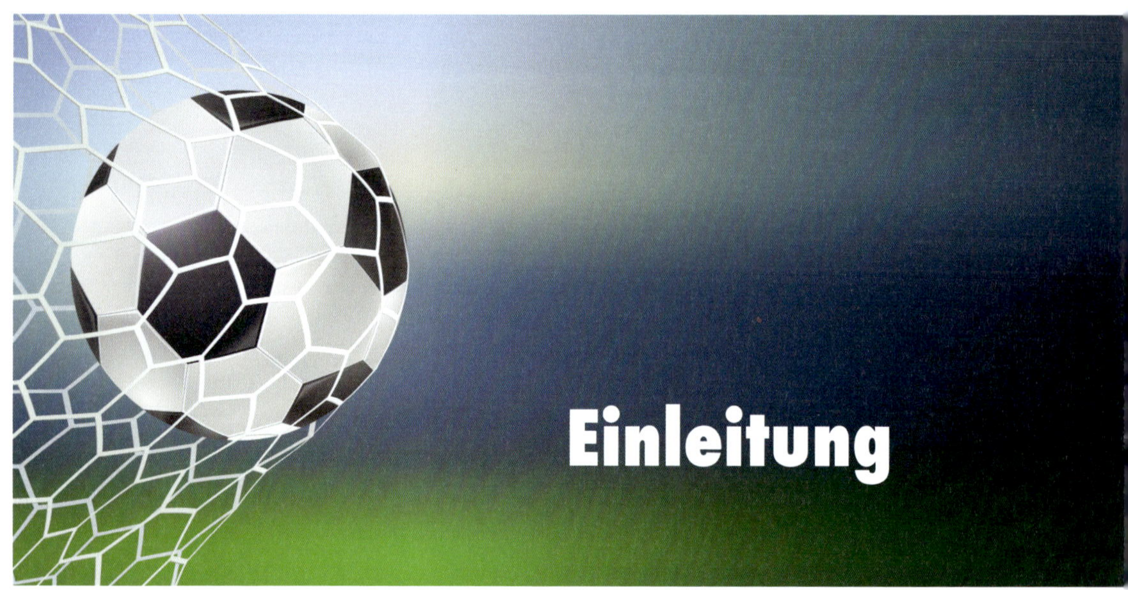

Einleitung

Das 1 gegen 1 ist ein wesentlicher Bestandteil des Spiels – und für viele Spieler eine Quelle der Frustration. Die meisten Spieler haben in dieser Situation nämlich nicht viel Erfolg. Und wenn doch, dann ist es eher Glück als alles andere.

Aber es gibt einige Spieler, die das 1 gegen 1 so gut beherrschen, dass sie unaufhaltsam scheinen. Jamal Musiala ist einer von ihnen. Der spielfreudige Mittelfeldspieler vom FC Bayern München versteht es trotz seiner kleinen Statur, seine Gegner nach allen Regeln der (Fußball-)Kunst im 1 gegen 1 zu überwinden.

» Aber warum ist Jamal Musialas Stärke gerade im 1 gegen 1 so deutlich?

Die Gegner von Jamal Musiala greifen sehr aggressiv und manchmal überhastet an, denn das primäre Ziel ist es, diesen Spieler zu stoppen. Diese Art von Verhalten birgt jedoch Risiken, die von erfahrenen Spielern oft ausgenutzt werden. Im Fall von Jamal Musiala zeigt sich dies beispielsweise darin, dass er seine technischen Fähigkeiten auch bei hohem Lauftempo beibehält. Dies beweist, dass nicht nur die Technik selbst, sondern auch ihre Umsetzung bei erhöhter Geschwindigkeit notwendig ist, um erfolgreich zu sein.

Im Fußball geht es nicht immer um den schnellsten Spieler. Derjenige, der seine Technik und sein Können auch bei hohen Geschwindigkeiten beibehalten kann, hat einen großen Vorteil. Das 1 gegen 1 ist ideal, um diese Fähigkeit zu trainieren, denn auf diese Weise kann der Spieler lernen, spielerisch auszuweichen.

Das 1 gegen 1 stellt somit ein Kernproblem des Fußballs dar, das besonders im Nachwuchsbereich deutlich wird. Die Grundlagen für eine erfolgreiche Bewegungsausführung bei hohem Tempo müssen bereits in der Jugend trainiert werden. Dies bereitet die Spieler auf den Wettbewerb auf höherem Niveau vor.

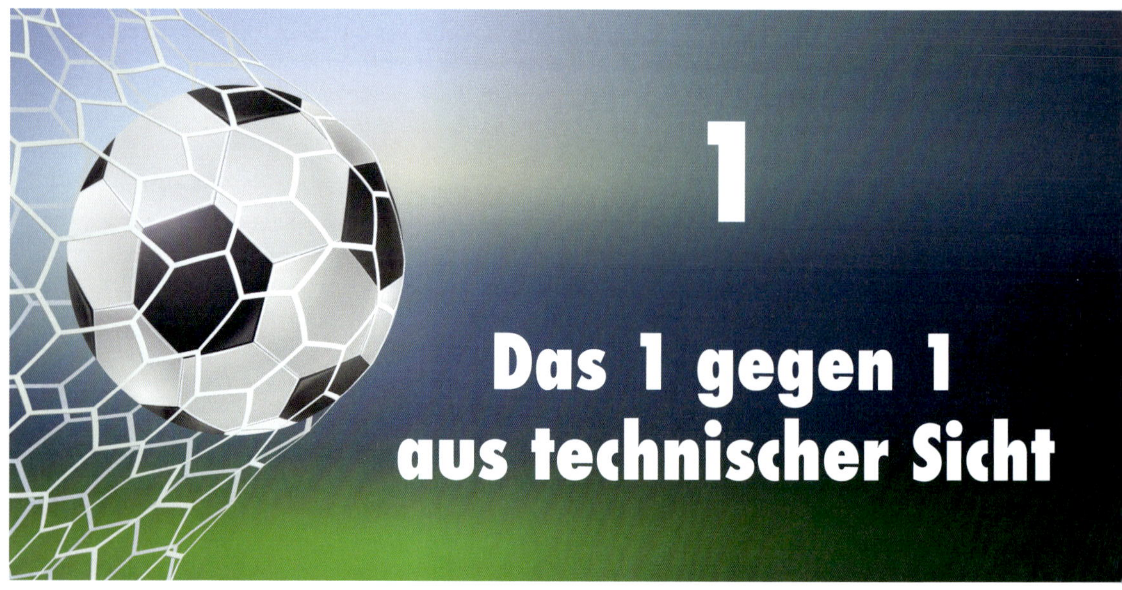

1 Das 1 gegen 1 aus technischer Sicht

Klar, zu einem guten Fußballer gehört eine gute Technik, wie Tiere in einen Zoo. Aus diesem Grund ist eine gute Technik für Fußballer enorm wichtig. Doch in 1-gegen-1-Situationen innerhalb eines Spiels nimmt die Bedeutsamkeit der technischen Fertigkeiten nochmal zu. Schließlich muss man beim 1 gegen 1 diese Fertigkeiten unter Gegnerdruck abrufen – also in einer absoluten Extremsituation, ohne Zeit und Raum.

Die Spieler befinden sich in Interaktion mit einem Akteur, der für sie unberechenbar ist. Lange trainierte und eingeschliffene Muster, um ein 1 gegen 1 zu gewinnen, bringen prinzipiell wenig.

Der Gegner beeinflusst das eigene Verhalten immer mit seinem Handeln. Das bedeutet, dass ein ganzheitliches technisches Training nötig ist, um möglichst viele 1-gegen-1-Duelle zu gewinnen. Es bringt nichts, nur eine Art des Dribblings zu trainieren und zu hoffen, damit möglichst viele Verteidiger aussteigen zu lassen. Nur wer für jede Gegebenheit im 1 gegen 1 eine Lösung hat, wird ein erfolgreicher Spieler sein.

Zur Hürde der Interaktion kommt im technischen Bereich natürlich die Geschwindigkeit hinzu. Meistens wird ein Spieler in einem Spiel keine Zeit haben, um sich eine Lösung für ein anstehendes 1-gegen-1-Duell zu überlegen. Hinzu kommt die hohe Geschwindigkeit in den Abläufen. Im Vollsprint einen Gegner auszudribbeln oder in ein Kopfballduell zu gehen, ist die Königsdisziplin. Da muss die Technik zu 100 Prozent passen, um nicht den Ball im Dribbling zu vergessen oder ihn von seinem Fuß springen zu lassen.

Momentan einer der besten Dribbler auf der Welt ist Jamal Musiala vom FC Bayern München. Er vereint die physischen Fähigkeiten trotz seines jungen Alters perfekt mit den technischen Fertigkeiten, die man braucht, um möglichst viele 1-gegen-1-Duelle zu gewinnen. Jamal Musiala kreiert seiner Mannschaft permanent Torchancen, weil er seine Technik sowohl unter höchster Geschwindigkeit als auch auf engstem Raum unter Kontrolle hat. Dadurch ist er frei in seinen Bewegungsabläufen und kann sich der Situation auf dem Platz anpassen.

Wenn Sie Musiala spielen sehen, wird Ihnen auffallen, dass er bisher keinen „Signature Move" hat, wie beispielsweise Arjen Robben. Dies ist hervorragend, weil er seine Lösung im 1 gegen 1 individuell anhand der Situation wählt. Das macht ihn momentan zu einem, wenn nicht sogar zu DEM besten 1-gegen-1-Offensivspieler der Welt!

In der Verteidigung ist das beste Beispiel Alphonso Davies. Der junge Kanadier vom FC Bayern ist einer, wenn nicht DER schnellste Spieler der Welt. Dies hilft ihm in der Defensive gerade bei Laufduellen oder Dribblings. Letzten Endes hat allerdings noch niemals ein Sprint für einen Ballgewinn gesorgt. Davies hat jedoch auch seine Technik beisammen und kann so im Zusammenspiel mit Technik und Physis vielen Spielern den Ball abnehmen. Er kann eben auch bei hoher Geschwindigkeit immer auf seinen Gegenspieler reagieren und so Bälle gewinnen. Das macht ihn zu einem enorm guten Verteidiger.

Je länger jedoch ein Spiel läuft, desto schwieriger ist es, sowohl für Verteidiger als auch Angreifer, 1-gegen-1-Duelle erfolgreich zu bestreiten. Dies liegt daran, dass die physische Leistungsfähigkeit abnimmt und damit die technischen Fertigkeiten erschöpfungsbedingt sinken. Damit wird es für die Spieler schwieriger, die richtigen technischen Lösungen für 1-gegen-1-Duelle zu finden.

Darum sollte man als Trainer seine Wechselkapazitäten immer ausschöpfen und auch zu unterschiedlichen Zeitpunkten wechseln. So bringt man mehrmals Impulse, um ein Spiel für sich zu entscheiden. Darüber hinaus empfiehlt sich auch durchaus das Wechseln von Verteidigern, auch wenn es einen eher schlechten Ruf hat.

Gerade, wenn ein neuer Offensivspieler beim Gegner eingewechselt wird, kann es Sinn ergeben, den dazu passenden Verteidiger der eigenen Mannschaft zu ersetzen, um physisch und damit auch technisch 1-gegen-1-Duelle auf einem Niveau zu führen.

Nun ist technisches Training natürlich auch wichtig, um seine Spieler überhaupt aus 1-gegen-1-Duellen herauszuhalten. Ein versprungener oder zu weit vorgelegter Ball kann einen Spieler in eine unangenehme Situation eines 1 gegen 1 bringen, was der Spieler und seine Mannschaft nicht antizipieren kann. Dies bringt die Mannschaft sowohl taktisch in Bedrängnis als auch den Spieler technisch, der reagieren muss, statt zu agieren.

Gerade in den unteren Ligen ist diese Ausgangssituation auch gleichbedeutend mit einem Ballverlust und einem Gegenangriff, der prinzipiell zu einem Tor führen kann. Dementsprechend sollten die eigenen Spieler technisch auf einem guten Stand sein und regelmäßig dahin gehend weitergebildet werden, um 1-gegen-1-Duelle zu gewinnen und ihnen bestenfalls aus dem Weg zu gehen.

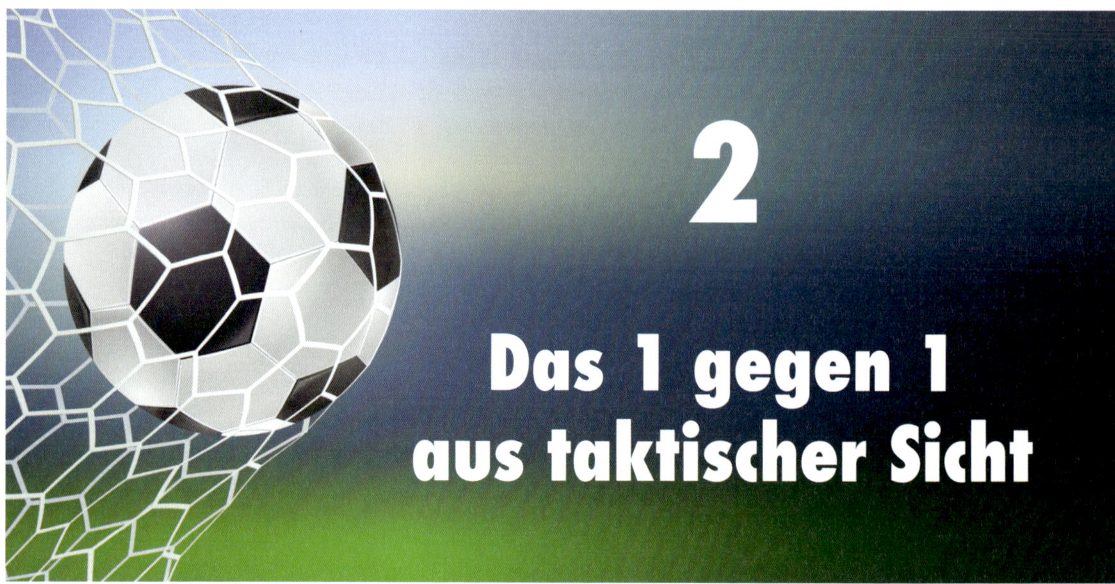

2 Das 1 gegen 1 aus taktischer Sicht

Das 1 gegen 1 ist aus taktischer Sicht eines der wichtigsten, wenn nicht DAS wichtigste Element innerhalb eines Spiels. Gemeinhin fällt der Ausdruck nur, wenn ein Spieler der angreifenden Mannschaft zu einem Dribbling gegen den Verteidiger ansetzt. Letzten Endes fallen darunter allerdings auch Kopfballduelle, Zweikämpfe oder Laufduelle. Alles Dinge, die man haufenweise in einem Spiel vorfindet.

Ohne diese Dinge, und darum ist das 1 gegen 1 so enorm wichtig, funktioniert keine Taktik der Welt. Schauen wir uns erst einmal ganz generell an, wie Misserfolg bei Mannschaften entsteht, dann ist häufig folgendes Muster zu beobachten: Erste Niederlagen durch eine falsche Taktik des Trainers, Unruhe innerhalb der Mannschaft oder des Vereins, fehlende Qualität der Spieler oder Pech führen zu Unsicherheiten bei den Spielern.

Sie machen sich Gedanken über ihre Situation und ihre Fähigkeiten und beginnen, an sich und der Mannschaft zu zweifeln. Dies wirkt sich in 1-gegen-1-Duellen auf zwei verschiedene, gleich fatale Art und Weise aus.

Entweder trauen sich die Spieler gar nichts mehr zu und vermeiden offensiv 1-gegen-1-Duelle aus Angst vor einem Ballverlust und praktizieren dies auch in der Defensive - geben also nur Begleitschutz und es kommt zum „passiven" Verteidigen, wie wir es so oft in Fußballspielen hören.

Oder die Spieler entwickeln ein zu hohes Selbstbewusstsein aus der Reflexion, sie wären selbst nicht das Problem. Das Ergebnis: eigensinniges Offensivverhalten, was sich in etlichen erfolglosen Dribblings äußert.

Im Defensivverhalten machen diese Spieler aus Frust irgendwann nicht mehr mit oder fallen mit unsportlichen Aktionen auf. Wenn dann einmal die Negativspirale eingeleitet ist, fehlen gegenüber der gegnerischen Mannschaft die letzten Prozente, um Kopfballduelle, Zweikämpfe oder Laufduelle zu gewinnen. Zwangsläufig folgt daraus über kurz oder lang die Trainerentlassung.

Meist hilft bei diesen Attributen eben doch ein neues Gesicht in der Kabine, welches die Spieler aus dem Tief herausholt. Darum haben wir in den letzten Jahren auch häufig taktisch hervorragend agierende Trainer in der Arbeitslosigkeit gesehen. Als Trainer sind die 1-gegen-1-Duelle auf dem Platz häufig wichtiger als die vorgegebene Taktik.

Darum schauen wir uns nun die beiden erfolgreichsten Trainer der letzten 15 Jahre an und stellen ihre taktischen Vorstellungen ohne 1-gegen-1-Duelle vor. Allerdings beschränken wir uns jetzt auf die iniitierten, gezielt einsetzbaren 1-gegen-1-Duelle, also Dribblings.

Pep Guardiola hat die Art des Fußballspielens auf der Welt nachhaltig verändert. Sein „Tikitaka" hat Anfang der 2010er-Jahre Europa und die Champions League erobert. Auch wenn Guardiola seit Jahren auf seinen nächsten Henkelpott wartet, hat er dennoch jede europäische Liga von Bedeutung mit seinem Fußball dominiert – sei es La Liga, die Bundesliga oder die Premier League. Seine Mannschaften sollen immer den Ball haben.

Dies ist im Übrigen eine durch und durch defensive Denkweise. Der Katalane erklärte seine Philosophie zu Beginn seiner Karriere ungefähr in folgendem Wortlaut: „Solange meine Mannschaft den Ball hat, kann der Gegner keine Tore schießen".

Nun befinden sich, sozusagen als logischer Schluss dieser Aussage, Guardiolas Teams häufig in der Offensive. Dabei versuchen sie, den gegnerischen Strafraum zu belagern und den Gegner auseinanderzuspielen. Peps Mannschaften warten durch gezieltes Passspiel so lange auf die Lücke im Defensivverbund, bis sie den Ball tief in den Strafraum durchstecken können.

Sozusagen als Reaktion auf den Hype von Guardiolas Ballbesitzfußball, der in Europa viele Nachahmer gefunden hat, hat sich eine Gegenpartei gebildet, die maßgeblich von Trainer-Urgestein Carlo Ancelotti angeführt wird. Dieser ist, zumindest, was die Titel angeht, noch erfolgreicher als sein jüngerer Kollege aus Spanien.

Ancelotti interessiert sich nicht groß für eine ansprechende Spielkultur oder Ballbesitz. In den engen Spielen in der Champions League überlasst er dem Gegner den Ball und stellt seine Mannen auf eine Defensivschlacht ein. Sie sollen dem ballbesitzenden Team durch effektives Verschieben und cleveres Verteidigen die Räume im Strafraum verwehren, die Guardiola durch seine Ballzirkulation finden will. Dieses Mittel wählen Teams häufig, wenn sie als Underdog ins Spiel gehen. Damit stellen sie die ballbesitzende Mannschaft vor enorme Probleme.

Jetzt kommt endlich unser 1 gegen 1 ins Spiel, denn die einzige Möglichkeit für Guardiolas Mannschaft, abgesehen von Fernschüssen, sind gezielte 1-gegen-1-Duelle. Seine Spieler müssen mit ihren athletischen und/oder technischen Fähigkeiten Verteidiger aussteigen lassen, um die disziplinierten Defensivverbünde aufzubrechen. Durch ein gewonnenes 1-gegen-1-Duell kommen sie in den tiefen Raum und haben dann eine gute Aussicht auf eine Torchance. Ohne dieses gewonnene 1-gegen-1-Duell würde die ballbesitzende Mannschaft den Ball dauerhaft um die gefährliche Zone zirkulieren lassen – das 1 gegen 1 ist der Icebreaker, um Torchancen zu kreieren.

Diese Tatsache lässt sich an zwei Entwicklungen ablesen. Die falsche Neun verliert mittlerweile wieder an Bedeutung, war aber zeitweise das „neue große Ding" im Fußball. Ein zusätzlicher, kleiner, quirliger Offensivspieler ersetzt dabei den großen Stoßstürmer in der Mitte. Sinn und Zweck dieser Variante: noch mehr 1-gegen-1-Duelle kreieren. Und aufgrund der körperlichen Voraussetzungen der falschen Neun (kleiner, quirliger, schneller, bessere Technik) eine höhere Chance, diese zu gewinnen.

Das einzige Problem dieser Variante ist, dass dann der Zielspieler im Strafraum fehlt, der die Vorlagen durch die gewonnenen Räume abnimmt und in Tore ummünzt. Darum kehren auch immer mehr Clubs zu klassischen Stürmern zurück – unter anderem Pep Guardiola durch die Verpflichtung von Erling Haaland.

Die zweite Entwicklung ist eine lang anhaltende Auffälligkeit durch alle Ligen hinweg: Wenn ein Underdog eine Zeit lang überraschend erfolgreich ist, fällt die Leistung danach häufig ab. Zu Beginn einer Saison holen sie viele Punkte durch eine defensiv-destruktive Spielweise. Nach der Hinrunde sind sie in vielen Spielen jedoch häufig der Favorit, weil sie mehr Punkte auf dem Konto haben. Viele der Gegner überlassen dem ehemaligen Underdog dann also den Ball und stehen selbst hinten drin.

Der Underdog kann damit nicht umgehen, weil seine Spieler nicht die Qualität haben, um in 1-gegen-1-Duellen die Verteidigungskette des Gegners zu zerstören und er rutscht in der Tabelle wieder nach unten.

Auch für Carlo Ancelotti ist das 1 gegen 1 von zentraler Bedeutung – nicht nur, um in der Defensive die Bälle zu gewinnen. Nach einem Ballgewinn wird sofort die Umschaltbewegung eingeleitet. Seine Mannschaft soll das Mittelfeld schnell überwinden und einen Abschluss initiieren. Lange Ballstafetten sind dabei unerwünscht – der Ball soll schnell und schnörkellos nach vorne getragen werden. Das sorgt für längere Ballhaltezeiten der eigenen Spieler im Angriff und damit zwangsläufig für mehr 1-gegen-1-Duelle.

Ancelottis Mannen haben häufig mehr Platz und können „kreativere" Lösungen im 1 gegen 1 suchen. Dafür sind sie allerdings mit mehr Geschwindigkeit unterwegs und können die Duelle nicht so gezielt planen und provozieren, wie es Guardiolas Mannschaften können. Wenn sie jedoch ein oder zwei Spieler im 1-gegen-1-Duell besiegt haben, besteht eine große Wahrscheinlichkeit für ein Tor. Das macht Ancelottis Fußball so gefährlich . . .

Eine große taktische Gefahr im 1 gegen 1 ist die Anfälligkeit für Konter. Ob bei Guardiola oder Ancelotti: Wenn das 1-gegen-1-Duell in die Hose geht, hat man den Ball verloren und steht in der potenziellen Gefahr eines Konters. Ein Defensivspieler hat nämlich nach einem gewonnenen 1-gegen-1-Duell quasi das erste offensive Duell gewonnen.

In ungefährlichen Räumen oder wenn die Chance auf ein Tor sehr groß ist, kann man das Risiko eines 1 gegen 1 eingehen. Eine potenzielle Torchance überwiegt dann den möglichen Ballverlust. Der Trainer muss entscheiden und vorgeben, wie groß die potenzielle Torchance sein muss, um ins 1 gegen 1 zu gehen, damit die Spieler auf dem Platz wissen, wann sie das Risiko eingehen sollen.

Nun kann Guardiola mit seinem Fußball sicher nicht damit leben, dass seine Mannschaft nach jedem 1 gegen 1 den Ball verlieren könnte. Dies kann kein Trainer. Wir haben schon erörtert, warum das 1 gegen 1 gerade bei eigenen Ballbesitzphasen in der Hälfte des Gegners wichtig ist. Genauso wichtig ist es dabei, dass die Situationen, in denen der Spieler ins 1 gegen 1 geht, bestenfalls immer provoziert bzw. vorher ausgewählt sind.

Einerseits kann das mit Schwächen des Gegners zusammenhängen: Rückt der Rechtsverteidiger beispielsweise nicht genug ein und lässt zu viel Platz zwischen seinem Innenverteidigerkollegen und sich, kann eine vorher gesetzte imaginäre Linie Auslöser sein, um im 1 gegen 1 innen am Außenverteidiger vorbeizukommen. Vielleicht machen Mannschaft und Trainer aber auch eine Zeit aus: Nach 30 Sekunden erfolglosem Passspiel nimmt jemand das 1 gegen 1 oder es funktioniert einfach über ein Kommando.

Wichtig ist nur: Man sollte seine Teamkollegen nicht mit einem 1-gegen-1-Duell überraschen, schließlich rechnen wir immer erst einmal mit dem Worst Case, also einem verlorenen 1 gegen 1 und wollen dann nicht in einen Konter laufen. Rund um eine mögliche 1-gegen-1-Situation sollten also genug eigene Männer für den zweiten Ball bereitstehen. Bei einem Ballverlust können diese Spieler den Raum des Gegners direkt überlagern und ins Gegenpressing gehen.

Das Resultat ist häufig ein zurückgewonnener Ball und eine ungeordnete, weil teilweise aufgerückte, Verteidigung. Dies eröffnet meinem Team eine größere Chance auf ein Tor. Bestes Beispiel für dieses direkte Gegenpressing nach 1-gegen-1-Duellen ist momentan der FC Bayern.

Wenn sie ihre Gegner in der Bundesliga an die Wand spielen, dann funktioniert das Gegenpressing herausragend und der Ball bleibt fast durchgehend in ihrer Offensive. Wenn sie ihren Durchhänger haben, dann funktioniert das 1 gegen 1 genau gleich, aber das Gegenpressing lahmt.

Resultat: Konter - Tor! Gerade dies sorgt dann natürlich für einen noch tiefer stehenden Gegner und mehr Probleme beim Chancenkreieren. Und das ausgehebelte Gegenpressing stärkt zudem nicht das Vertrauen der Angreifer, ins 1 gegen 1 zu gehen, bzw. der Druck auf Erfolg steigt. Schwierige Situationen, die man sich durch provozierte 1-gegen-1-Duelle ein Stück weit ersparen kann.

Nun haben wir im deutschen Fußball schon vor einigen Jahren gemerkt, dass uns Spieler fehlen, die solche 1-gegen-1-Duelle häufiger gewinnen, als verlieren. Gerade im Offensivbereich sind die Brasilianer immer noch das Maß aller Dinge, wenn es um diese sogenannten *Trickser* oder *Zauberer* geht. Wir versuchen, diese „Straßenfußballer" wieder verstärkt zu finden bzw. auszubilden. Viele wichtige Attribute, um 1-gegen-1-Duelle zu gewinnen, lassen sich allerdings im Training ausbilden – gerade im athletischen Bereich.

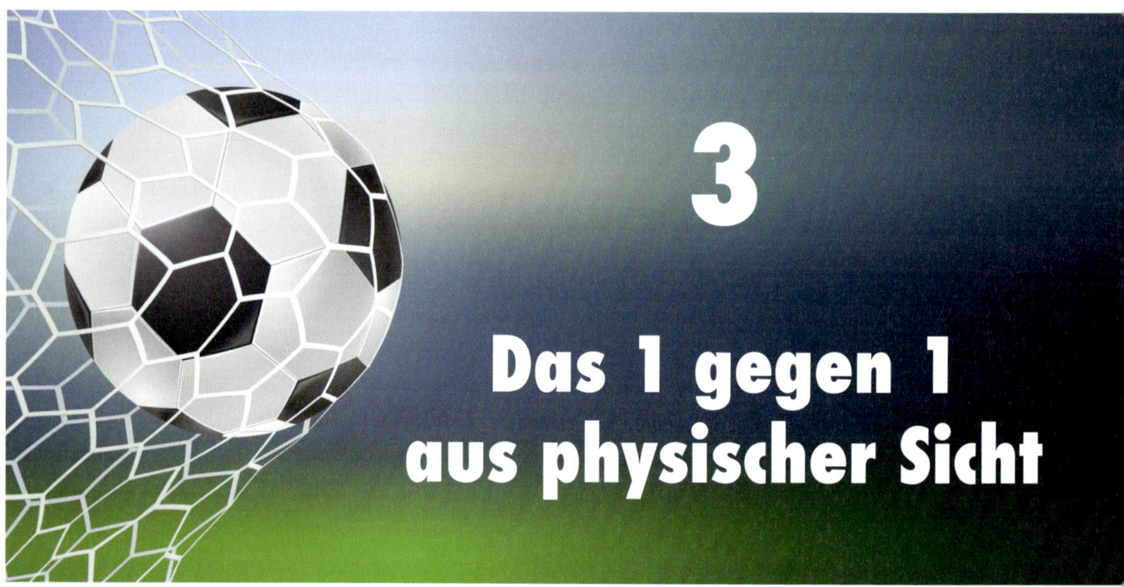

3 Das 1 gegen 1 aus physischer Sicht

1-gegen-1-Duelle sind physisch für Spieler wohl die größte Herausforderung. Im direkten Duell kann man seine Leistung nicht kontrollieren oder dosieren, sondern muss alles geben, um den Gegner zu schlagen. Dazu kommt, dass man seinen Gegner währenddessen nicht unter Kontrolle hat. Man ist unter höchster körperlicher Belastung, während man mit einem Spieler agiert, der für einen selbst prinzipiell unberechenbar ist.

Das kann bei Dribblings, Kopfballduellen oder Laufduellen Arme im Gesicht, Bodychecks, Tritte oder Ähnliches bedeuten und damit Schmerzen und schlimmstenfalls Verletzungen! Darum ist es wichtig, im Training die Grundlage für die vielen 1-gegen-1-Duelle zu legen, die man während einer Saison zwangsläufig bestreitet. Man muss Stabilität und Vertrauen in die Körper seiner Spieler bekommen.

Dies kann, langfristig gesehen, sinnvollerer Athletiktrainingsinhalt sein, als dauernd die Schnellkraft oder die Explosivität zu trainieren. Damit gewinnt man zwar eher das 1-gegen-1-Duell, aber um Verletzungen zu vermeiden, sollte man vor einer Saison körperlich stabil sein. Diese Stabilität muss man bei seinen Spielern natürlich regelmäßig checken und dementsprechend rotieren und nachsteuern, wenn ein Spieler nicht mehr das richtige Gefühl hat.

Wenn man die Grundlagen gelegt hat, dann kann man für das 1 gegen 1 natürlich am gewissen Etwas arbeiten. Wir haben in der deutschen Bundesliga momentan zwei Spieler, die wohl wie keine anderen dafür stehen und ihre Stärke maßgeblich daraus entwickelt haben:

Leon Goretzka hat nach dem ersten Corona-Lockdown für großes Staunen gesorgt. Aus einem Fußballer schien ein Footballer geworden zu sein . . . mit breitem Kreuz und riesigen Oberarmen trat der Münchner damals zum ersten Training an der Säbener Straße an. In der Folgezeit gewann Goretzka als Stammsechser in Hansi Flicks 4-2-3-1 das Triple aus Meisterschaft, DFB-Pokal und Champions League und schaffte nach vielen Verletzungen endgültig den Durchbruch bei den Bayern.

Ein wichtiger Faktor war dabei natürlich seine enorme Körperlichkeit, die er durch seine Veränderung plötzlich noch stärker mitbrachte. Durch sie kann er bis heute einen enormen Unterschied im Spiel der Bayern machen. Er hat mit seiner Kraft und seinem Körper in 1-gegen-1-Duellen einfach einen enormen Vorteil und gewinnt mehr dieser Duelle. Gerade im Mittelfeld, in dem es eng zugeht und dauernd irgendwelche Duelle entstehen, eine unglaublich wichtige Eigenschaft, wegen der Goretzka seinen Durchbruch geschafft hat.

Ein weiterer Bayern-Kicker, der seinen Durchbruch eigentlich nur einer besonderen Fähigkeit zu verdanken hat, ist Alphonso Davies. Der Kanadier war und ist mit Sicherheit taktisch nicht der gewiefteste Verteidiger, aber er hat einen großen Vorteil, mit dem er offensiv und defensiv extrem viele 1-gegen-1-Duelle gewinnt: seine Schnelligkeit.

Wir erinnern uns an den Taktikabschnitt und wissen, wie wichtig 1-gegen-1-Duelle für die Initiierung von Torchancen sind. Darum ist ein Spieler mit einer derartigen Geschwindigkeit natürlich Gold wert für jede Mannschaft, die auf eine Art von Guardiolas Ballbesitzfußball setzt.

Gleichzeitig bedeuten viele gewonnene 1-gegen-1-Duelle in der Offensive, dass es an Davies in der Defensive kaum ein Vorbeikommen gibt. Ein Laufduell mit ihm kann man sich in jedem Fall schenken. Das macht Davies für jede Mannschaft unschätzbar wertvoll.

Es ist gerade jungen Fußballern genau aus diesen Gründen zu raten, mehr im Bereich der „besonderen Fähigkeiten" zu arbeiten. Im Fußball kann man sich eine Schwäche häufig leisten, wenn eine Stärke dafür umso mehr hervortritt. Und wenn man große Vorteile in 1-gegen-1-Duellen hat, weil man beispielsweise eben besonders kräftig, schnell oder trickreich ist, ist der Schritt in den Profifußball vielleicht kleiner, als sonst.

Was für junge Fußballer gilt, gilt natürlich umso mehr für Profis. Man sollte als Trainer seine Spieler immer wieder dazu animieren, außerhalb der normalen Trainingszeiten an ihrer Kraft und Schnellkraft zu arbeiten, um Unterschiedsspieler auf dem Platz zu haben. Im professionellen Bereich sollten sogar Slots eingeplant werden und in die Trainingssteuerung miteinbezogen werden, die die Profis für individuelle Verbesserungen im physischen Bereich nutzen müssen.

Physische Stärken bringen einer Mannschaft für die etlichen 1-gegen-1-Duelle einen enormen Vorteil. Obwohl zu erfolgreichen 1-gegen-1-Duellen natürlich auch der mentale Aspekt gehört.

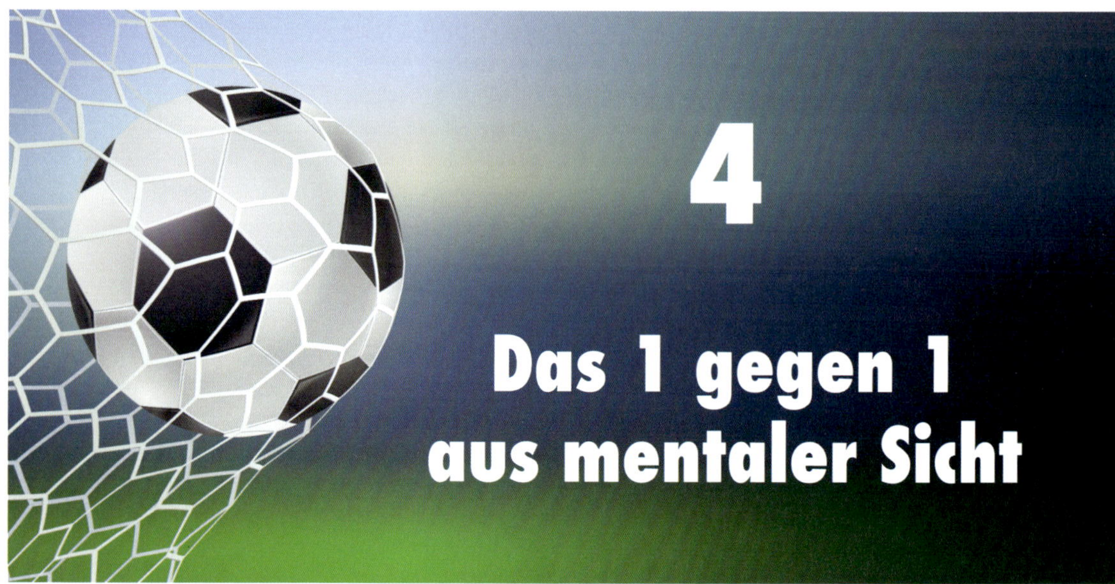

4 Das 1 gegen 1 aus mentaler Sicht

Das 1 gegen 1 ist aus taktischer Sicht extrem wichtig - das haben wir schon in den vorherigen Abschnitten erörtert. Darum ist es für einen Trainer unverzichtbar, dass man Spieler hat und ausbildet, die sich 1-gegen-1-Duelle überhaupt zutrauen. Noch besser ist, wenn der Trainer sie so erreicht, dass sie in diesen Duellen sprichwörtlich durchs Feuer gehen. Das bedeutet: voller Einsatz und kein Zurückziehen in Kopfball-/oder Laufduellen.

Wenn man Spieler hat, die diesen Einsatz bringen, dann hat man eine große Chance auf Erfolg. Man muss also im positiven Sinn in die Köpfe seiner Spieler gelangen und sie psychisch so „manipulieren", dass sie in 1-gegen-1-Duellen das Optimale für die Mannschaft herausholen. Dazu gehört auch, dass man den Spielern genug Vertrauen vermittelt, um überhaupt in 1-gegen-1-Duelle zu gehen.

Die Taktik des Trainers muss ihnen also das Vertrauen geben, dass Ballverluste im 1 gegen 1 prinzipiell erst einmal nicht schlimm sind, weil das Gegenpressing oder die Restverteidigung zu jeder Zeit funktioniert und so ein eigener „Fehler" im 1 gegen 1 nicht direkt ein Gegentor bedeutet. Mit Angst kann kein 1-gegen-1-Duell gewonnen werden!

Die Spieler fühlen sich mit einer guten Absicherung vor 1-gegen-1-Duellen sicherer. Der geringe Erfolgsdruck lässt die Spieler zudem freier ins 1 gegen 1 gehen und sorgt so für mehr gewonnene Duelle.

Darüber hinaus muss das Vertrauen in den Spieler so weit gehen, dass auch drucklos verlorene 1-gegen-1-Duelle nicht gleich eine Auswechslung oder einen Bankplatz bedeuten. Sonst wird zwangsläufig jeder Spieler aus Angst davor auf 1-gegen-1-Duelle verzichten, was langfristig zu Misserfolg führen wird.

Denn das 1 gegen 1 hat weitere psychische Dimensionen, die es den Spielern extrem schwierig machen. Ein großer Druck, der für einen Spieler hinzukommt, ist das direkte Ergebnis, was man im 1 gegen 1 bekommt. Es ist nach der Aktion logischerweise sofort klar, wer das Duell gewonnen - und wer verloren - hat. Und da Fußballspieler bekanntlich immer die Besten und Größten sein wollen, kann ein verlorenes Duell schon am Selbstbewusstsein kratzen.

Fehlendes Selbstbewusstsein kann wiederum auch dafür sorgen, dass das Selbstvertrauen in die eigenen Fähigkeiten, bzw. der Glaube ans Gewinnen des nächsten 1-gegen-1-Duells, verloren geht. Da müssen Trainer auf der Hut sein und auch diese Konsequenz bei Gesprächen vor den Spielen thematisieren und abfedern. Je wichtiger die Spielsituation oder das Spiel ist, desto höher ist der Druck für den Spieler natürlich zusätzlich.

Das letzte Dribbling vor dem Torwart oder in einem WM-Finale ist natürlich mit nochmals mehr Druck ausgestattet, als ohnehin jedes Spiel. Wenn einem als Spieler dann bewusst ist, dass man mit einer 1-gegen-1-Aktion das Spiel gewinnen oder verlieren kann, dann macht das etwas mit einem. Manche beflügelt es und sie bringen erst unter diesem immensen Druck ihre besten Leistungen. Andere hemmt es und sie können dem Spiel nicht mehr ihren Stempel aufdrücken.

Mesut Özil wurde in seiner erfolgreichen Zeit beispielsweise immer vorgeworfen, in großen Spielen gehemmt zu wirken und keinen großen Einfluss aufs Spiel nehmen zu können. Diese unterschiedlichen Spielertypen und Charaktere muss der Trainer kennen und wissen, wie er sie passend auf Spiele vorzubereiten hat, um jeden im richtigen Moment in Höchstform zu haben.

Denn der Spieler hat ja nicht nur den psychischen Druck durch sein Umfeld, die Mannschaft, Trainer, Sponsoren, Fans, sich selbst etc., sondern auch noch durch seinen Gegenspieler, mit dem er das 1 gegen 1 bestreitet. Wenn man von den Umständen her schon leicht gehemmt in diese 1-gegen-1-Duelle geht, gegen einen Gegner, der übermotiviert ist, kann man davon ausgehen, dass man nicht viele Duelle gewinnt. Und wenn man ein, zwei, drei Duelle verliert, sinkt die Wahrscheinlichkeit immer weiter.

Gegen seinen Gegenspieler im 1 gegen 1 führt man sogar auf zwei Ebenen ein mentales Duell. Einmal geht es um den größeren Willen. Wer will es einfach mehr - in der Öffentlichkeit auch bekannt als „Mentalitätsfrage“, wenn viele Spieler in einer Mannschaft spielen, die es offenbar nicht mehr wollen, als ihre Gegner.

Und dann geht es in der Situation immer auch um Antizipation und Psychospielchen auf der mentalen Ebene. Bestenfalls ahne ich voraus, was mein Gegenspieler als Nächstes tut und kann damit mein 1-gegen-1-Duell gewinnen.

» Hat er Angst und weicht zurück oder rückt er aggressiv heraus?

Wenn ich das als Spieler richtig sehe und fühle, dann habe ich einen großen Vorteil im 1 gegen 1 und gewinne es mit hoher Wahrscheinlichkeit. Eine große Hilfe kann für Spieler dabei die Videoanalyse im Vorfeld eines Spiels sein. Mit ihr wird der Spieler im Vorfeld, unter anderem, auf seinen direkten Gegenspieler vorbereitet.

Dabei werden ihm erst einmal die prinzipiellen Stärken und Schwächen des Gegners vorgestellt. Behält der Spieler diese Informationen einigermaßen im Kopf, kann er sie in den 1-gegen-1-Situationen im Spiel abrufen und die Schwächen des Gegners für sich nutzen. Darüber hinaus erfährt der Spieler auch ganz praktische Hinweise über das Spielverhalten des Gegenspielers, seine typischen Verhaltensmuster und sein Profil an sich, also ob er Rechts- oder Linksfuß ist, wie groß etc.

Daraus kann der eigene Spieler erneut Informationen ableiten bzw. bekommt diese Ableitungen sogar auf dem Silbertablett präsentiert. Man muss sich nur bewusst sein, dass auch der Gegner seinem Spieler Informationen mitgibt. Das bedeutet, dass man mit seinen Spielern auch über ihre eigenen Stärken und Schwächen sprechen sollte und sich mögliche Lösung gegen die Lösungen des Gegners überlegen sollte.

Bestenfalls hat der eigene Spieler immer so viele Informationen, dass er seinem Gegenspieler im 1 gegen 1 damit einen Schritt voraus ist.

Aber Vorsicht: Auch hier muss der Spielertyp und sein Charakter genau beachtet werden. Manche Spieler vertragen viele Informationen, andere sind „aus dem Bauch heraus" stärker. Diesen sollte dann nur das Nötigste mitgegeben werden. Letzten Endes muss man sich hier immer dem Spieler anpassen – und nicht umgekehrt! Dabei muss dem Spieler aber so viel Hilfe angeboten werden, dass er das perfekte Mindset hat, um 1-gegen-1-Duelle zu gewinnen.

Diese Arbeit passiert nicht unbedingt auf dem Trainingsplatz, sondern in der Kabine oder anderswo, in Form von Gesprächen und Präsentationen.

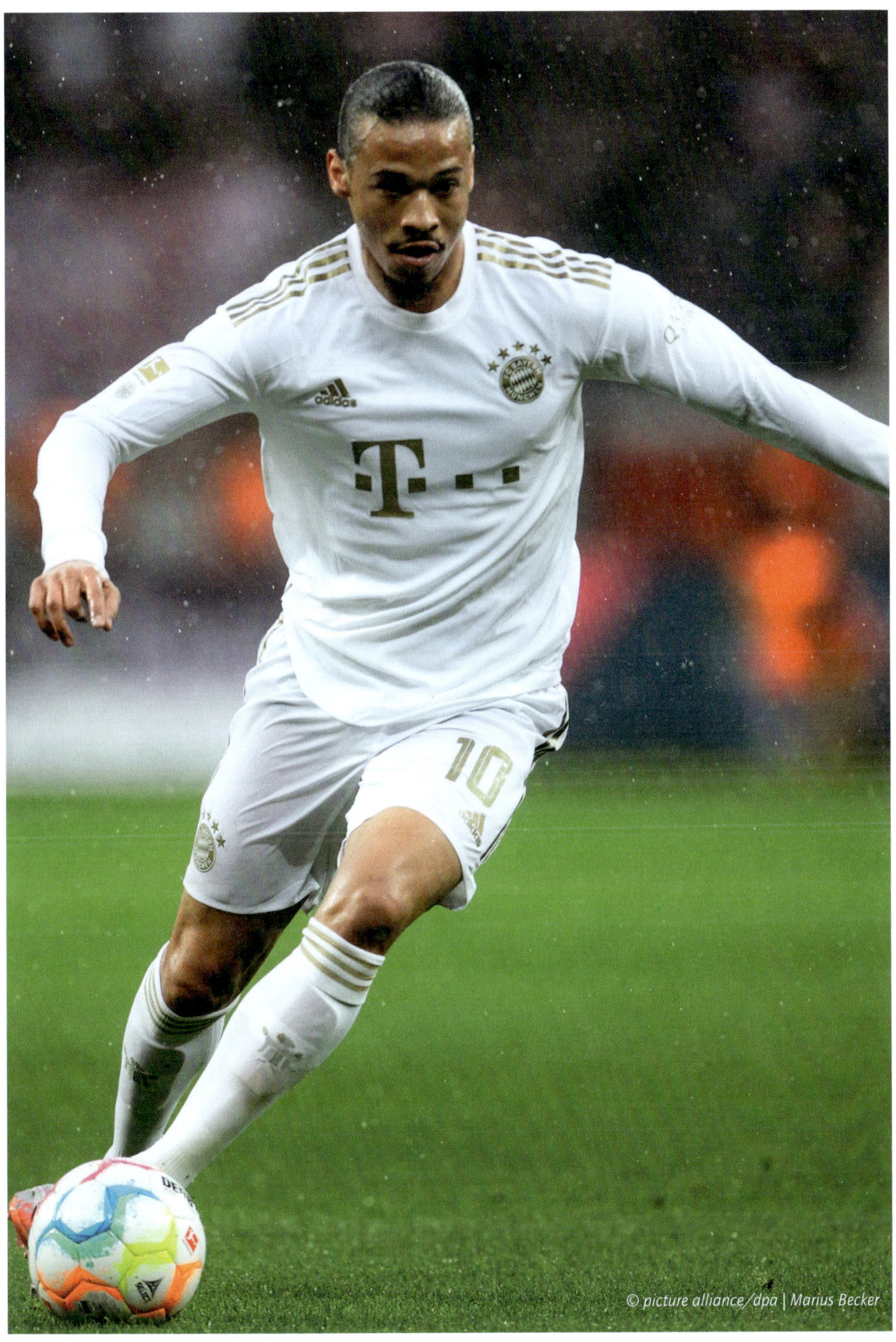

© picture alliance/dpa | Marius Becker

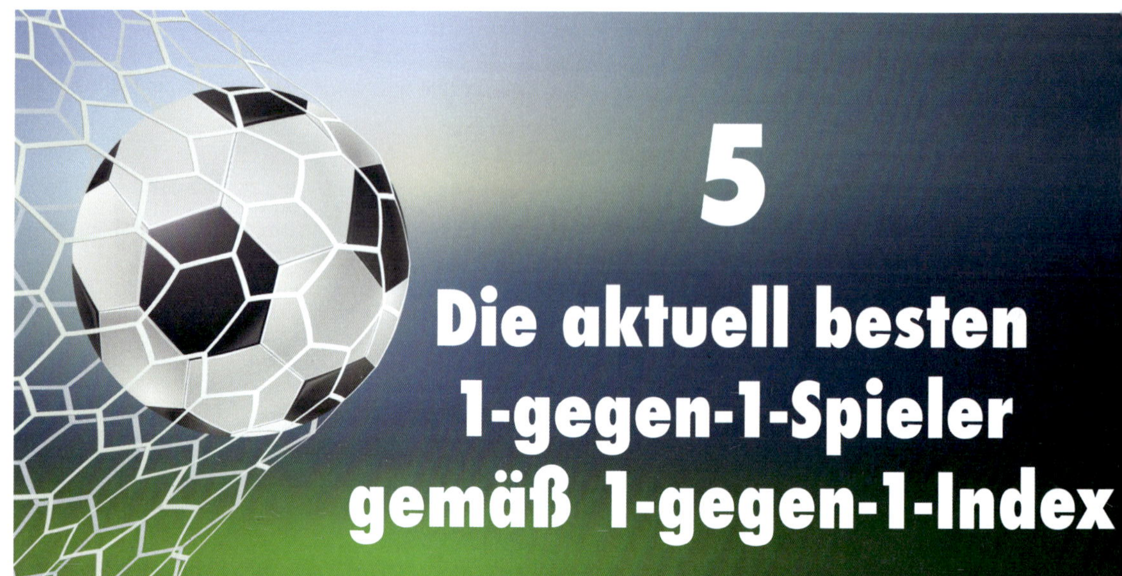
5
Die aktuell besten
1-gegen-1-Spieler
gemäß 1-gegen-1-Index

1 Kevin De Bruyne

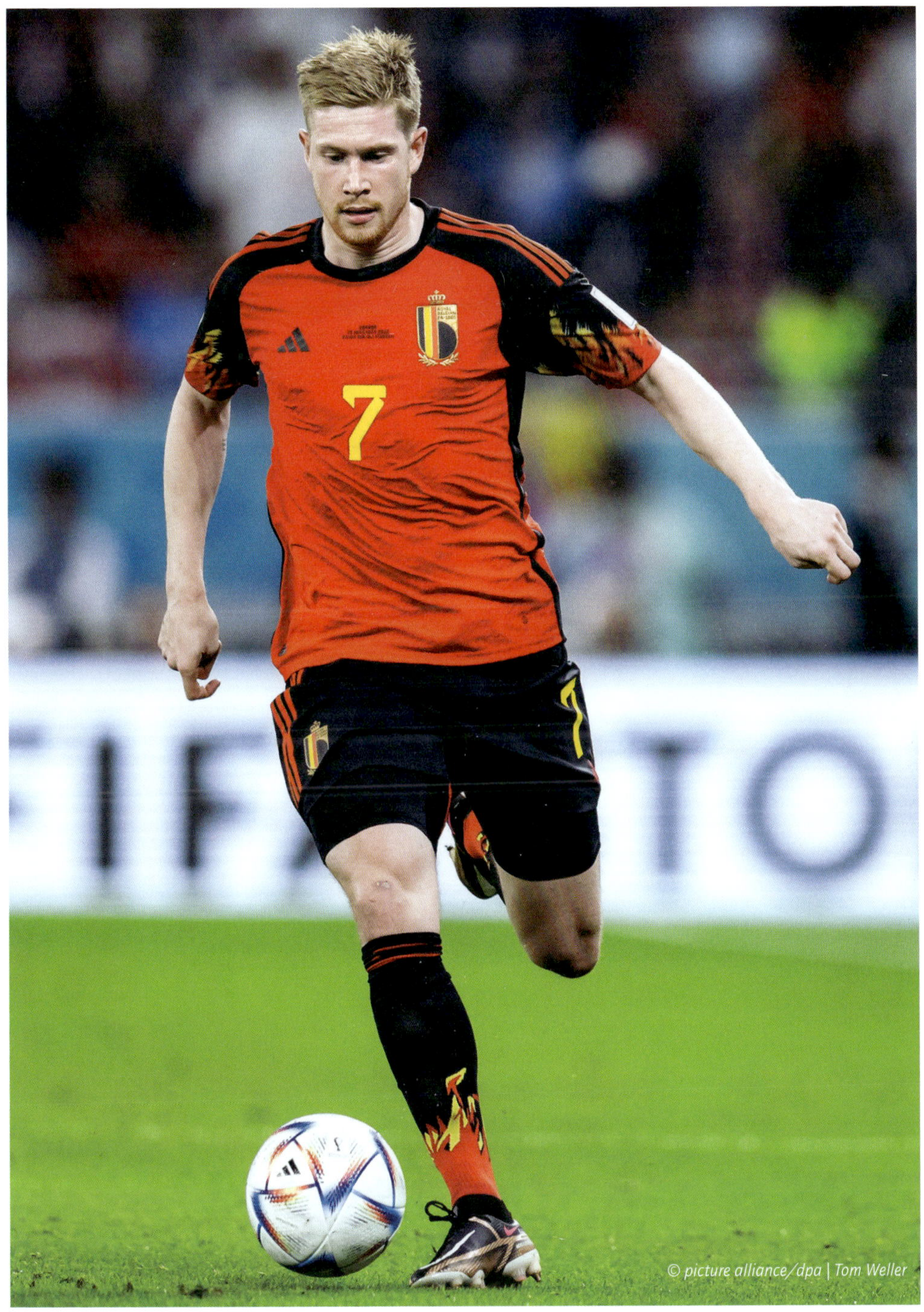

© picture alliance/dpa | Tom Weller

2 Bukayo Saka

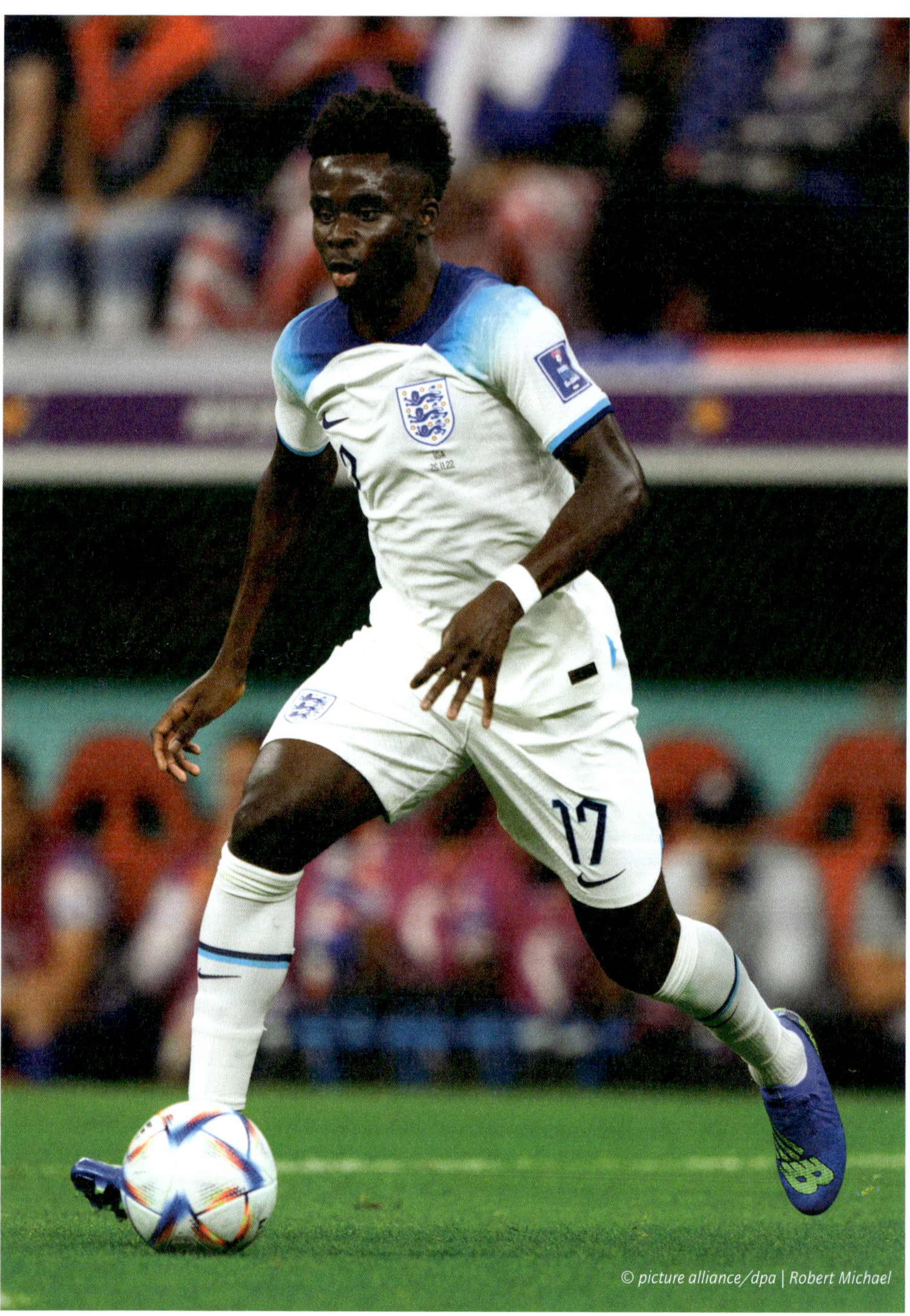

3 Lionel Messi

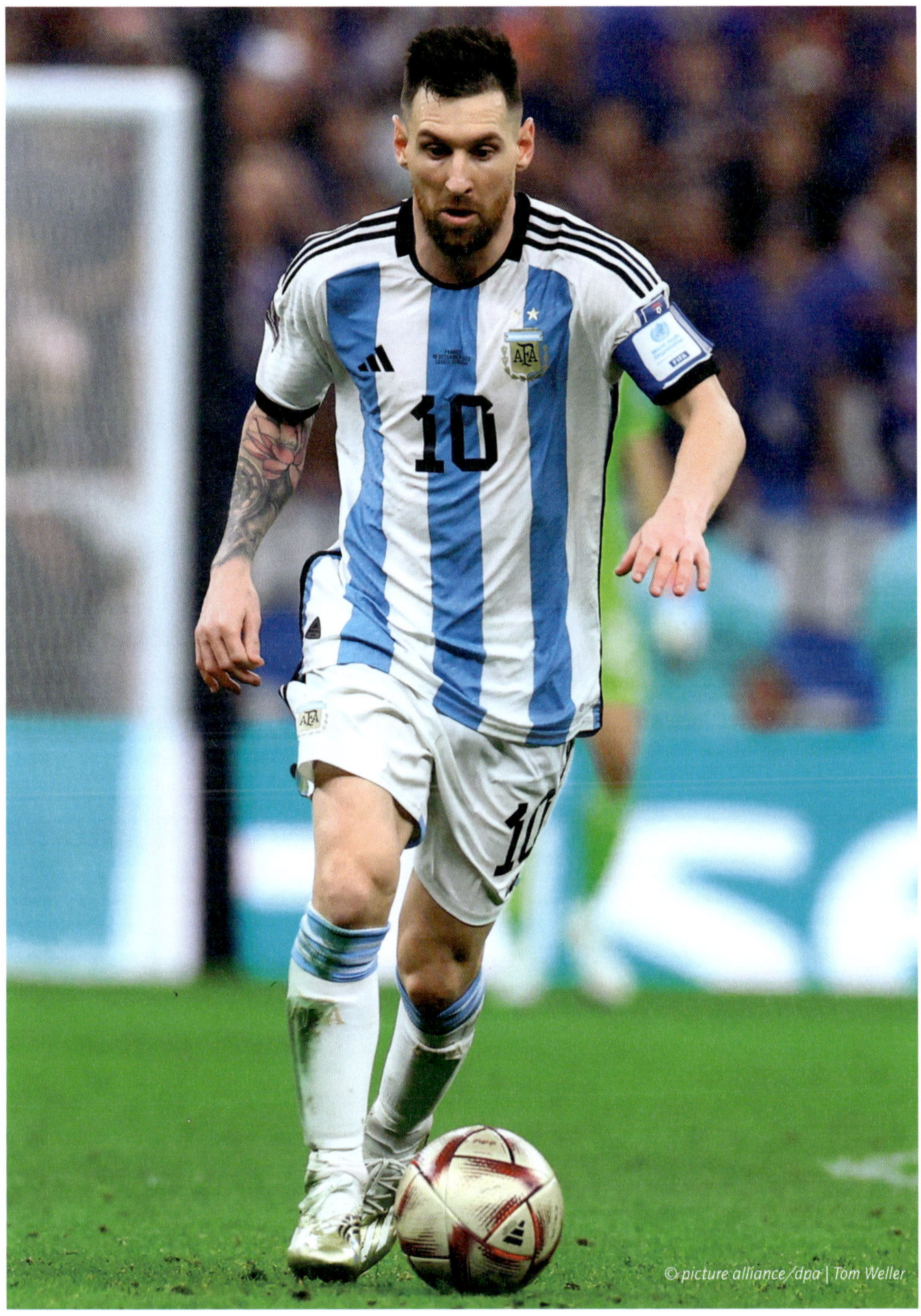

© picture alliance/dpa | Tom Weller

4 Jamal Musiala

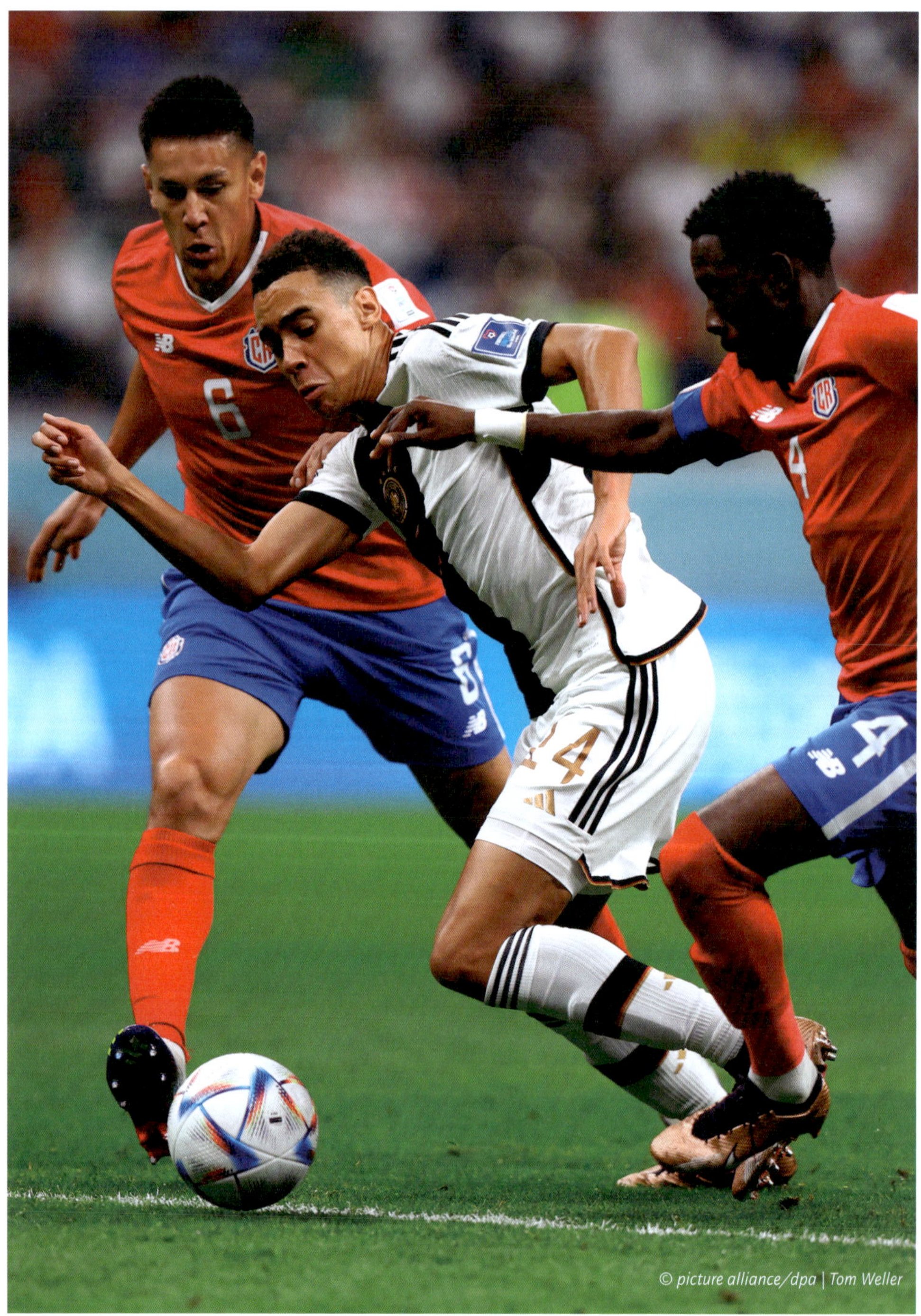

© picture alliance/dpa | Tom Weller

5 Rodri

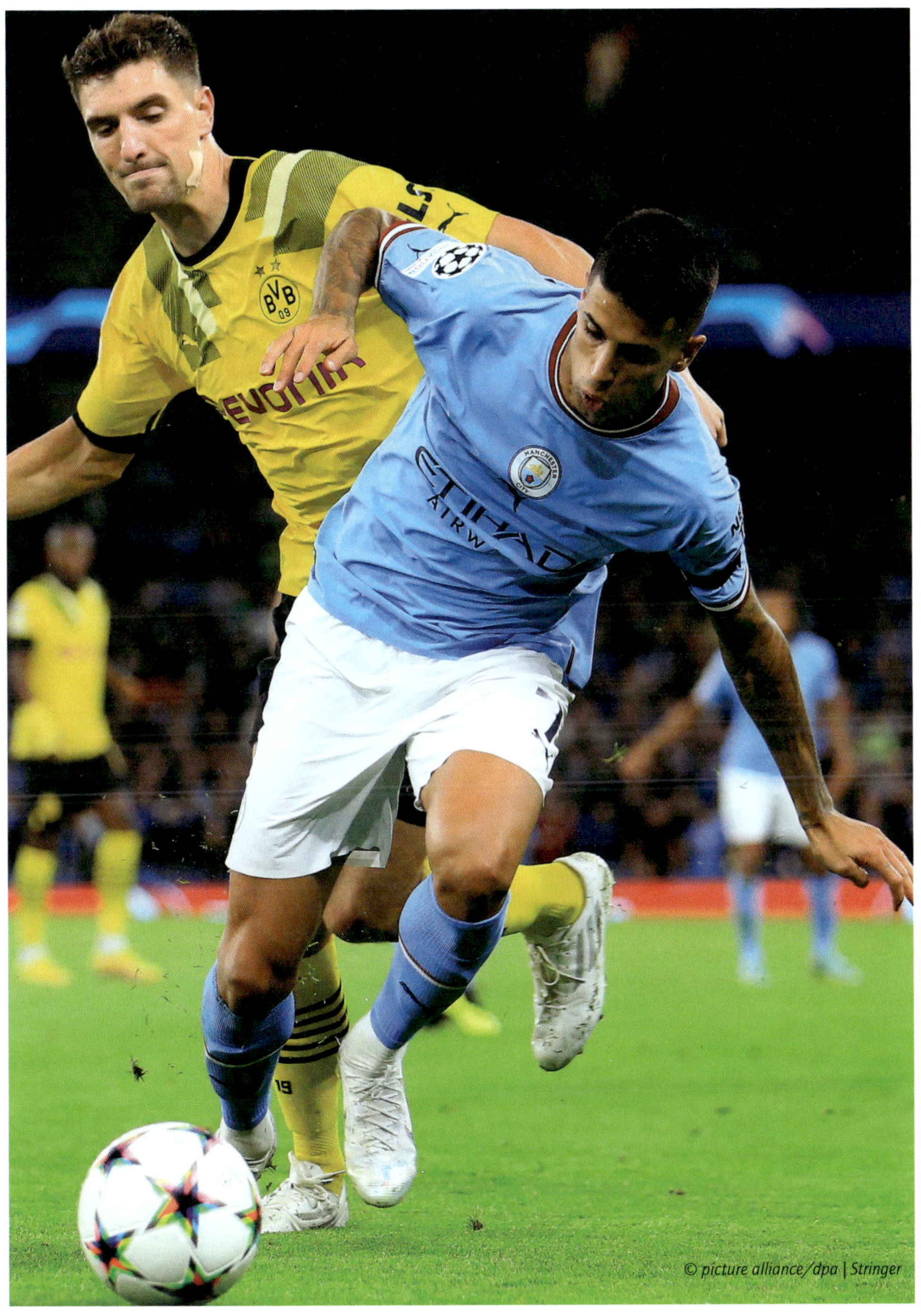

© picture alliance/dpa | Stringer

6 Jack Grealish

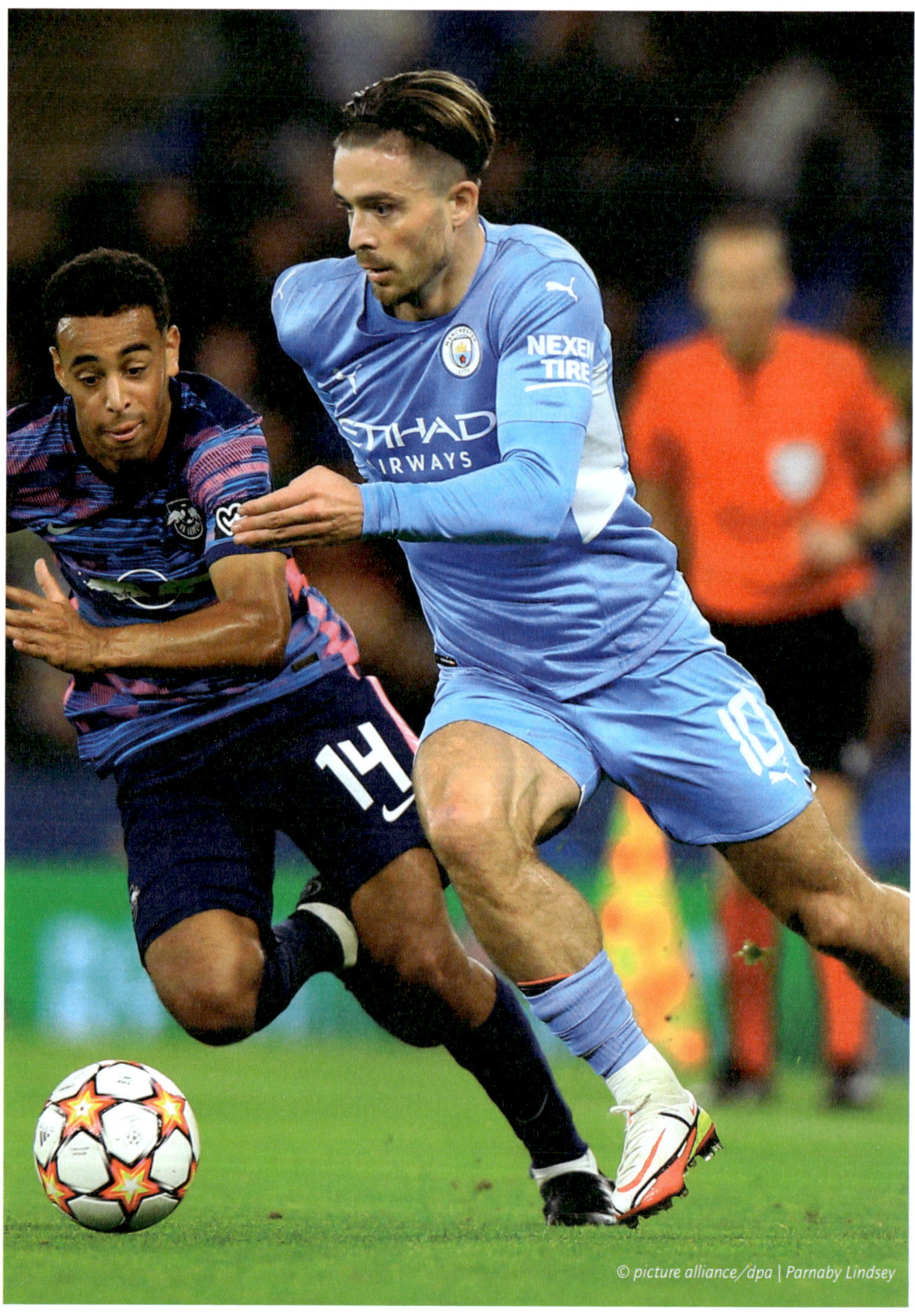

© picture alliance/dpa | Parnaby Lindsey

7 Neymar

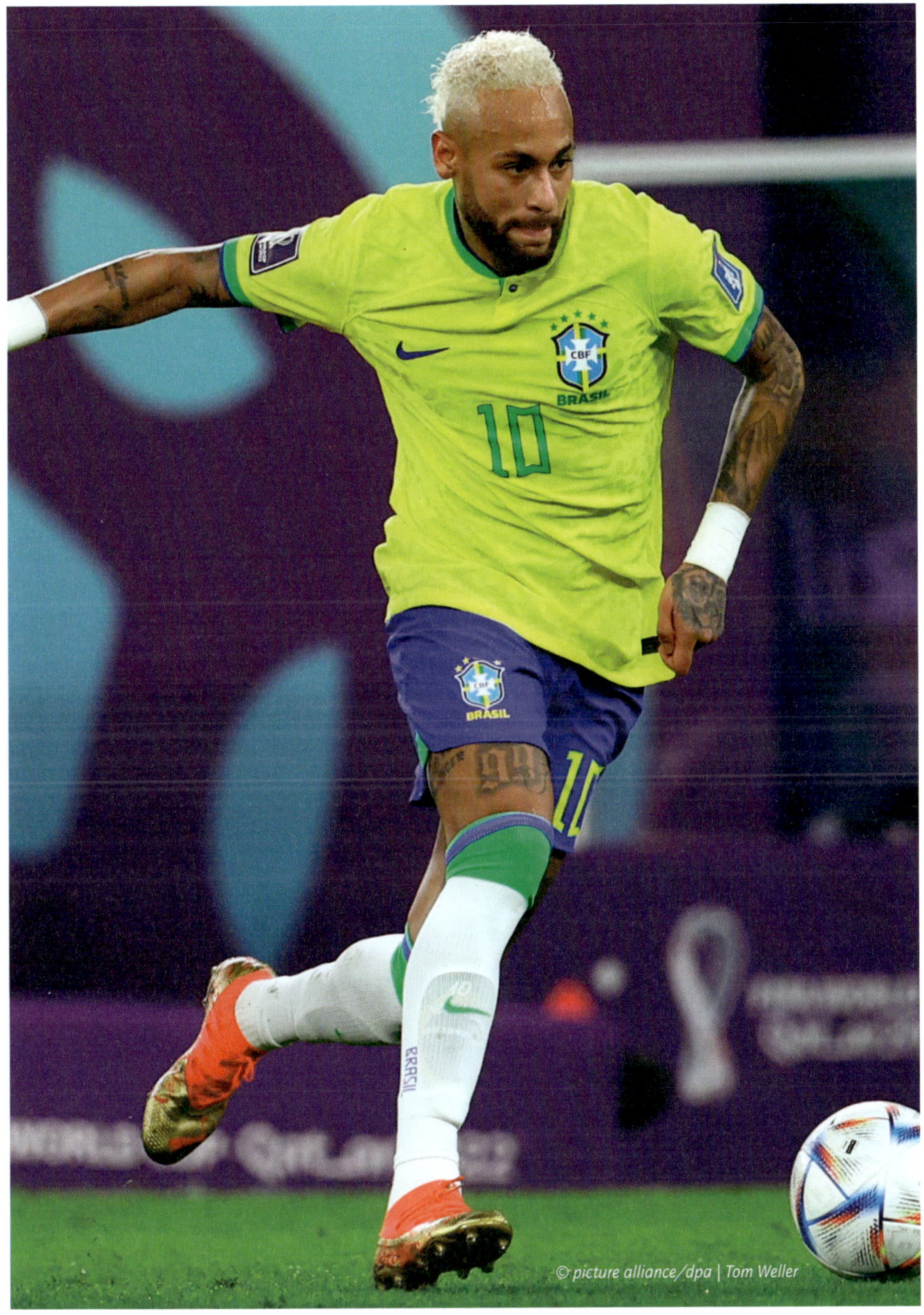

© picture alliance/dpa | Tom Weller

8 Joshua Kimmich

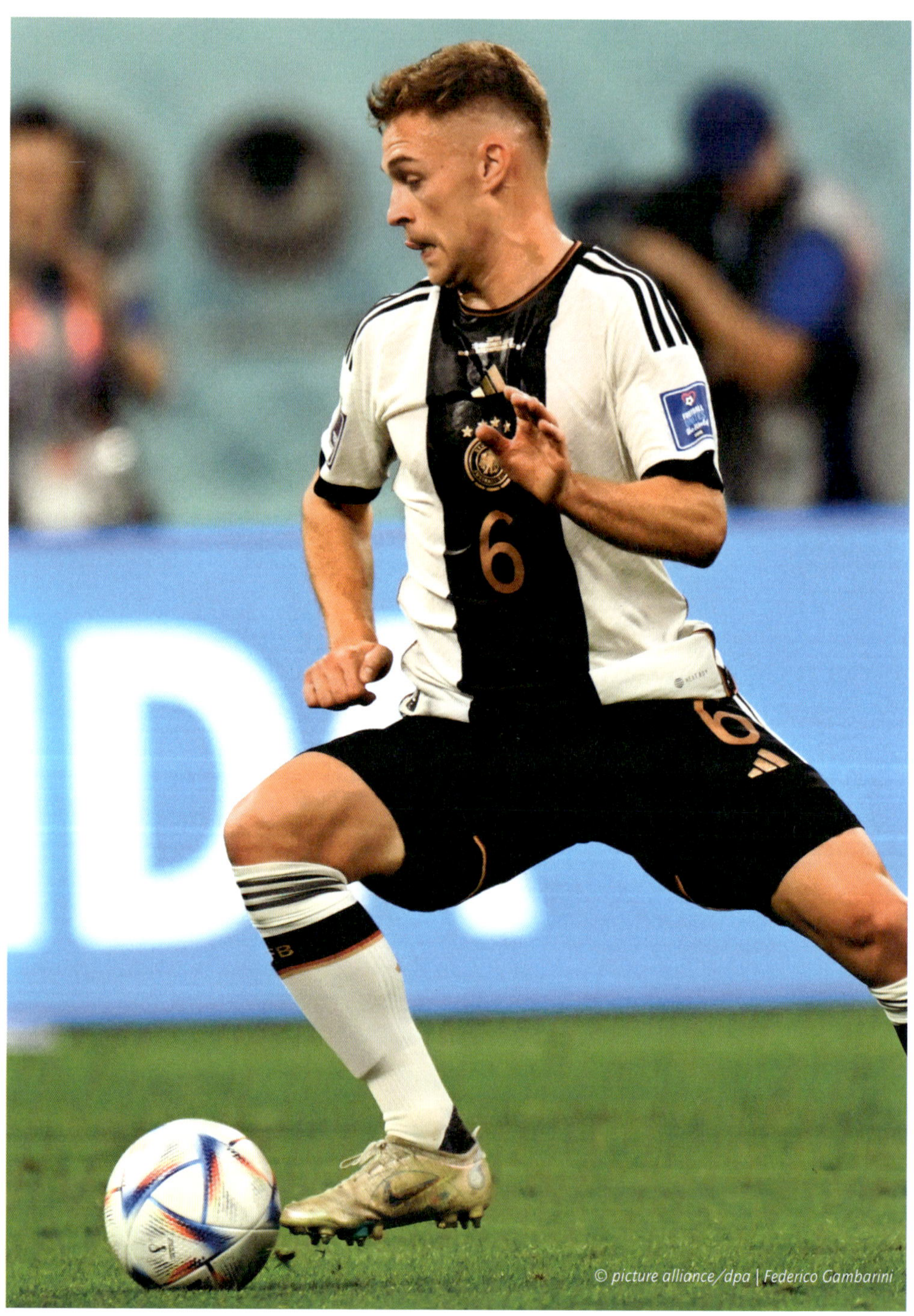

9 Gabriel Martinelli

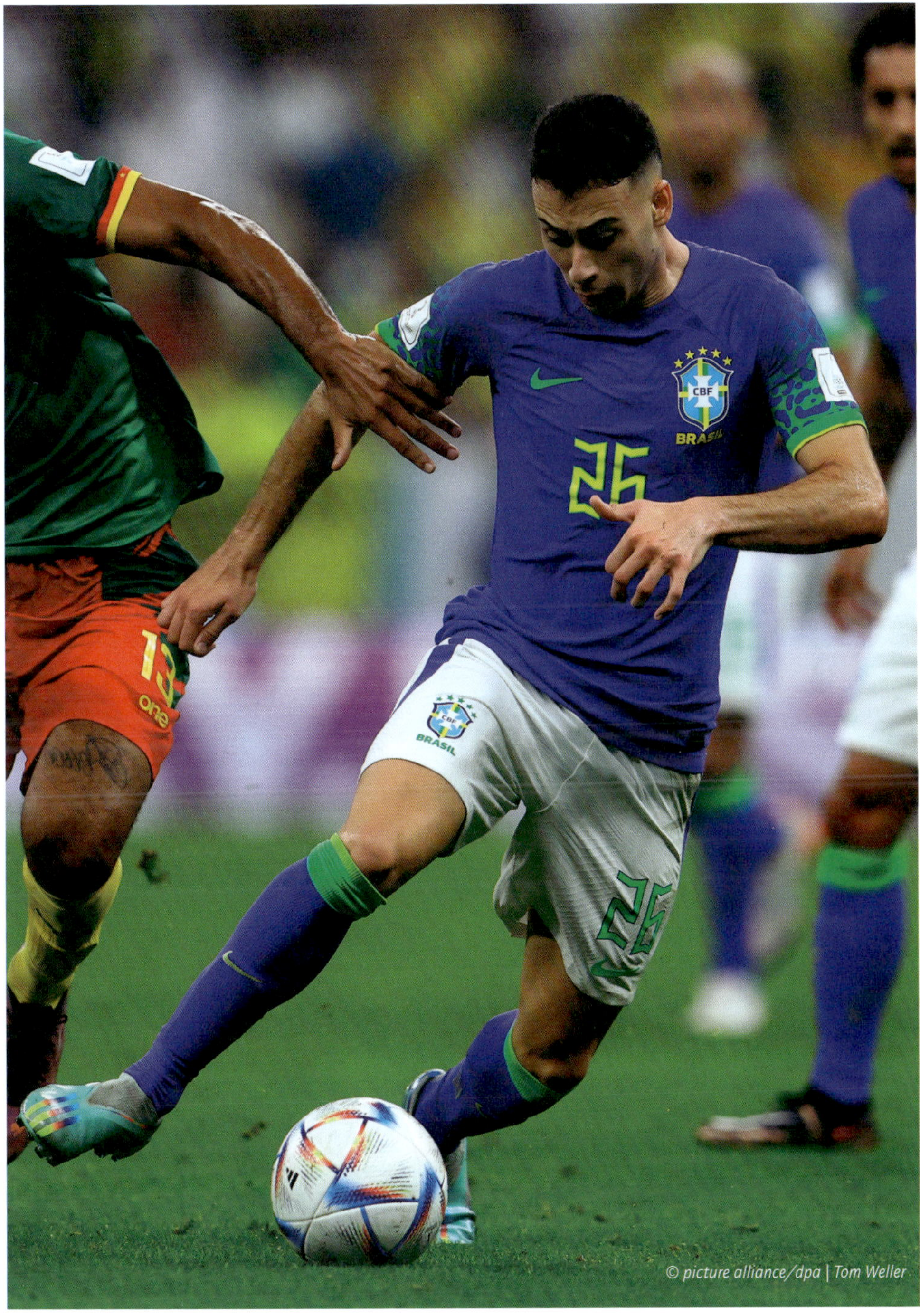

© picture alliance/dpa | Tom Weller

10 Juan Jesus

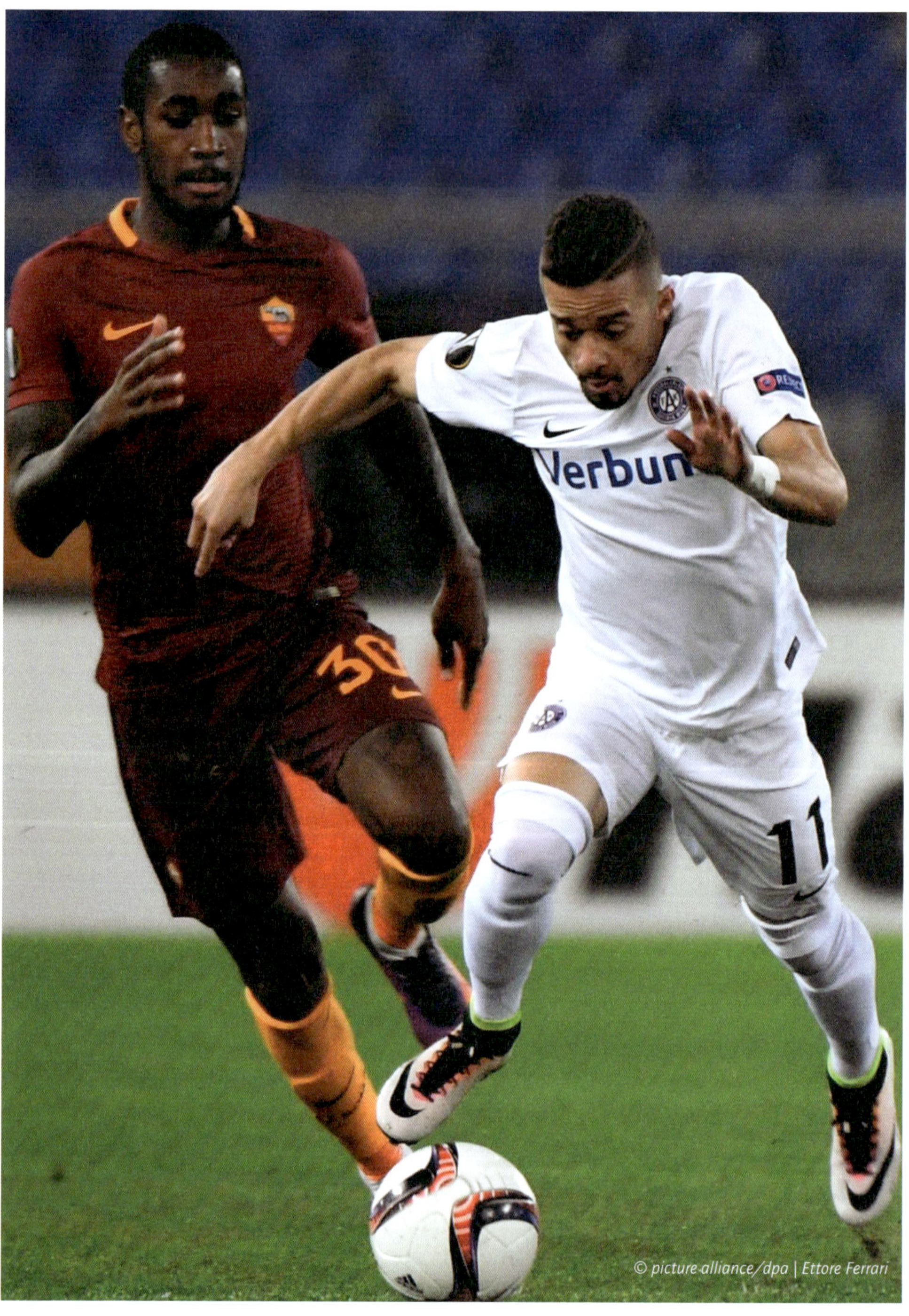

© picture alliance/dpa | Ettore Ferrari

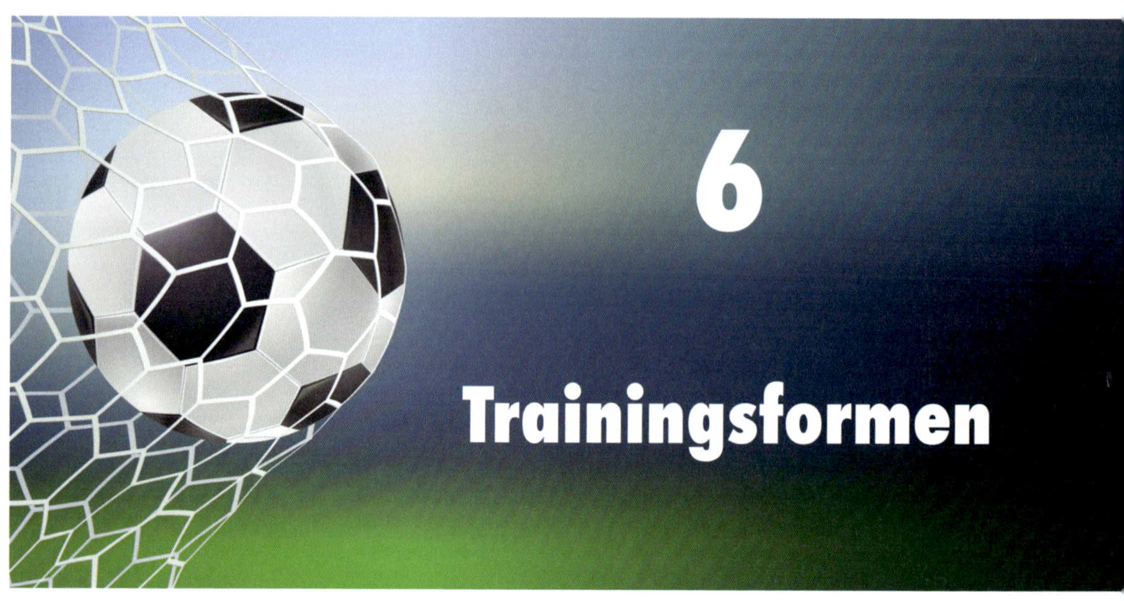

6 Trainingsformen

1 gegen 1 – Liniendribbeln

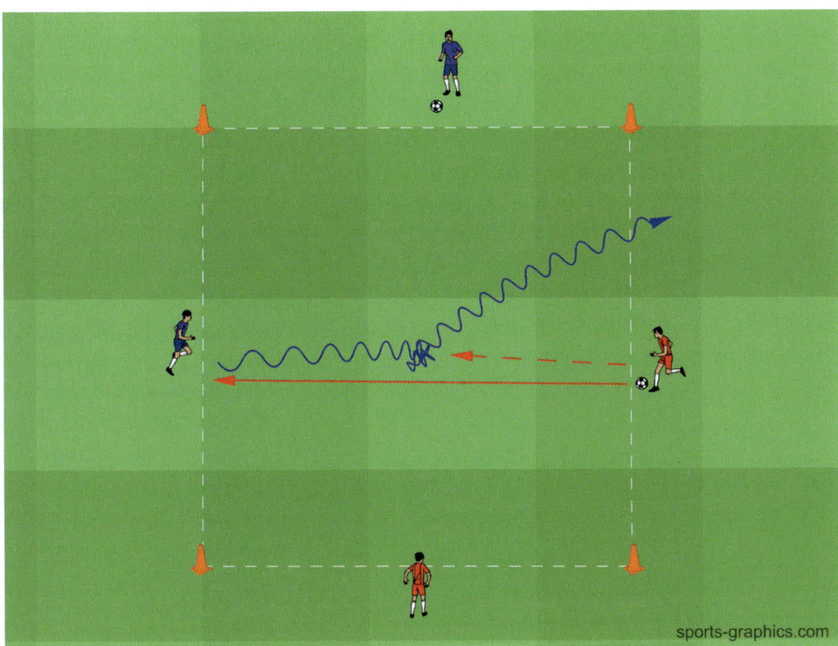

Organisation und Ablauf

» Ein Viereck aufbauen – Größe 8 x 8 Meter. An jeder Seite des Vierecks steht ein Spieler.
» An jeder Linie des Vierecks steht ein Spieler.
» Die gegenüberstehenden Spieler bilden immer eine sich duellierende Paarung.
» Ein Spieler der Paarung hat einen Ball, dieser spielt seinen Partner an und geht dem Pass nach.
» Beide führen ein 1-gegen-1-Duell durch, mit dem Ziel, die gegenüberliegende Linie zu überdribbeln.

Variation

» Die Übung mit vier Minitoren durchführen – diese stehen fünf Meter hinter jeder Seite.

Coachinghinweise

» Den Abstand verkürzen – abstoppen – die Verteidigungsposition einnehmen – zurückweichen.
» Der Verteidiger sollte diese Schritte beachten, bevor er ins Duell geht.
» Danach ist es wichtig, den Gegner zu lenken, wobei die Feldbegrenzung immer als Hilfe dient.
» Der Stürmer macht die erste Aktion, der Verteidiger kann lediglich eine Auslösebewegung machen.
» Der Stürmer sollte mit viel Tempo und einfachen, wenigen Finten arbeiten.
» Zweikampfhärte ist ein wichtiger Punkt beim Führen eines 1-gegen-1-Duells.

1 gegen 1 – auf drei Tore

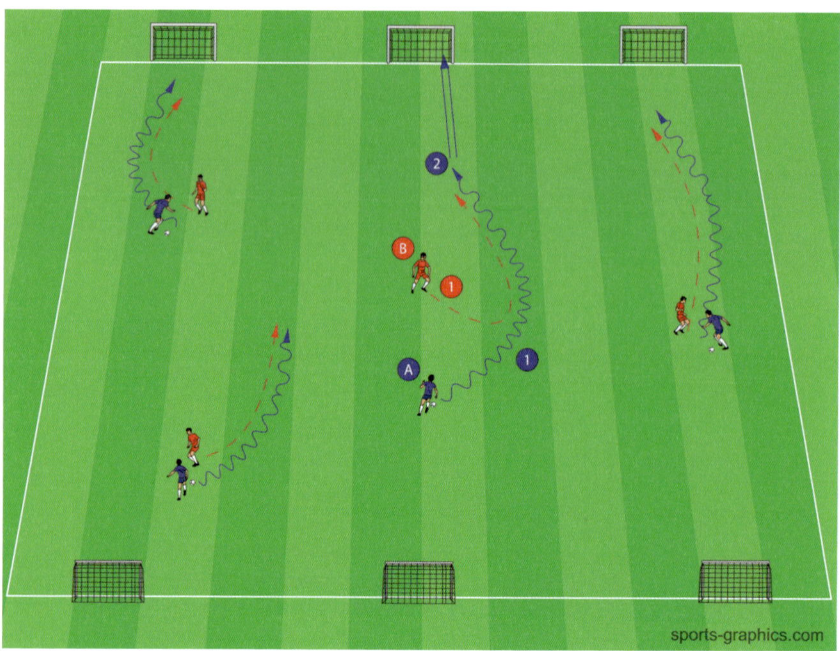

Organisation und Ablauf

- Sechs Hütchentore (mit vier Meter Breite) werden aufgebaut – je drei pro Seite.
- Es werden mehrere Spielerpaare (1 gegen 1) gebildet.
- Jedes Spielerpaar bekommt einen Ball.
- Jedes Spielerpaar (Blau gegen Rot) spielt 1 gegen 1.
- Alle drei gegnerischen Tore können vom Spieler in Ballbesitz angegriffen werden.
- Der Ball muss über die Torlinie gedribbelt werden – maximal 20 Sekunden pro Angriff, sonst droht ein Ballverlust.
- Bei Torerfolg oder Balleroberung wird der Verteidiger zum Angreifer und kann eines der gegnerischen Tore angreifen.
- Mehrere Paare spielen gleichzeitig auf dem Feld.
- Eine Minute pro Runde – danach die Paare durchwechseln.

Variationen

- » Jedes Paar erhält eine Zahl, die jeweils vom Trainer reingerufen wird. Wenn die Zahl genannt wird, kann die Aktion starten. Nach fünf Sekunden ruft der Trainer die nächste Zahl und das so lange, bis alle Paare auf dem Platz sind.
- » Die Paare spielen so lange, bis der Ball im Tor oder außerhalb des Felds landet.

Coachinghinweise

- » Die Spieler sollen Zweikämpfe durch kontrollierte Finten und Dribblings gewinnen.
- » Freie Räume sollen erkannt und genutzt werden.
- » Das Stellungsspiel der Verteidiger soll Ballverluste oder Angriffe von über 20 Sekunden Dauer erzwingen.

1 gegen 1 – Zweikampf auf ein Linientor

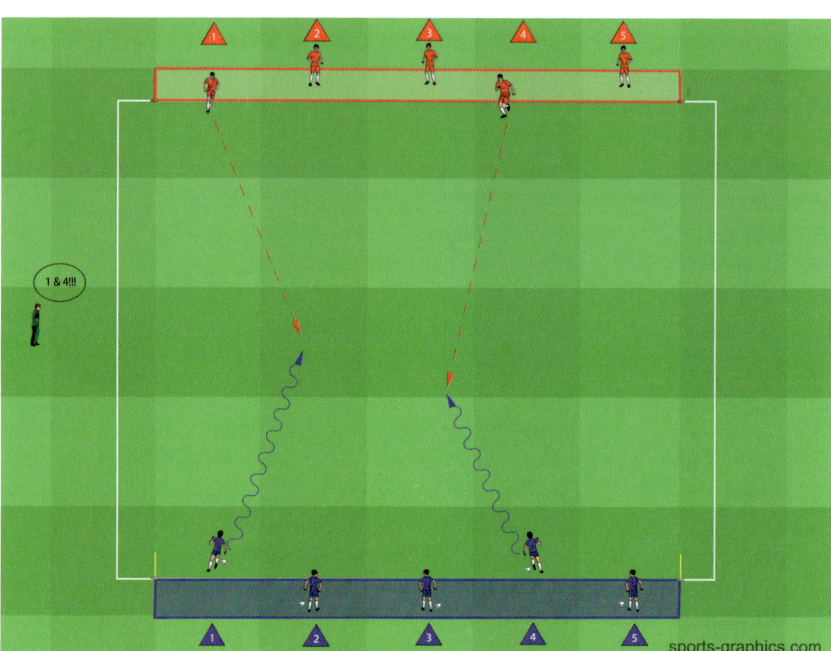

Organisation und Ablauf

- Zwei Stangentore aufbauen (mit 10 Metern Breite).
- Die Gruppe in zwei Mannschaften aufteilen (maximal fünf Spieler pro Team).
- Jeder Verteidiger bekommt einen Angreifer zugewiesen (V1 gegen A1; V2 gegen A2 usw.).
- Alle Angreifer bekommen je einen Ball.
- Die Angreifer suchen das 1 gegen 1 mit den jeweiligen Verteidigern – Ziel ist es, den Ball über die Torlinie zu dribbeln.
- Der Trainer gibt das Signal für das jeweilige Spielerpaar – mehrere Angreifer gleichzeitig sind möglich.
- Zeit für den Angriff: 20 Sekunden. Nach einem Ballverlust ist der Angriff für die Angreifer beendet.
- Ein Rollentausch erfolgt, nachdem alle fünf Angreifer an der Reihe waren.
- Mannschaftswettbewerb: *Welches Team führt nach fünf Runden?*

Variationen

- » Anstatt Zahlen bekommen die Spielerpaare Farben zugeteilt.
- » Anstatt Zahlen bekommen die Spielerpaare Vereine zugeteilt.
- » Die Anzahl der Spielerpaare im Feld wird erhöht.

Coachinghinweise

- » Für den Angreifer: Orientierung im Raum und zum Tor hin - das sichere Führen des Balls im 1 gegen 1 ist wichtig.
- » Für den Verteidiger: Stellung zum Tor, Stellungsspiel - den Angreifer zu einer Seite des Felds drängen.
- » Die Spieler sollen weitere Zweikämpfe wahrnehmen und so ihre Übersicht und Orientierung auf dem Spielfeld verbessern.

1 gegen 1 als Vier-Tore-Spiel

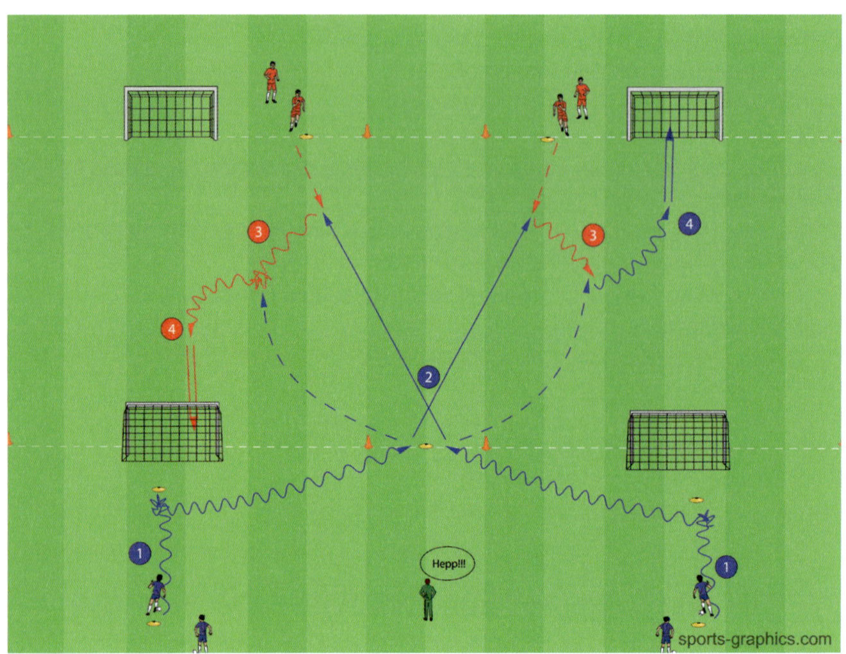

Organisation und Ablauf

- Auf Trainerkommando starten die ballbesitzenden Spieler hinter den Minitoren an ihren Starthütchen, wo sie ins frontale Dribbling auf die vor ihnen positionierten Hütchen gehen. Dort führen sie eine Ausspielbewegung aus und ziehen in Richtung Zentrum zum nächsten gelben Hütchen (1).
- Am Hütchen angekommen, passen die Spieler diagonal zu den Gegenspielern (2).
- Die Passempfänger starten den Bällen leicht entgegen und kommen ins Dribbling (3).
- Der verteidigende Spieler, der links gestartet ist, orientiert sich zum Gegenspieler ins linke Feld und der andere verteidigende Spieler ins rechte Feld. Die nun angreifenden Spieler versuchen erfolgreich an ihren Gegenspielern vorbeizukommen und ins Tor abzuschließen, von wo ihre Gegenspieler kommen. Erobern die Verteidiger den Ball, greifen sie sofort auf das andere Tor an (4).

Variationen

» Zur Ausführung hinter den Toren wird eine bekannte Ausspielbewegung/Finte vorgegeben.
» Die Spieler dürfen im Ablauf entscheiden, ob sie auf das schwarze oder rote Tor abschließen.
» Der Trainer gibt durch Handzeichen vor, auf welches Tor abgeschlossen wird.
» Wettkampf: Ein Team startet in zwei Gruppen mit der Übung, das zweite Team startet von der anderen Seite. Welche Mannschaft erzielt die meisten Tore? Anschließend erfolgt ein Aufgabenwechsel.

Coachinghinweise

» Die startenden Spieler sollen mit hohem Tempo ins Dribbling gehen und dabei den Ball eng am Fuß führen.
» Nach dem Passspiel gilt es für die Verteidiger, sich schnell zum jeweiligen Gegenspieler zu orientieren, den Abstand zu verkürzen, den Angreifer zu stellen und den Ball im richtigen Moment zu erobern.
» Die Angreifer sollen mit hohem Tempo ins Dribbling gehen und durch einzubauende Finten am Gegenspieler vorbeikommen.

1 gegen 1 am Flügel – I

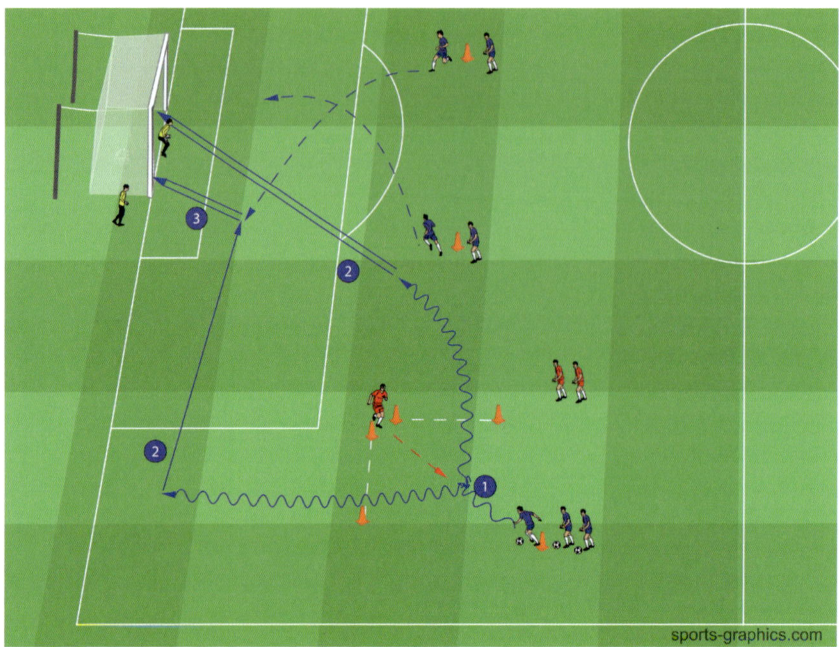

Organisation und Ablauf

- Am Flügel, etwas vor dem 16-Meter-Raum, zwei Hütchentore aufstellen.
- Die offensive Mannschaft (in Blau) wird in zwei Gruppen aufgeteilt, die sich am Flügel vor der Mittellinie und vor dem 16-Meter-Raum positionieren.
- Der Startpunkt von Team Blau ist am Flügel und von Team Rot zwischen den Hütchentoren. Dazu positionieren sich zwei Spieler vor der 16-Meter-Linie.
- Der angreifende Spieler (1) dribbelt auf den gegnerischen Spieler zu und muss sich entscheiden, ob er innen oder außen vorbeigeht.
- Wenn der Spieler über außen vorbeikommt, laufen die beiden Stürmer in den 16-Meter-Raum und erhalten eine Flanke (2), die dann verwertet wird (3).

Variation

- Zwei Verteidiger laufen mit in den 16-Meter-Raum.

Coachinghinweise

- Mit hohem Tempo ins 1 gegen 1 gehen.
- Der Verteidiger soll die „innere Linie“ schließen.

1 gegen 1 am Flügel – II

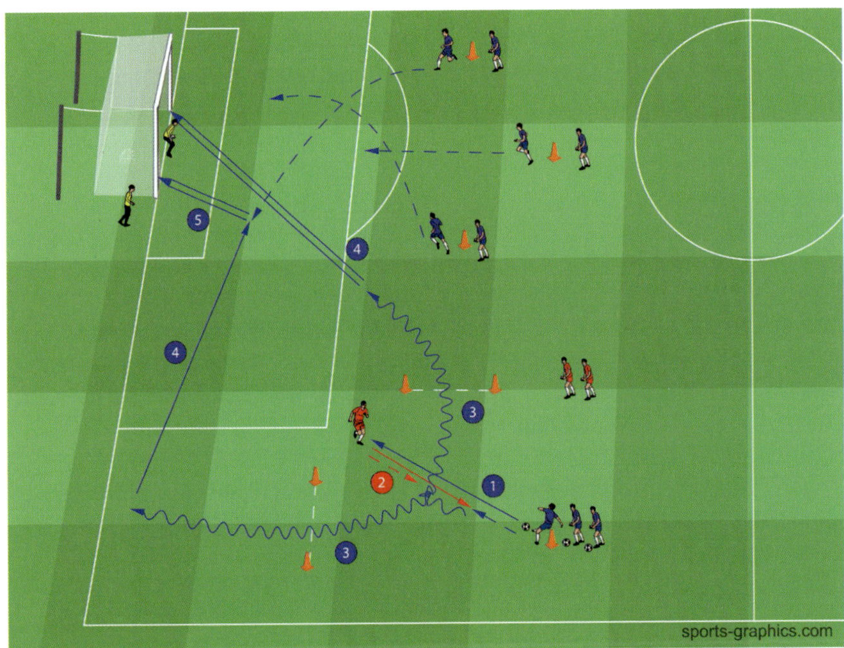

Organisation und Ablauf

- Der Aufbau der Übung bleibt ähnlich, es ändert sich in der Übung, dass die Hütchentore weiter voneinander entfernt sind und im Zentrum eine weitere Station dazukommt.
- Im Ablauf ändert sich, dass der startende, angreifende Spieler (1) einen Doppelpass mit dem Verteidiger ausführt (2). Danach geht es in das 1 gegen 1 (3).
- Wenn der Angreifer sich entscheidet, außen vorbeizugehen und den Ball zu flanken (4), laufen drei Spieler ins Zentrum, wobei der zentrale Spieler den Rückraum einnimmt.

Variation

- Zwei Verteidiger laufen mit in den 16-Meter-Raum.

Coachinghinweise

- Nach dem Passspiel ins Tor gilt es für die Verteidiger, sich schnell zum jeweiligen Gegenspieler zu orientieren, den Abstand zu verkürzen, den Angreifer zu stellen und den Ball im richtigen Moment zu erobern.
- Die Angreifer sollen mit hohem Tempo ins Dribbling gehen und durch einzubauende Finten am Gegenspieler vorbeikommen.

1 gegen 1 auf zwei große Tore

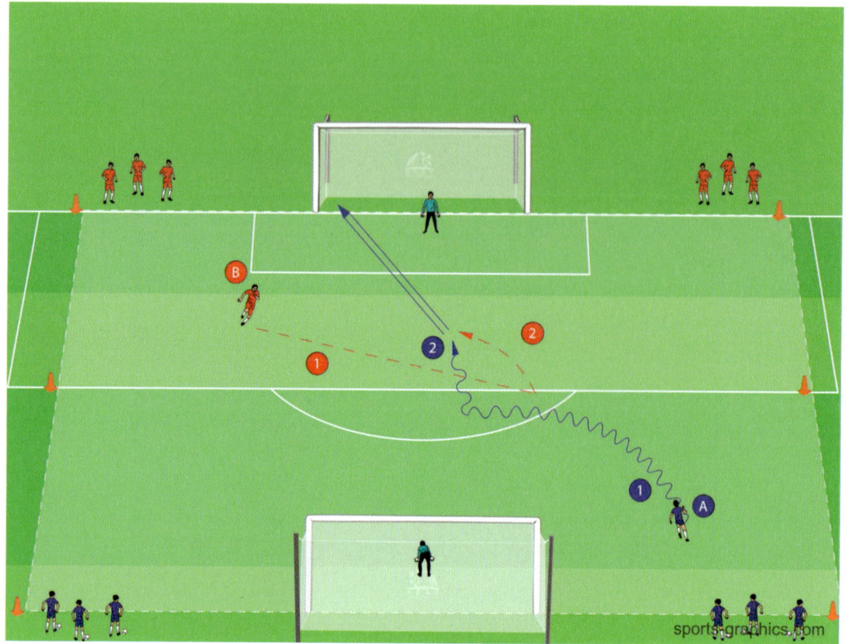

Organisation und Ablauf

- Zwei Tore mit Torhütern im Abstand von 25-30 Metern aufbauen.
- Zwei gleich große Gruppen postieren sich diagonal gegenüber neben je einem Tor.
- Die Spieler der Gruppe A haben als Angreifer je einen Ball.
- Der erste Angreifer (A) dribbelt ins Feld, um im 1 gegen 1 gegen Spieler B ein Tor zu erzielen.
- Erobert B den Ball, kontert er auf das Tor mit Torhüter gegenüber.
- Nach einem Abschluss - ob Tor oder nicht - rücken sofort die nächsten beiden Spieler zum 1 gegen 1 ins Feld.

Variation

- Der gegnerische Torhüter spielt den Ball auf den Angreifer, der dann die Aktion startet.

Coachinghinweise

- Der Angreifer soll mit hohem Tempo ins 1 gegen 1 gehen und dabei verschiedene Finten einbauen.
- Der Verteidiger soll den Abstand zum Angreifer schnellstmöglich verkürzen, ihn in defensiver Stellung stellen und versuchen, nach außen zu lenken, damit der Angreifer nicht zum Abschluss kommt und der Ball erobert werden kann.

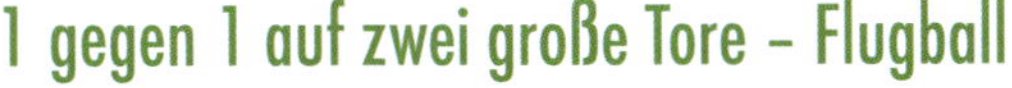

1 gegen 1 auf zwei große Tore – Flugball

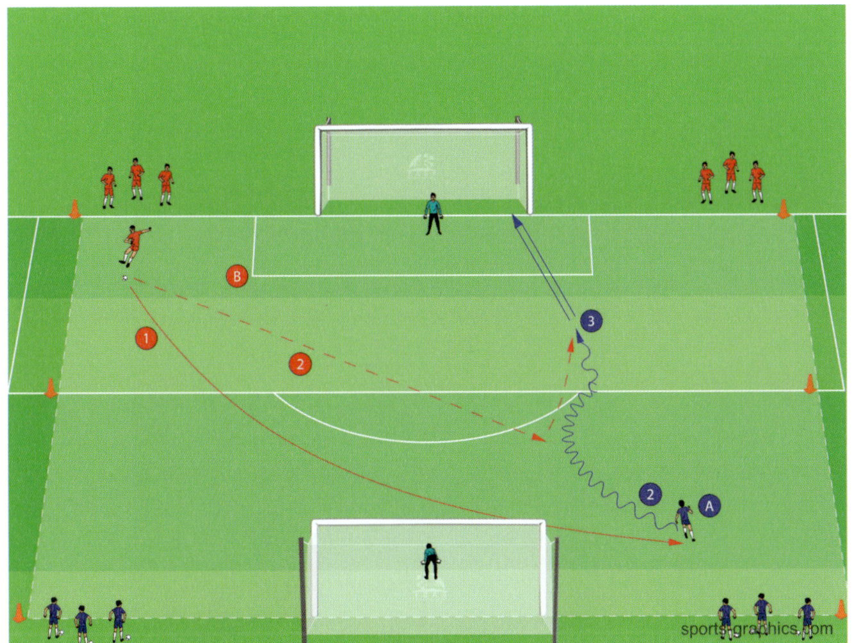

Organisation und Ablauf

» Nun haben die Spieler von B zunächst die Bälle.
» Der erste Spieler von B spielt einen präzisen Flugball auf seinen Gegenspieler und startet sofort als Verteidiger vor „sein" Tor.
» A nimmt das Zuspiel sicher an und mit, um im 1 gegen 1 abzuschließen.
» Erobert B den Ball, kontert er auf das andere Tor!
» Sind alle Spieler an der Reihe gewesen, leitet bei der nächsten Staffel Gruppe A die 1-gegen-1-Aktionen mit einem Flugball ein.

Variation

» Die Spieler von B passen flach und scharf zum Gegenspieler.

Coachinghinweise

» Der erste Kontakt des Angreifers soll sauber in Richtung Tor gehen, um keine Zeit zu verlieren und sich in eine bessere Position zu bringen.
» Der Angreifer soll mit hohem Tempo ins 1 gegen 1 gehen und dabei verschiedene Finten einbauen.
» Der Verteidiger soll den Abstand zum Angreifer schnellstmöglich verkürzen, ihn in defensiver Stellung stellen und versuchen, nach außen zu lenken, damit der Angreifer nicht zum Abschluss kommt und der Ball erobert werden kann.

1 gegen 1 auf zwei große Tore – drei Gegenspieler

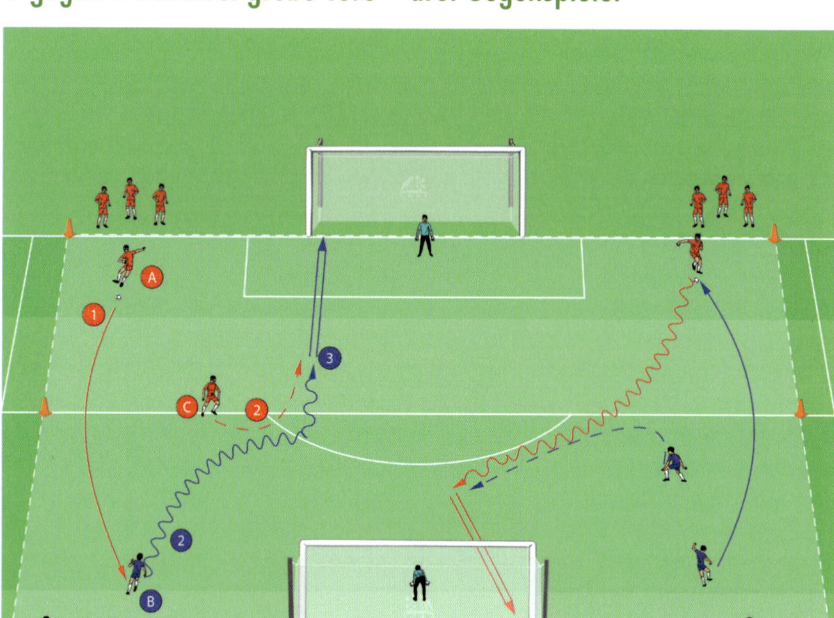

Organisation und Ablauf

- Beide Gruppen verteilen sich gleichmäßig links und rechts neben je einem Tor mit Torhüter.
- Von zwei Teilgruppen diagonal gegenüber hat jeder einen Ball.
- In der Mitte des Übungsraums postiert sich von jeder Gruppe ein weiterer Spieler als Verteidiger.
- Identischer und gleichzeitiger Ablauf in beiden Gruppen!
- A spielt einen Flugball auf B, der versucht, im 1 gegen 1 gegen Verteidiger C ein Tor zu erzielen.
- Danach stellen sich A und B hinter den anderen Spielern der Gruppe an. Die Verteidiger nach je drei Aktionen wechseln!

Variation

- A leitet die Aktionen jeweils mit einem flachen Pass ein.

Coachinghinweise

- Der Verteidiger soll den Angreifer so stellen, dass die Mitte geschlossen bleibt und er den Angreifer nach außen lenkt.
- Der Angreifer soll im hohen Tempo ins Dribbling gehen, damit er das Tempo nutzt, um vorbeizukommen und das Tor zu erzielen.

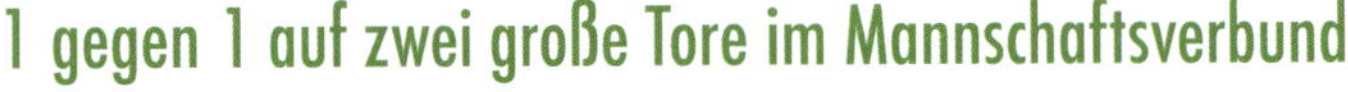

1 gegen 1 auf zwei große Tore im Mannschaftsverbund

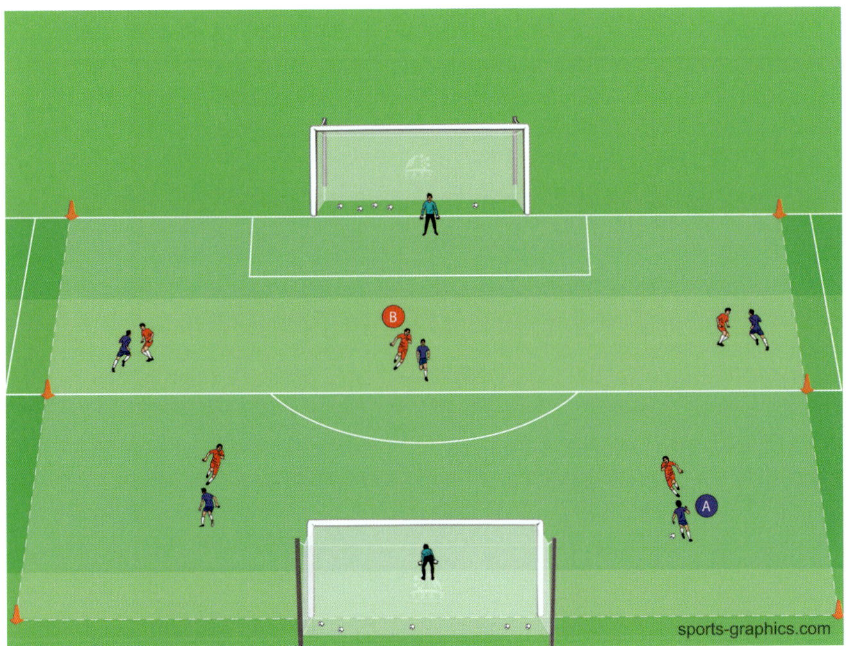

Organisation und Ablauf

» Das Spielfeld hat die Größe des doppelten 16-Meter-Raums.
» Zwei große Tore mit Torhütern besetzen.
» Zwei Teams à fünf Spieler bilden.
» 1-gegen-1-Duelle finden auf dem ganzen Platz statt.
» A beginnt, nach Torabschluss oder Ballverlust startet B einen neuen Angriff.

Variationen

» Die Anzahl von Ballkontakten vorgeben.
» Bei Torerfolg hat das Team, das das Tor erzielt hat, weiterhin den Ball.

Coachinghinweise

» Schnelle Torabschlüsse und Spaß und Spielfreude fordern.
» In dieser letzten Phase wenig/nicht eingreifen – frei spielen lassen!
» Nicht vergessen: Positive Aktionen hervorheben!

1 gegen 1 auf zwei Stangentore

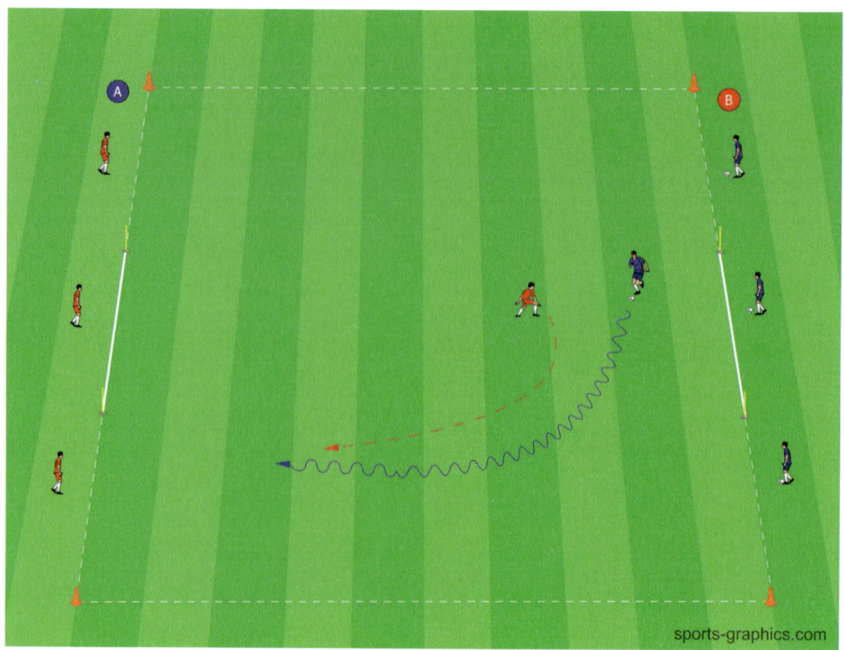

Organisation und Ablauf

» Auf beiden Grundlinien zwei kleine Stangentore von etwa zwei Metern Breite aufstellen.
» Jeweils zwei Spieler spielen 30 Sekunden lang 1 gegen 1 auf die Tore.
» Danach rücken zwei neue Spieler zum 1 gegen 1 ins Feld!

Variationen

» Die Mannschaft, die ein Tor erzielt, bleibt in Ballbesitz.
» Direkt erzielte Tore zählen doppelt.

Coachinghinweise

» Keine Frühstarts beim Nachrücken sind erlaubt.
» Volle Konzentration fordern.

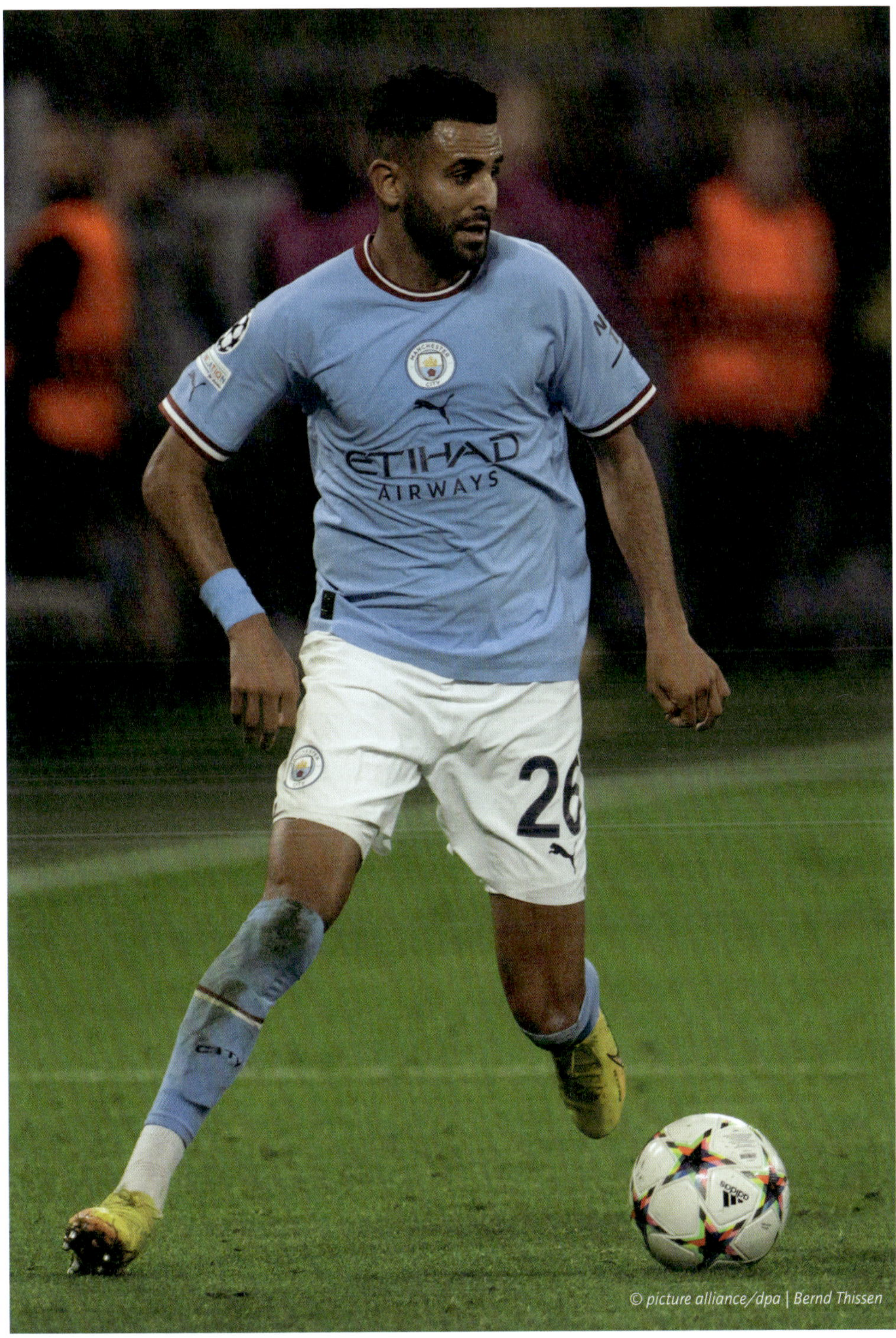
ETIHAD
AIRWAYS
26

1 gegen 1 auf vier Tore

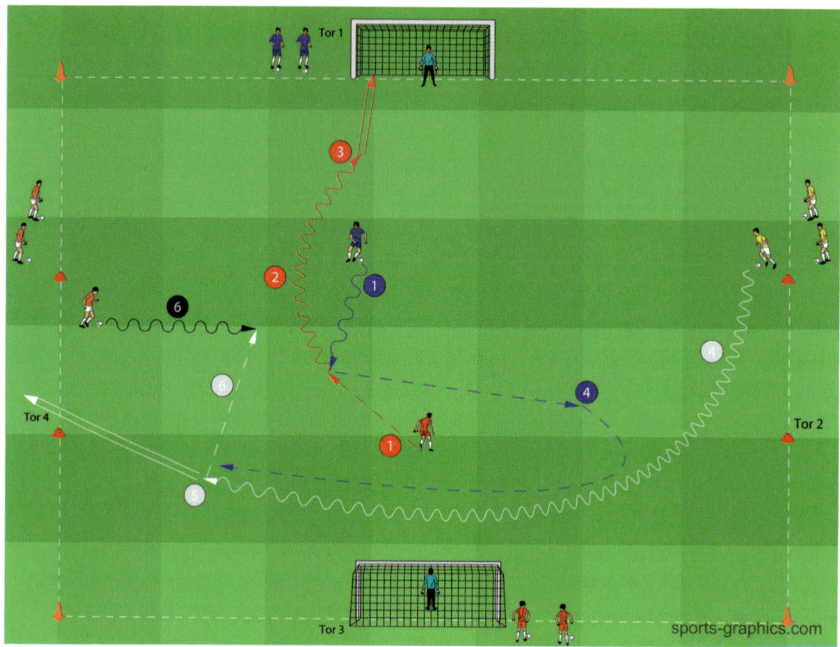

Organisation und Ablauf

» Ein 30 x 30 Meter großes Feld einrichten.

» Auf den Grundlinien zwei Großtore mit Torhütern (Tor 1 und Tor 3) und zwei Hütchentore (Tor 2 und Tor 4) an den Seitenlinien aufstellen.

» Vier Mannschaften einteilen und mit Ball auf die vier Seiten verteilen.

» Auf ein Trainerkommando startet der erste Spieler von Blau ins Feld und spielt im 1 gegen 1 gegen den Verteidiger von Rot auf Tor 3.

» Bei Ballgewinn kontert Rot auf Tor 1.

» Ist der Ball aus dem Spiel oder im Tor, wird Blau Verteidiger, und der erste Spieler von Gelb startet zum 1 gegen 1 auf die Tore 2 und 4 ins Feld.

» Ist der Ball aus dem Spiel oder im Tor, startet der erste Spieler von Orange ins Feld usw.

» *Welche Mannschaft erzielt zuerst fünf Treffer?*

Variationen

- » Die Startpositionen wechseln.
- » Bei Torerfolg startet der nächste Angreifer des erfolgreichen Teams gegen den nächsten Spieler der Verteidiger ins Feld.

Coachinghinweise

- » Die Spieler, die den Ball ins Spiel bringen, greifen auf das gegenüberliegende Tor an.
- » Mit hohem Tempo auf den Verteidiger zudribbeln.
- » Die Finten effektiv einsetzen: Nach einer Finte das Tempo weiter steigern.
- » Schnelle Torabschlüsse auf die Großtore suchen und zielstrebig durch die Hütchentore dribbeln.

1 gegen 1 auf vier verschiedenfarbige Tore

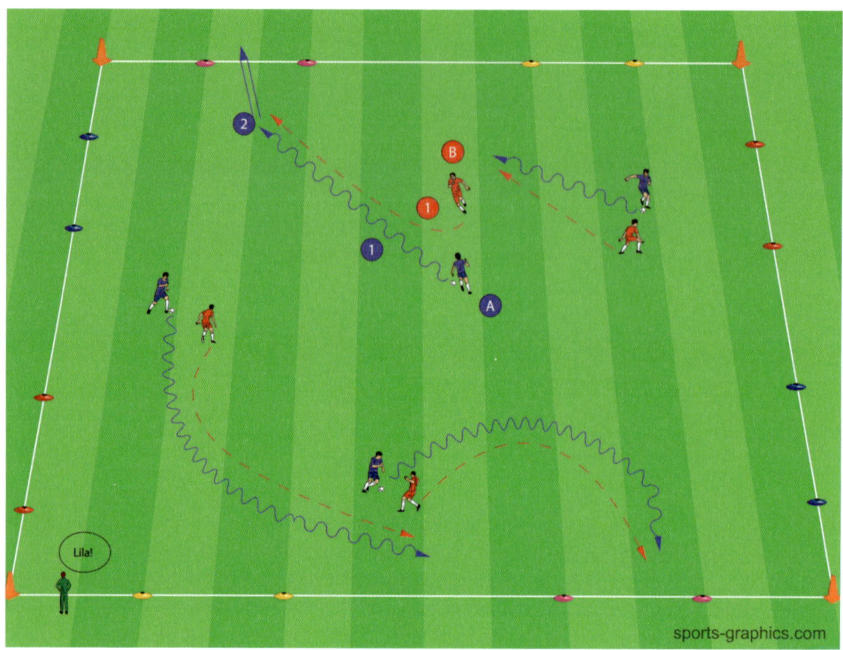

Organisation und Ablauf

- Ein Viereck aufbauen – in der Größe 8 x 8 Meter.
- Zweimal vier verschiedenfarbige Tore mit einem Meter Breite auf den Linien verteilen.
- Die Tore gleicher Farbe über Kreuz aufstellen.
- Faire Spielerpaare bilden, die das 1 gegen 1 bestreiten.
- Der Trainer ruft eine Farbe.
- Die Spieler haben das Ziel, ein erfolgreiches 1 gegen 1 durchzuführen und in das Tor zu passen.

Variation

- Die Übung ohne Tore spielen lassen, wobei die Linien überdribbelt werden. Dabei erhält jede Linie eine Farbe bzw. Nummer.

Coachinghinweise

- Den Abstand verkürzen – abstoppen – die Verteidigungsposition einnehmen – zurückweichen.
- Der Stürmer macht die erste Aktion, der Verteidiger kann bei erfolgreichem Zweikampf in die Tore passen.
- Der Stürmer sollte mit viel Tempo und einfachen, wenigen Finten arbeiten.
- Zweikampfhärte ist ein wichtiger Punkt beim Führen eines 1-gegen-1-Duells.

1 gegen 1 auf Ballhalten

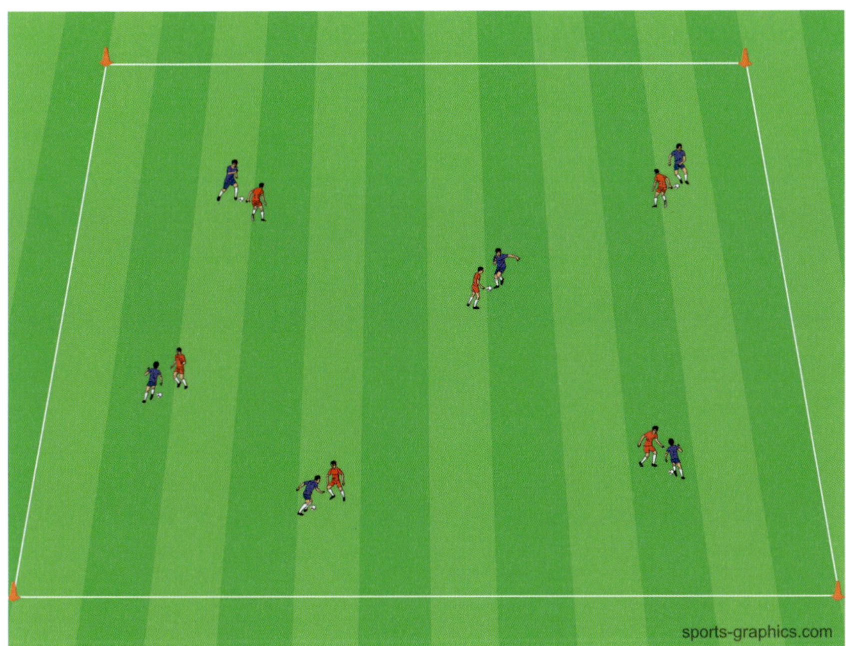

Organisation und Ablauf

- Hütchen benutzen, um das Spielfeld zu markieren.
- Paare bilden mit jeweils einem Ball.
- 20 Minuten beträgt die Spielzeit.
- Pro Minute sind zwei Spieler aktiv.
- Paare bilden, jedes Paar hat einen Ball.
- Übung - das Passen und die Ballan- und -mitnahme üben, klatschen, drehen etc.
- Übung - der jeweils ballbesitzende Spieler versucht, den Ball abzuschirmen und gegen den Partner zu verteidigen. Gewinnt der Verteidiger den Ball, muss er ihn behaupten.

Variation

- Die Spieler passen sich den Ball hin und her, bis der Trainer ein Kommando („Hepp") gibt. Anschließend halten die Spieler, die gerade den Ball am Fuß haben, den Ball und die anderen Spieler, die gerade keinen Ball am Fuß haben, suchen sich einen anderen Gegenspieler, wo sie versuchen, den Ball zu erobern.

Coachinghinweise

- Das raumgewinnende Dribbling kann genutzt werden, um dem Druck des Gegners kurzzeitig auszuweichen.
- Es sollte aber nicht permanent angewendet werden. Vielmehr sollen die Spieler versuchen, um den Gegner herumzudribbeln.

1 gegen 1 auf Stangentore, über Kreuz

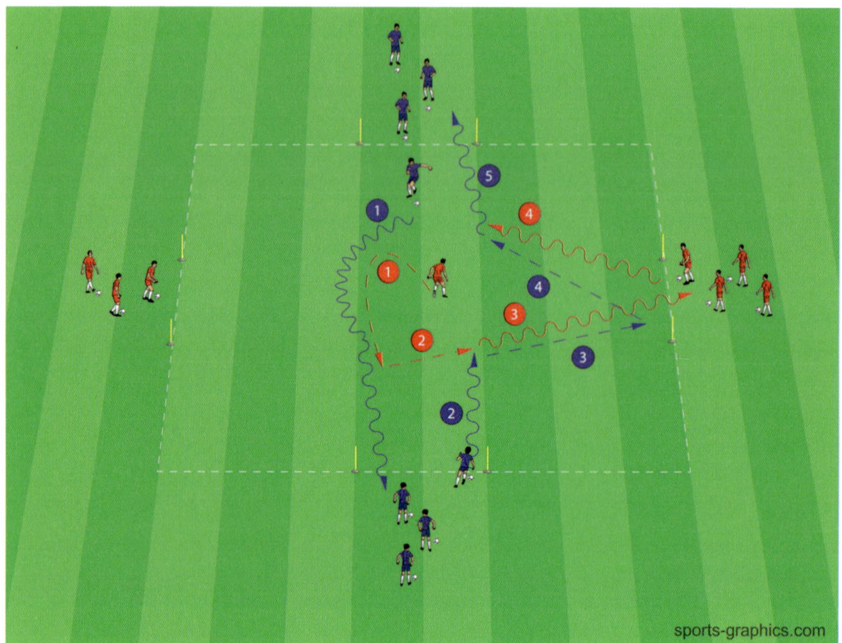

Organisation und Ablauf

- Ein Viereck in der Größe 7 x 7 Meter abstecken.
- Vier Stangentore mit zwei Meter Breite aufbauen.
- Zwei Teams bilden.
- Alle Spieler haben einen Ball am Fuß. Die Teams teilen sich jeweils auf die gegenüberliegenden Tore auf. Ein Spieler von Rot ohne Ball kommt ins Viereck als defensiver Spieler.
- Blau beginnt das Dribbling mit dem Ziel, durch das gegenüberliegende Stangentor zu dribbeln.
- Bei erfolgreichem Dribbling durch das Tor beginnt der nächste Spieler von Team Blau mit dem Dribbling.
- Sobald der defensive Spieler aus Team Rot den Ball erobert hat, wird der Spieler aus Team Blau defensiv und der Spieler von Team Rot dribbelt auf eines der anderen beiden Tore zu.

Variation

- Ein Spiel mit zwei Bällen und zwei defensiven Spielern zu Beginn zulassen.

Coachinghinweise

- Die Teams möglichst gerecht einteilen, um den Wettbewerb ausgeglichen zu gestalten.
- Viele Finten und Körpertäuschungen im 1 gegen 1 einbauen.
- Mutig und dynamisch ins 1 gegen 1 gehen.

1 gegen 1 aus einer Doppelaktion

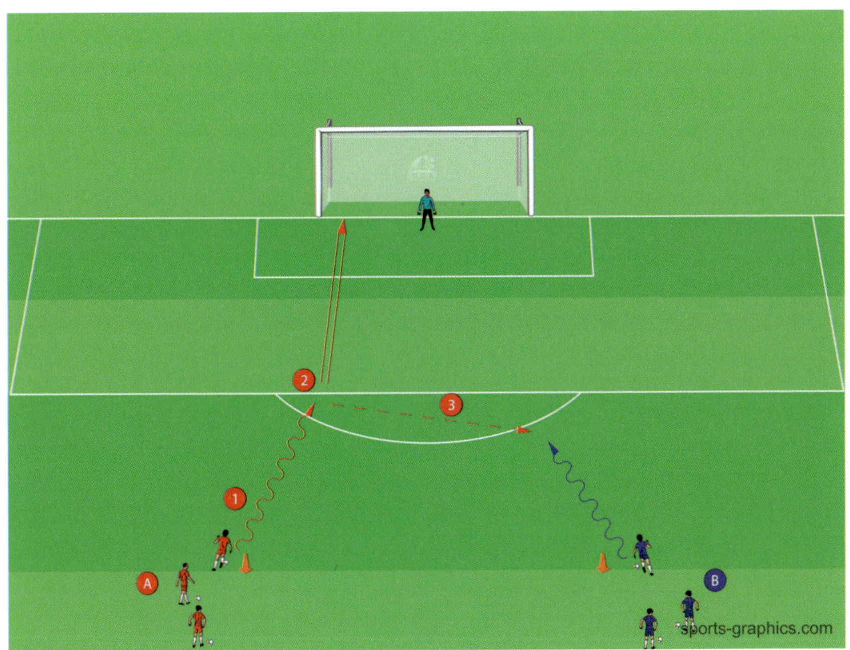

Organisation und Ablauf

» Vor dem Tor mit Torhüter zwei gleich große Gruppen einteilen und diesen je eine Startposition etwa 25 Meter vor dem Tor zuweisen.
» Jeder Spieler hat einen Ball.
» A schießt nach kurzem Dribbling ab der Strafraumgrenze auf das Tor.
» Danach schaltet er blitzschnell um und startet auf B zu, um als Verteidiger im 1 gegen 1 dessen Torabschluss zu verhindern.
» Erobert A den Ball, wird er selbst zum Angreifer!
» Der Aufgaben- und Positionswechsel erfolgt nach Aktionsende.

Variation

» A jongliert vor dem 1 gegen 1 in der Vorwärtsbewegung bis zum Strafraum und schießt volley auf das Tor.

Coachinghinweise

» Nachdem Spieler A geschossen hat, soll er sich sofort in die Defensive umorientieren und den Gegenspieler so stellen, dass er ihn nach außen lenkt und den Ball erobert.
» Spieler B soll mit hohen Tempo ins 1 gegen 1 gehen, um das Tempo als Vorteil zu nutzen, damit er vorbeikommt und das Tor erzielt.

1 gegen 1 außen an den Stangen vorbei auf das Tor

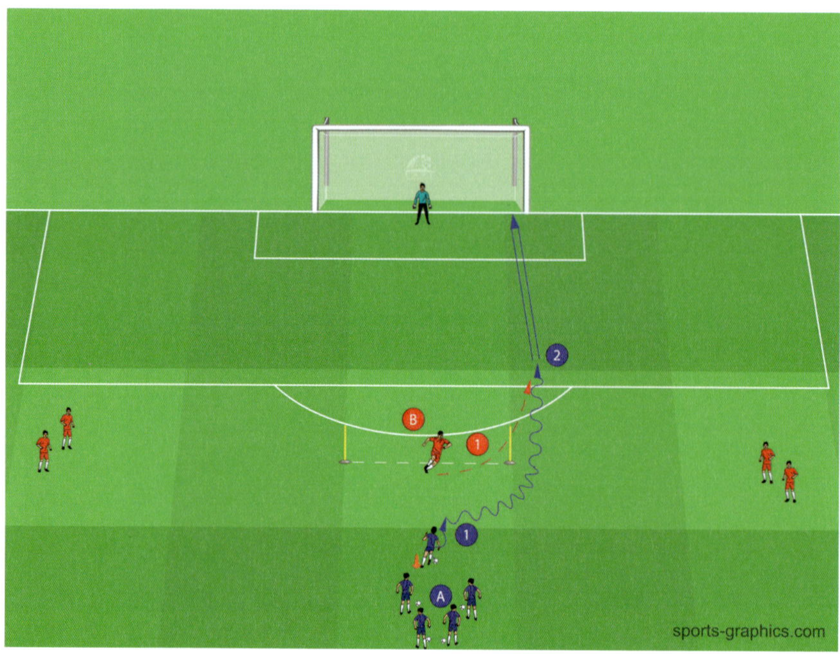

Organisation und Ablauf

- Rot steht zwischen den Stangen, die drei Meter breit stehen.
- Blau steht fünf Meter entfernt.
- Blau startet mit dem Dribbling auf den Spieler von Team Rot zu.
- Mit einer Körpertäuschung die Richtung wechseln und außen an den Stangen vorbeiziehen.
- Rot sucht den direkten Zweikampf.

Variationen

- Nach einigen Durchgängen die Aktion als Wettkampf durchführen.
- Nur mit rechts/links dribbeln (je nach Wahl der Richtung).

Coachinghinweise

- Einen dynamischen Richtungswechsel mit Finte oder Körpertäuschung fordern.
- Ein schneller Abschluss muss folgen.
- Eine enge Ballführung bei hohem Tempo durchführen.

1 gegen 1 – Balleroberungen

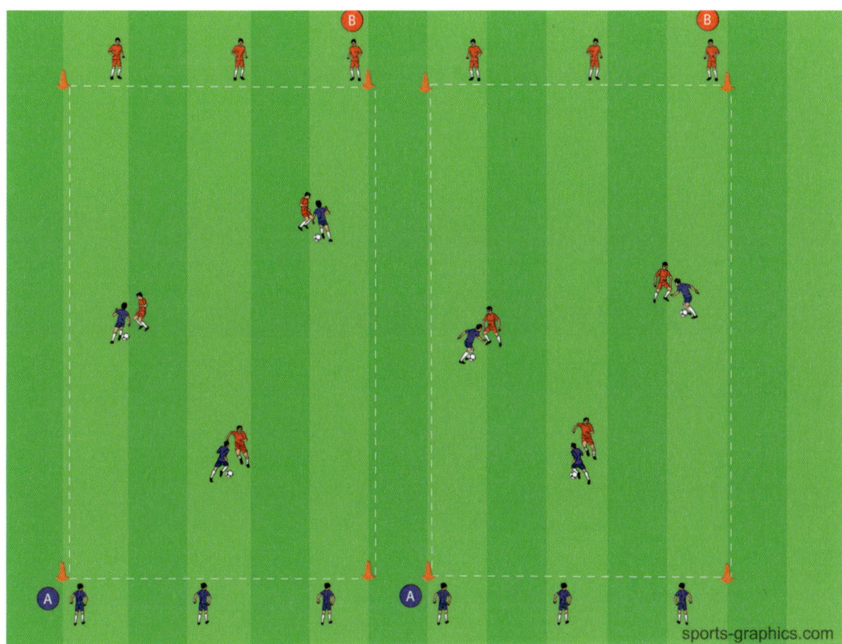

Organisation und Ablauf

» Zwei Spielfelder à 15 x 30 Meter einrichten.
» Jeweils zwei Teams pro Spielfeld einteilen.
» Mehrere Spieler spielen 1 gegen 1 im jeweiligen Spielfeld.
» Die ballführenden Spieler verteidigen, die anderen versuchen, den Ball zu erobern.
» Ist ein Ball erobert, schnell zur eigenen Startlinie zurückdribbeln.

Variation

» Die Verteidiger passen den Ball zum Gegenspieler, bevor die Aktionen starten.

Coachinghinweise

» Nur dosiert korrigieren – die Aufgabe soll die Spieler nur grob auf das direkte Duell mit einem Gegenspieler vorbereiten!
» Möglichst gleich starke Spieler zusammenstellen!

1 gegen 1, defensiv – Grundlagen

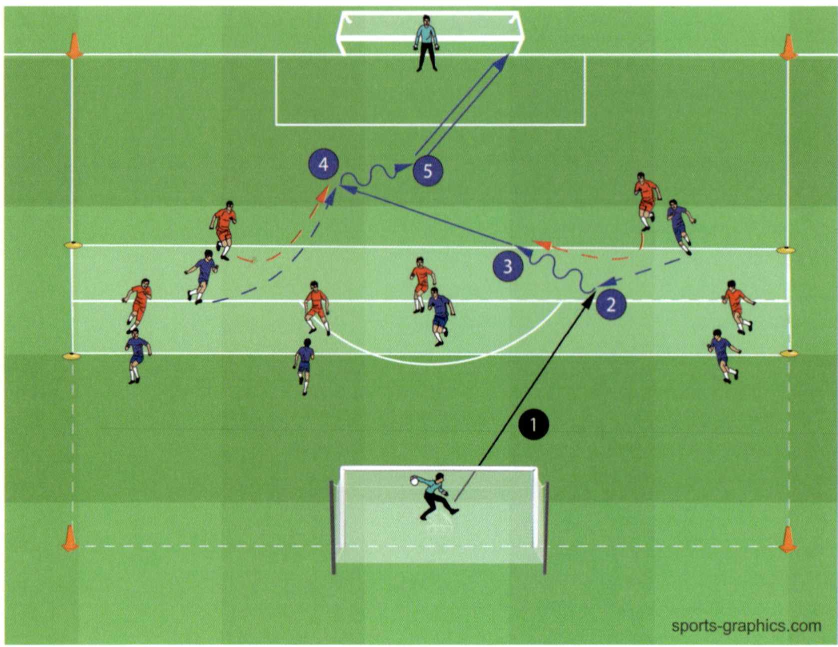

Organisation und Ablauf

- Ein Spielfeld mit zwei großen Toren mit Torhütern einrichten.
- Drei Zonen markieren.
- Zwei Mannschaften bilden.
- 6 gegen 6 auf die beiden Tore spielen lassen.
- Die Verteidiger dürfen die Angreifer erst in der Mittelzone angreifen.

Variationen

- Erobern die Verteidiger in der Mittelzone den Ball und erzielen sofort im Anschluss einen Treffer, so zählt dieser Treffer doppelt.
- Die Angreifer müssen die Zone vor dem eigenen Tor in einer vorgegebenen Zeit verlassen haben.
- Zum Schluss frei spielen lassen.

Coachinghinweise

- Die Spieler sollen lernen, die Räume im Mittelfeld zu verengen und entschlossen den Ball zu erobern.
- Alle Spieler der verteidigenden Mannschaft sollen in die Mittelzone aufrücken.

1 gegen 1, defensiv – intensiv

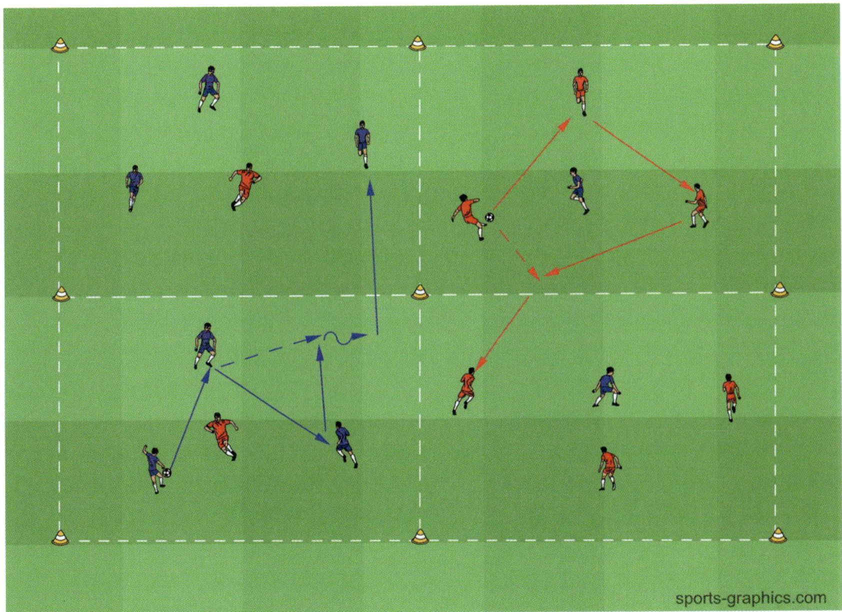

Organisation und Ablauf

- Zwei Mannschaften bilden.
- Jede Mannschaft stellt zwei Angreiferteams zu je drei Spielern und zwei Verteidigern.
- In allen Feldern je drei Angreifer und einen Verteidiger postieren.
- Jeweils ein Angreiferteam hat einen Ball.
- Auf ein Trainerkommando versuchen die Ballbesitzer, sich jeweils untereinander den Ball zuzupassen, ohne dass der Verteidiger in Ballbesitz kommt.
- Nach jeweils drei Zuspielen dürfen die Angreifer zu ihren Mitspielern ins andere Feld passen (= ein Punkt für die Mannschaftswertung), die nun ebenfalls versuchen, drei Pässe in den eigenen Reihen zu spielen usw.
- *Welches Team erzielt die meisten Punkte?*

Variationen

- Die Spieler müssen mit zwei Pflichtkontakten agieren.
- Der Ball darf schon mit dem dritten Pass in die andere Hälfte gespielt werden.
- Jede Mannschaft hat nacheinander drei Bälle zur Verfügung. Geht ein Ball ins Aus oder wird vom Verteidiger berührt, so verliert die Mannschaft diesen Ball.
- *Welches Team behält ihre Bälle am längsten?*

Coachinghinweise

- Ziel ist es, den Ball so oft wie möglich zwischen den beiden Feldern hin- und herzuspielen.
- Auf eine ausreichende Breitenstaffelung achten, um das Passspiel zu erleichtern.
- Möglichst Dreiecke bilden, um dem Ballbesitzer mehrere Zuspielmöglichkeiten zu eröffnen.

1 gegen 1 – diagonale Attacke

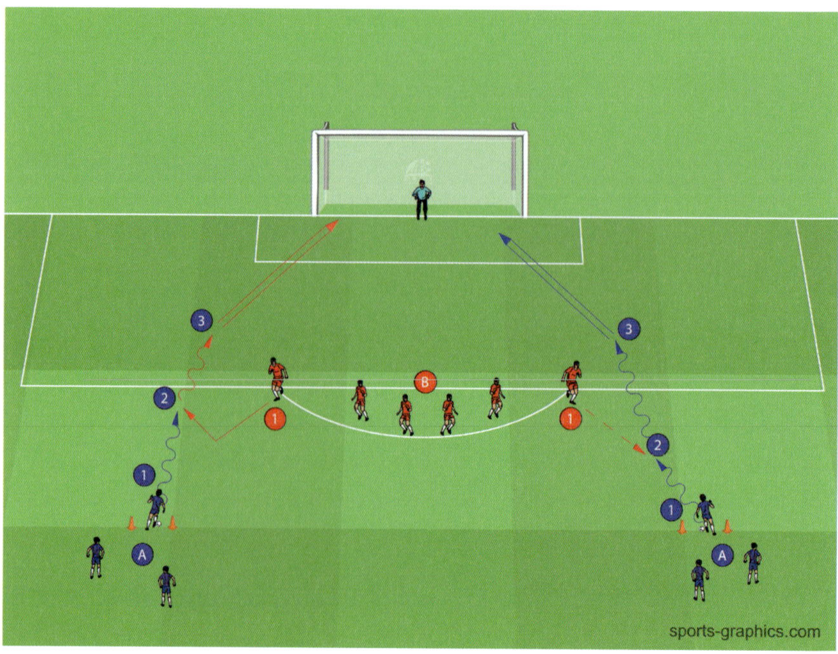

Organisation und Ablauf

- Zwei Teams bilden.
- Die Starthütchen circa 10-15 Meter vor dem 16-Meter-Raum rechts und links postieren.
- Wechselseitig starten.
- Ein Zeitlimit setzen, dann Aufgabenwechsel der beiden Teams.

Variation

- Gegebenenfalls Finten einbauen.

Coachinghinweise

- Dem Gegner möglichst schnell entgegenstarten.
- Rechtzeitig das Tempo reduzieren!
- Dem Angreifer eine Seite zum Durchbruch anbieten!

1 gegen 1 – Drehmoment

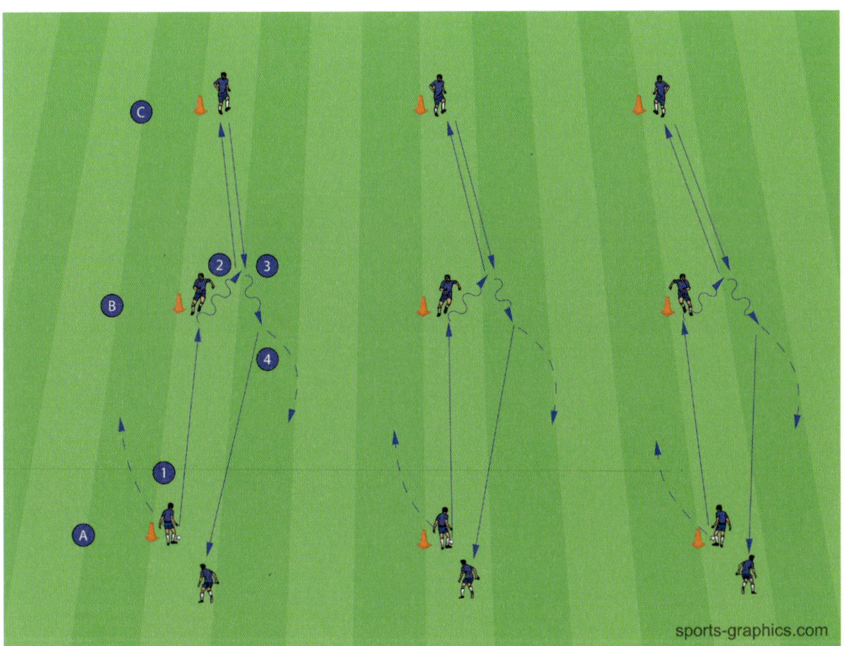

Organisation und Ablauf

» Drei Passparcours nebeneinander einrichten.
» Drei Teams zu jeweils drei Spielern bilden und auf die Positionen verteilen.
» A passt flach zu B, der das Zuspiel kontrolliert, sich mit Ball am Fuß dreht und anschließend zu C weiterleitet.
» C lässt möglichst direkt klatschen und B passt nach einer erneuten Drehung zurück zur Startposition.
» A und B tauschen jeweils die Positionen.
» C verbleibt für mehrere Aktionen auf der Position.

Variationen

» Nach einigen Durchgängen die Aktion als Wettkampf durchführen.
» Nur mit rechts/links passen.
» Mit maximal zwei Kontakten passen.
» A und C spielen nur direkt.

Coachinghinweise

» B führt die Drehungen zu unterschiedlichen Richtungen aus. Dabei soll er durch eine offene, leicht schräge Grundposition anzeigen, in welchen Fuß er den Pass gespielt haben möchte.
» Die Spieler C nach zwei Minuten tauschen.
» Auf ein kontrolliertes Passspiel achten.
» Vor dem Zuspiel stets Blickkontakt mit dem Passempfänger aufbauen.

1 gegen 1 – Drei-Zonen-Spiel I

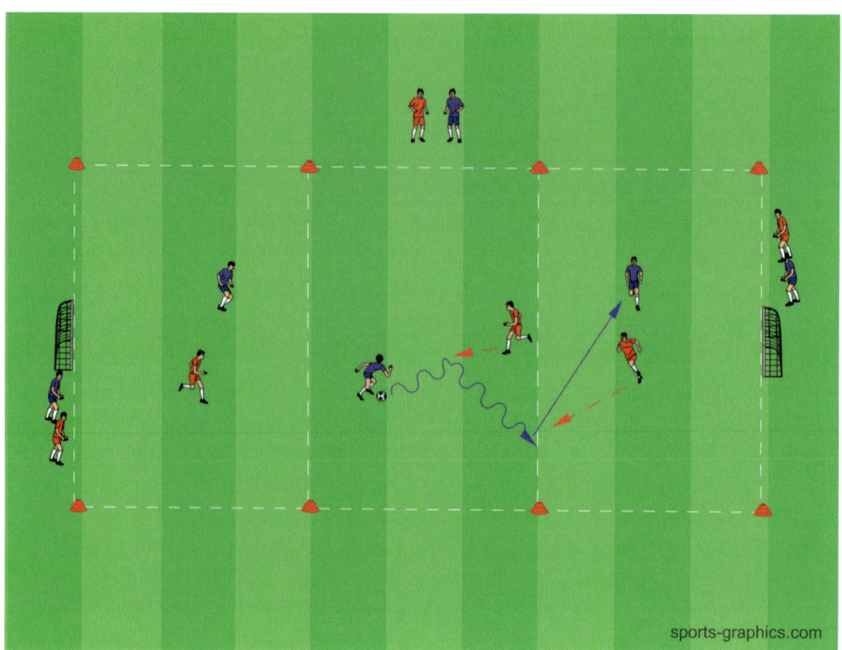

Organisation und Ablauf

» Den Grundaufbau beibehalten.
» Zusätzlich auf den Grundlinien je ein Minitor aufstellen.
» Zwei Teams zu jeweils sechs Spielern einteilen.
» Je Team einen Spieler in den Zonen postieren.
» Alle übrigen Spieler pausieren außerhalb.
» Blau erhält zunächst das Angriffsrecht.
» Der Ballbesitzer in der mittleren Zone startet die Aktion und versucht, sich im 1 gegen 1 durchzusetzen und ins nächste Feld zu dribbeln.
» Gelingt dies, so kann er anschließend im 2 gegen 1 mit seinem Mitspieler auf das Minitor abschließen.
» Erobert Rot den Ball, so kontert das rote Team auf das gegenüberliegende Minitor.
» Nach jeweils sechs Durchgängen das Angriffsrecht wechseln.

Variationen

» Der jeweilige Verteidiger darf nach fünf Sekunden zum 2 gegen 2 in die Endzone nachstarten.
» Tore der Angreifer zählen doppelt.

Coachinghinweise

» Die Spieler immer wieder ermutigen, selbstbewusst das 1 gegen 1 zu suchen.
» Zielstrebig abschließen!
» Die Positionen und Aufgaben in den Teams regelmäßig wechseln.

1 gegen 1 – Drei-Zonen-Spiel II

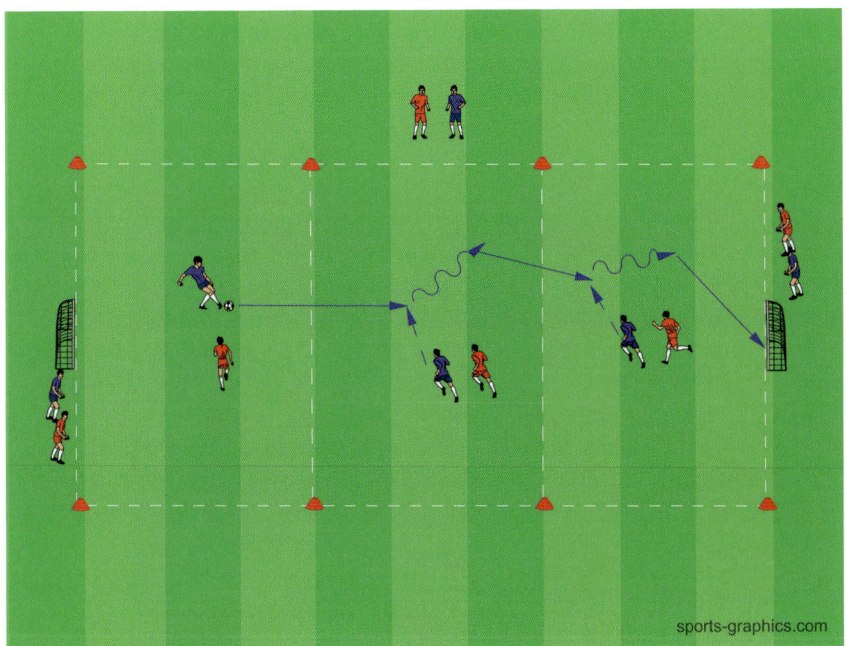

Organisation und Ablauf

» Den Aufbau und die Teams beibehalten.
» Der Grundablauf ist wie zuvor.
» Jetzt startet der Angreifer die Aktion aus der eigenen Aufbauzone mit einem Zuspiel in die Mittelzone.
» Der dortige Passempfänger versucht, sich im 1 gegen 1 mit Gegner im Rücken durchzusetzen und in die Endzone zu passen.
» Gelingt dies, so rückt er zum 2 gegen 1 nach und versucht, im Zusammenspiel mit seinem Mitspieler auf das Minitor abzuschließen.
» Erobert Rot den Ball, so kontert das rote Team auf das gegenüberliegende Minitor.
» Nach jeweils sechs Durchgängen das Angriffsrecht wechseln.

Variationen

» Der Spieler in der Mittelzone muss innerhalb von 10 Sekunden in die Endzone gespielt haben.
» Der Passempfänger in der Mittelzone darf das Zuspiel in die Aufbauzone zurückprallen lassen. Anschließend darf der dortige Ballbesitzer die Mittelzone in die Endzone überspielen.

Coachinghinweise

» Angreifer und Verteidiger gleichermaßen coachen.
» Zielstrebigkeit und Entschlossenheit einfordern.
» Die Positionen und Aufgaben in den Teams regelmäßig wechseln.

1 gegen 1 – Dreieck

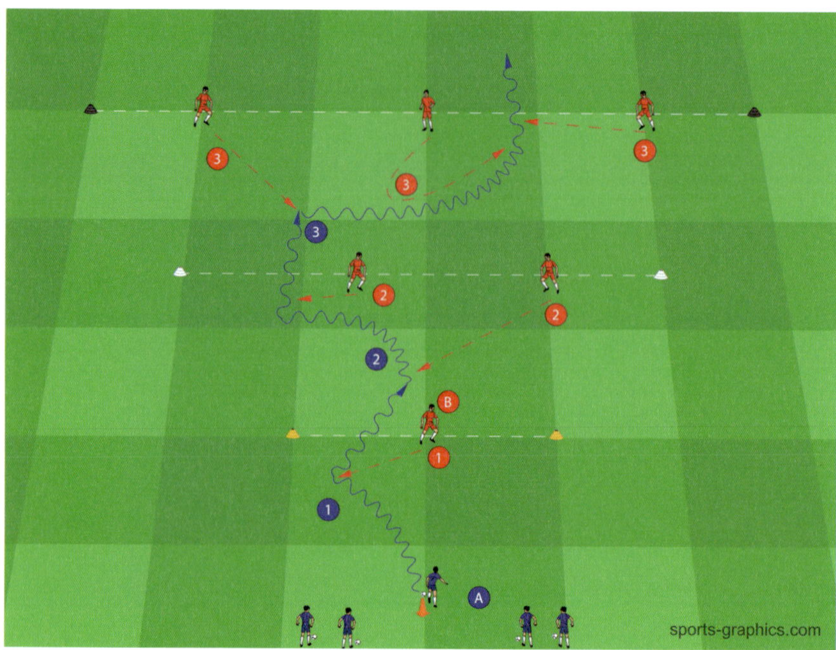

Organisation und Ablauf

- Rot steht zwischen den Hütchen auf den Linien und verteidigt diese.
- Blau steht fünf Meter entfernt.
- Blau startet mit dem Dribbling auf Spieler Rot.
- Mit hohem Tempo über die Linien dribbeln.

Variationen

- Nach einigen Durchgängen die Aktion als Wettkampf durchführen.
- Blau greift mit zwei Spielern an.

Coachinghinweise

- Eine enge Ballführung bei hohem Tempo fordern.
- Die Intensität hochhalten.
- Viele Finten vorgeben.

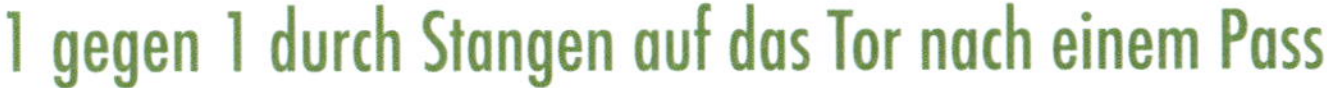

1 gegen 1 durch Stangen auf das Tor nach einem Pass

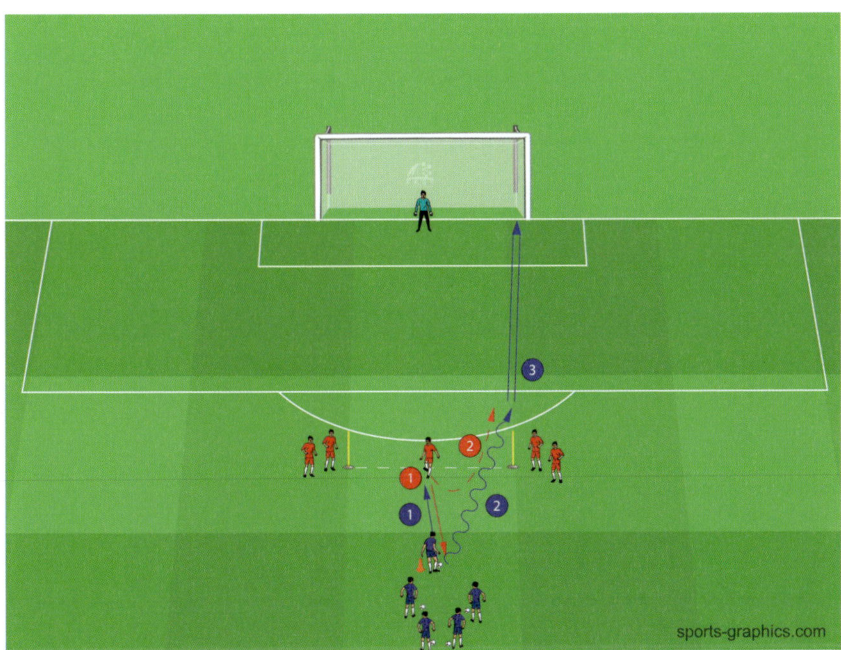

Organisation und Ablauf

- Ein Spieler steht zwischen den Stangen, die zwei Meter breit stehen.
- Der andere Spieler steht fünf Meter entfernt.
- Blau passt mit Druck zu Rot, der sofort zurückpasst.
- Blau muss Rot im 1 gegen 1 durch die Stangentore überwinden und zum Abschluss kommen.

Variationen

- Nach einigen Durchgängen die Aktion als Wettkampf durchführen.
- Nur mit rechts/links passen.
- Direktes Passen fordern.

Coachinghinweise

- Mit Tempo auf den Verteidiger zulaufen.
- Schnelle Finten spielen.
- Relativ geradlinig bleiben.

1 gegen 1 mit Eindrehen im Zickzackparcours

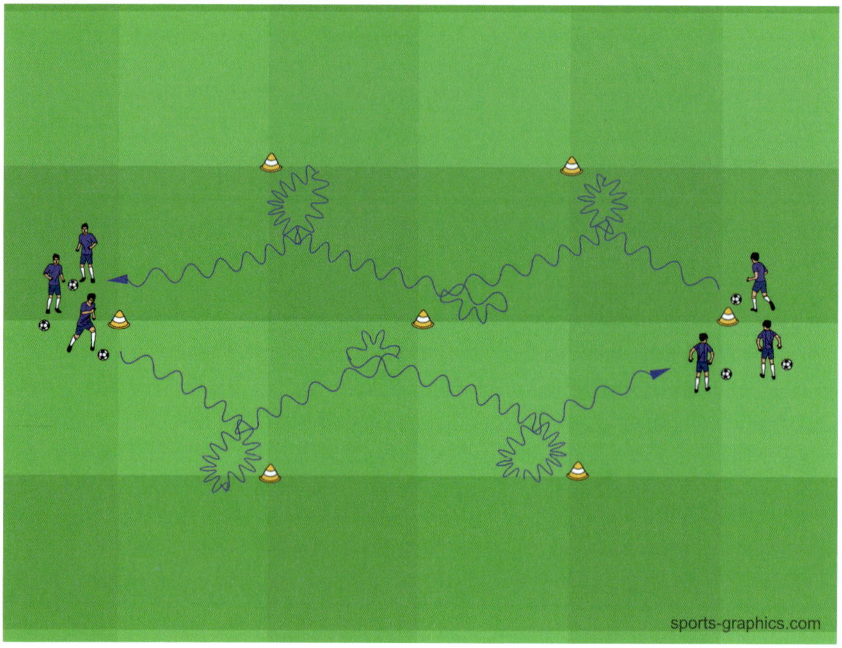

sports-graphics.com

Organisation und Ablauf

- Für je sechs Spieler mit Hütchen oder Dummys eine Dribbelstation einrichten.
- Die Spieler an den Startpositionen verteilen.
- Die Gruppenersten starten gleichzeitig in den Parcours, dribbeln nach rechts weg und drehen vor dem ersten Hütchen mit der rechten Außenseite ein.
- Anschließend dribbeln sie auf das zentrale Hütchen zu, drehen mit der linken Außenseite ein (siehe Bildreihe) und dribbeln wieder nach rechts weg. Am nächsten Hütchen drehen sie sich erneut ein und übergeben den Ball am anderen Starthütchen.
- Die Richtungswechsel simulieren die 1-gegen-1-Situation mit Gegner neben dem oder schräg vor dem Angreifer.

Variationen

- Jeweils mit der Innenseite eindrehen.
- Verschiedene Finten einbauen, wie z. B. Übersteiger.

Coachinghinweise

- Ein hohes Tempo einfordern.
- Schnelle Bewegungen beim Eindrehen durchführen.

1 gegen 1 mit Eindrehen und Fintieren im Parcours

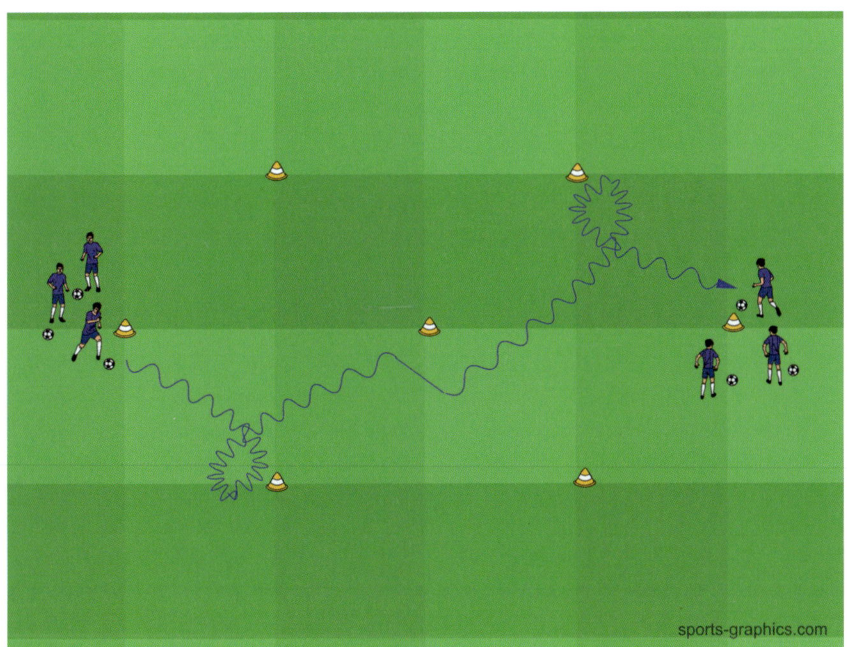

Organisation und Ablauf

- Der Ablauf ist wie zuvor, doch jetzt dribbeln die Spieler auf das mittlere Hütchen zu, gehen nach einem Ausfallschritt rechts vorbei und dribbeln gerade weiter (siehe Bildreihe).
- Anschließend drehen sie sich erneut mit der Innen- oder Außenseite ein und übergeben den Ball an der gegenüberliegenden Startposition.
- Die Übungsform kombiniert die Grundsituation „Gegner von der Seite" und „Gegner frontal".
- Beim Eindrehen liegt der Schwerpunkt auf der Richtungsänderung, beim frontalen 1 gegen 1 muss ein Tempowechsel erfolgen.

Variation

- Nach einem Ausfallschritt oder Übersteiger links am mittleren Hütchen vorbeidribbeln.

Coachinghinweise

- Hohes Tempo einfordern.
- Schnelle Bewegungen beim Eindrehen durchführen.

1 gegen 1 mit Eindrehen, Fintieren und Zurückziehen

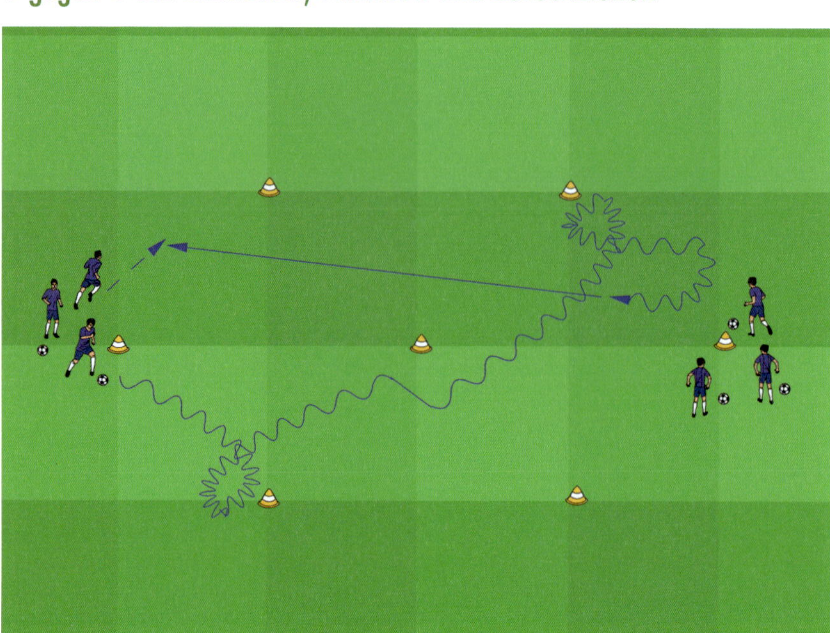

Organisation und Ablauf

» Wie zuvor, doch jetzt den Ball nach dem nochmaligen Eindrehen nicht am gegenüberliegenden Starthütchen übergeben, sondern mit der Sohle zurückziehen (siehe Bildreihe) und mit einem weiträumigen Pass zurück zur Startposition spielen.
» Die nächsten Spieler nehmen das Zuspiel jeweils direkt in den Parcours mit.
» Die Übungsform kombiniert die Grundsituationen „Gegner von der Seite" (Eindrehen), „Gegner frontal" (Ausfallschritt) und „Gegner neben mir" (Zurückziehen).
» Den Ball vor dem Zurückrollen mit dem gegnerfernen Fuß führen, sich nach außen wegdrehen und mit dem anderen Fuß zurückpassen (Schwerpunkt: Qualität der Anschlussaktion).

Coachinghinweise

» Beim Zurückziehen mit der Sohle genau auf die Ausführung achten, damit der Ball in die Bewegung mitgenommen wird.
» Beim Passempfänger auf den ersten Kontakt achten, dass dieser in die Bewegung erfolgt.

1 gegen 1 mit Feldersuche

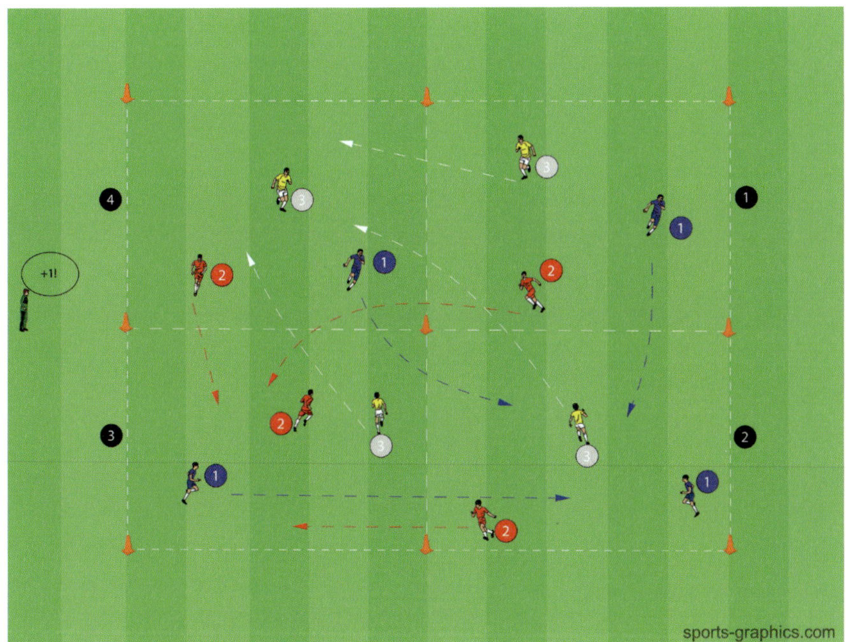

Organisation und Ablauf

- Vier Felder nebeneinander einrichten.
- Jedem Feld eine Nummer zuweisen.
- Drei Gruppen bilden, die Spieler nummerieren und auf die Felder verteilen.
- Die Spieler bewegen sich frei ohne Ball in den Feldern.
- Der Trainer startet mit dem Zuruf einer kleinen Rechenaufgabe die Aktion.
- Die Spieler müssen nun alle in das für das gesamte Team vorgesehene Feld sprinten.
- Bei der Aufgabe „+1!" sprinten beispielsweise alle Spieler von Team 1 in Feld 2.
- Die Gruppe, die zuerst komplett das Feld erreicht, erhält einen Punkt.

Variationen

- In jedes Feld wird ein Ball gelegt. Im Zielfeld muss der Ball zu jedem Spieler der Gruppe gespielt werden, bevor die Aktion beendet ist.
- Die Spieler hüpfen von Feld zu Feld.
- Die Spieler laufen rückwärts von Feld zu Feld.

Coachinghinweise

- Zu Beginn des Spiels den genauen Ablauf erklären.
- Bevor die Spieler auf die Felder verteilt werden, sollten sie sich zuerst im Feld der Gruppe sammeln.
- Der Trainer kann Minus- und Plusaufgaben vorgeben.
- Er kann auch das Kommando „null" geben, sodass die Spieler in das eigentliche Feld der Mannschaft laufen müssen.

1 gegen 1 mit Felderwechsel

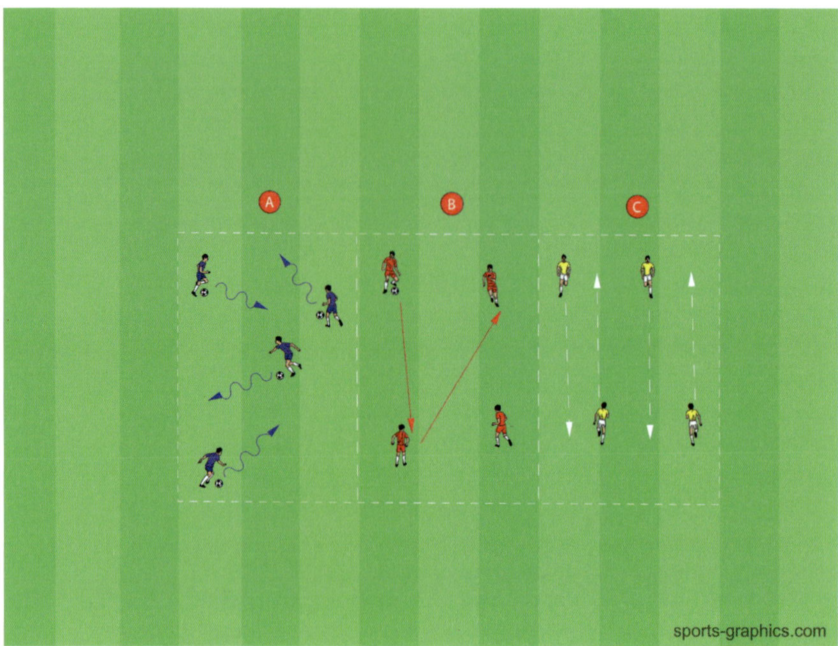

Organisation und Ablauf

- Aneinandergrenzend drei 10 x 15 Meter große Felder markieren.
- Drei Teams zu jeweils vier Spielern bilden.
- Jedes Team einem Feld zuweisen.
- Jeder Spieler in Feld A sowie einer in Feld B hat je einen Ball.
- Feld A: Die Spieler dribbeln frei umher und bauen möglichst viele Finten und Richtungswechsel in ihr Dribbling ein.
- Feld B: Die Spieler passen sich den Ball in den eigenen Reihen zu.
- Feld C: Die Spieler laufen durch das Feld und führen frei wählbare Übungen des Lauf-ABCs aus (z. B. Skippings, Anfersen usw.).
- Auf ein Trainerkommando wechseln alle Teams ein Feld weiter (A zu B, B zu C und C zu A).
- Dabei die Bälle jeweils in den Feldern liegen lassen.

Variationen

- Der Trainer gibt konkrete Dribbel- bzw. Laufaufgaben vor.
- Die Richtung beim Felderwechsel ändern.

Coachinghinweise

- Darauf achten, dass die Spieler in Feld B stets in Bewegung sind und sich nicht nur aus dem Stand den Ball zuspielen.
- Die zeitlichen Abstände zwischen den Felderwechseln variieren, um die Konzentration der Spieler hochzuhalten.

1 gegen 1 – Finten mit passivem Verteidiger I

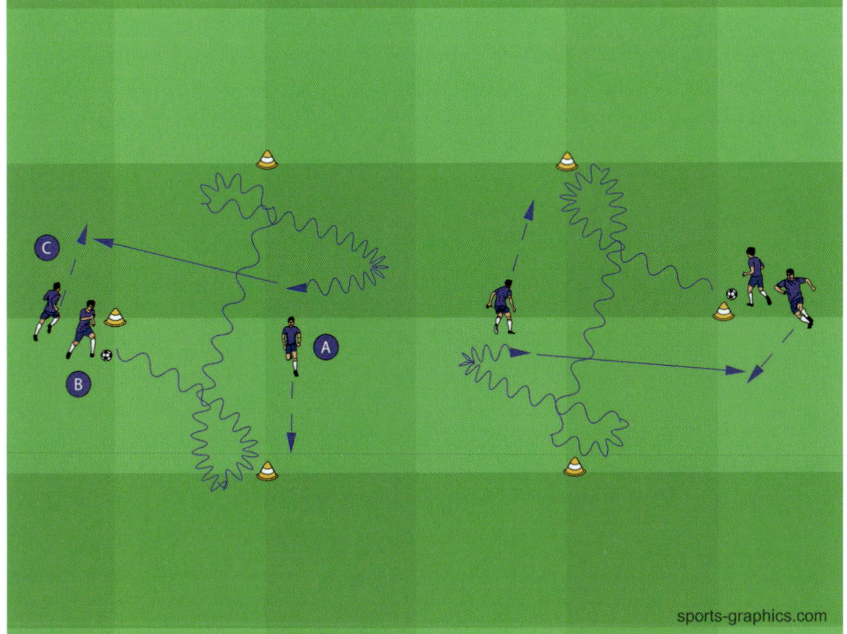

Organisation und Ablauf

- Den Aufbau wie oben gestalten.
- Je zwei Dreiergruppen üben parallel.
- B dribbelt nach rechts weg.
- Der passive Verteidiger A schiebt aus der Mitte heran.
- Daraufhin dreht B ein, wickelt sich um den Gegner und dribbelt auf das gegenüberliegende Hütchen zu.
- A verfolgt B und schiebt erneut heran.
- In diesem Moment steigt B mit einer Schere (siehe Bildreihe) über den Ball und nimmt diesen in den Rücken des passiven Verteidigers mit.
- Dann rollt B den Ball mit dem gegnerfernen Fuß zurück, dreht sich und startet dem vorgespielten Ball nach.
- Anschließend passt er zurück zur Startposition und übernimmt sofort die Aufgabe des passiven Verteidigers A, der sich als nächster Angreifer an der Startposition anstellt.

Variationen

- Jeweils mit der Innenseite eindrehen.
- Verschiedene Finten einbauen, wie z. B. Übersteiger.

Coachinghinweise

- Ein hohes Tempo einfordern.
- Schnelle Bewegungen beim Eindrehen durchführen.

1 gegen 1 – Finten mit passivem Verteidiger II

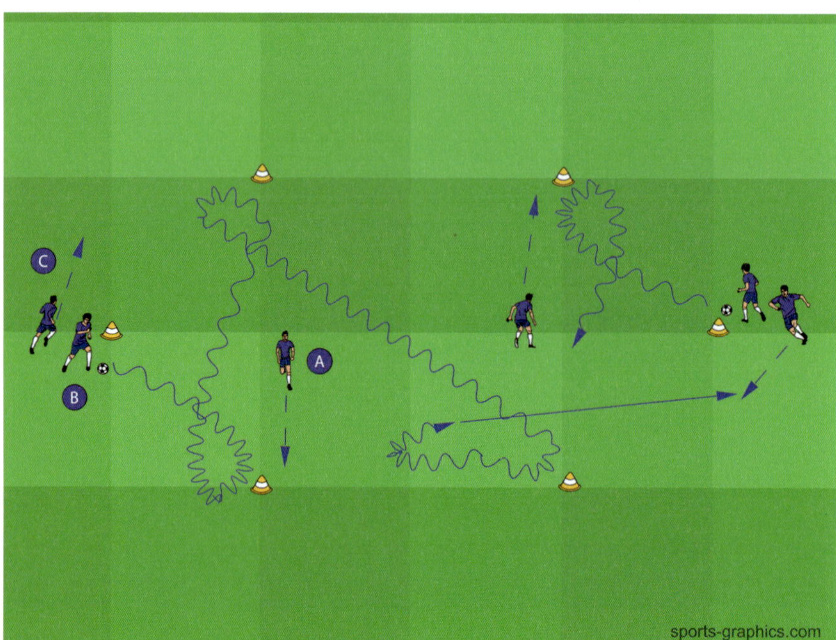

Organisation und Ablauf

- » Wie zuvor, doch jetzt dreht sich B vor den ersten beiden Hütchen zweimal ein und dribbelt auf das diagonal gegenüberliegende Hütchen zu.
- » A verfolgt B, der mit einer Schere über den Ball steigt, sich vom Gegner wegdreht und gerade zurückdribbelt.
- » Sobald dieser heranschiebt, zieht B den Ball nochmals hinter das Standbein zurück (siehe Bildreihe) und passt zur Startposition gegenüber.
- » Anschließend läuft B seinem Pass nach und übernimmt die Aufgabe des passiven Verteidigers auf der anderen Seite.
- » A schließt sich bei der nahen Startposition als nächster Angreifer an.
- » Es findet ein paralleler Ablauf an beiden Startpositionen statt.
- » Jede Aktion nach Blickkontakt gemeinsam einleiten.

Variationen

- » Jeweils mit der Innenseite eindrehen.
- » Verschiedene Finten einbauen, wie z. B. Übersteiger.

Coachinghinweise

- » Ein hohes Tempo einfordern.
- » Schnelle Bewegungen beim Eindrehen durchführen.

1 gegen 1 – Finten mit teilaktivem Verteidiger

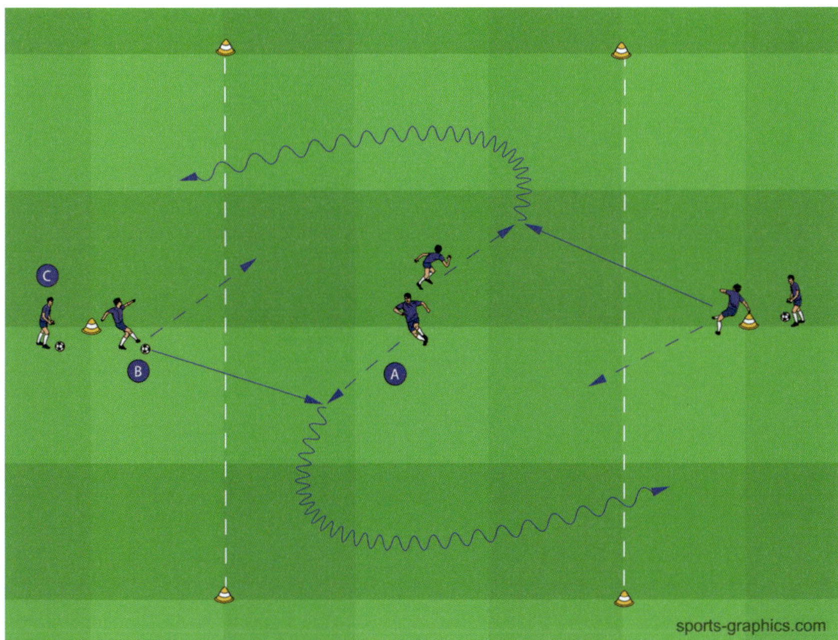

Organisation und Ablauf

- Drei Felder einteilen.
- Die Spieler besetzen die Positionen.
- Die beiden zentralen Spieler A stoßen sich voneinander ab, bieten sich kurz an und nehmen das Zuspiel von B mit dem ersten Kontakt schräg nach vorne mit.
- Anschließend drehen sie sich sofort in Spielrichtung auf.
- Gleichzeitig läuft die Passgeber B zur gedachten Hütchenlinie, um den von der anderen Seite andribbelnden Angreifer A zu stellen.
- Es folgt ein 1 gegen 1 frontal.
- Der Verteidiger darf zunächst nur auf der Linie, später frei verteidigen.
- Die beiden Verteidiger B und C rücken anschließend sofort in die Mitte, nehmen Körperkontakt auf und fordern das nächste Zuspiel.

Variation

- Spieler A spielt nach dem Zuspiel von Spieler B ein Doppelpass.

Coachinghinweise

- Auf die offene Spielstellung von Spieler A achten.
- Das Passspiel soll auf den ballentfernten Fuß erfolgen.

1 gegen 1 frontal mit Anspiel von außen

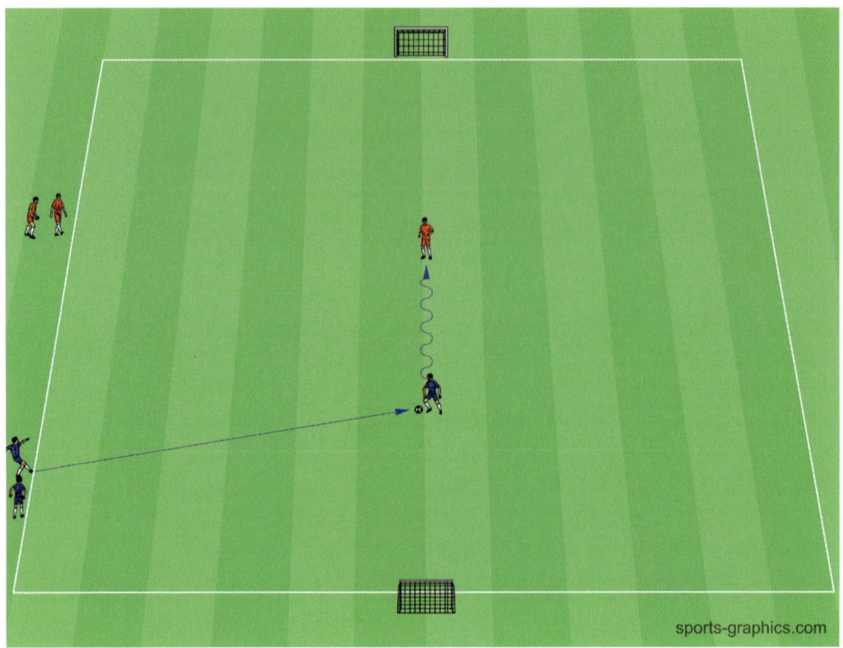

Organisation und Ablauf

- Ein 30 x 30 Meter großes Feld abstecken.
- Zwei Teams einteilen.
- Zwei Minitore an die Kopfenden stellen.
- Das Anspiel kommt von außen.
- Idealerweise erfolgt es in die offene Spielstellung.

Variation

- Genauso gut wie Minitore können auch Dribbeltore benutzt werden (gegebenenfalls mehrere, um das Verteidigen zu erschweren) oder auch das Spielen auf Dribbellinien.

Coachinghinweise

- Offen stehen.
- Den Ball in die Vorwärtsbewegung mitnehmen.
- Den Blick nach oben richten.

1 gegen 1 frontal mit Dribbling

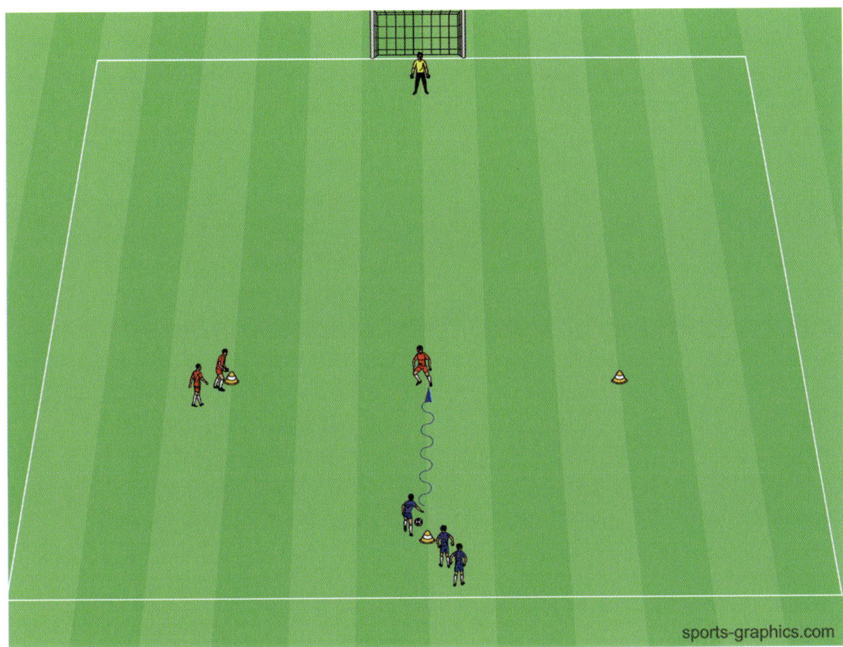

Organisation und Ablauf

» Ein 30 x 30 Meter großes Feld abstecken.
» Zwei Teams einteilen.
» Ein Hütchentor als Dribbellinie circa auf Höhe der Mitte positionieren.
» Es wird ohne Anspiel, aber mit Dribbling gestartet.

Variationen

» Gegebenenfalls eine Auftaktbewegung machen vor dem Dribbling.
» Finten mit einbauen.

Coachinghinweise

» Das Tempo aufnehmen, aber eine Verschärfung erst kurz vor dem Zweikampf vornehmen.
» Den Gegner auf eine Seite lenken.
» Geradlinig und schnörkellos spielen.

1 gegen 1 frontal mit seitlichem Anspiel

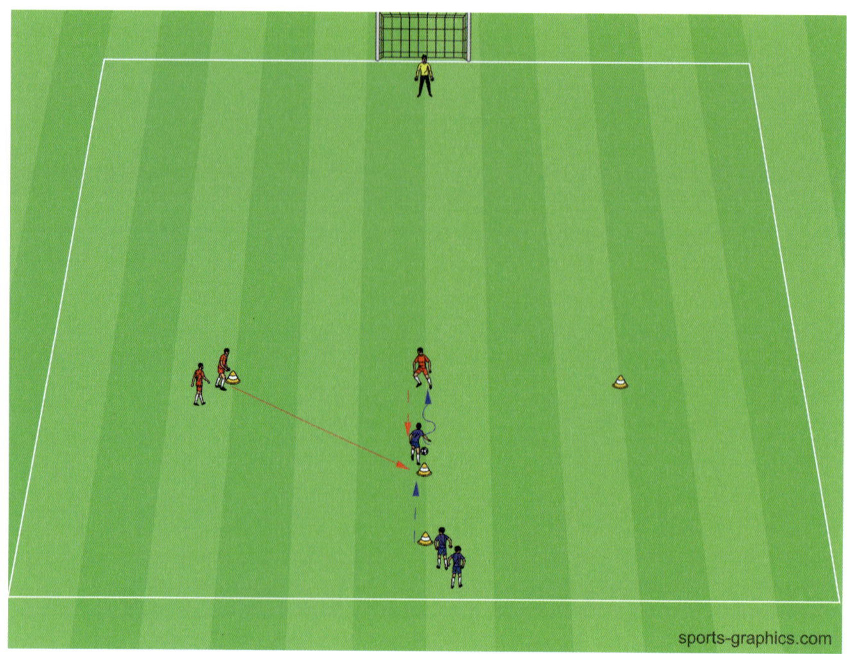

Organisation und Ablauf

» Die Spieler in Angreifer und Verteidiger aufteilen.

» Die Angreifer positionieren sich am Starthütchen (25 Meter vor dem Tor) und der startende Verteidiger am 16-Meter-Raum. Die restlichen Verteidiger teilen sich rechts und links auf die Hütchen auf und haben die Bälle.

» Der Angreifer startet die Aktion und läuft zum nächsten Hütchen (das fünf Meter entfernt ist), wo er ein Zuspiel von einem der außen stehenden Verteidiger erhält. Nachdem er das Zuspiel kontrolliert hat, dribbelt er auf den Verteidiger zu, versucht, vorbeizukommen und einen Treffer zu erzielen.

» Nach der Aktion wechseln die Spieler die Rollen.

Variation

» Der Angreifer bekommt ein hohes Anspiel per Wurf.

Coachinghinweis

» Ein sauberer erster Kontakt in die Bewegung ist Pflicht.

1 gegen 1 – frontal

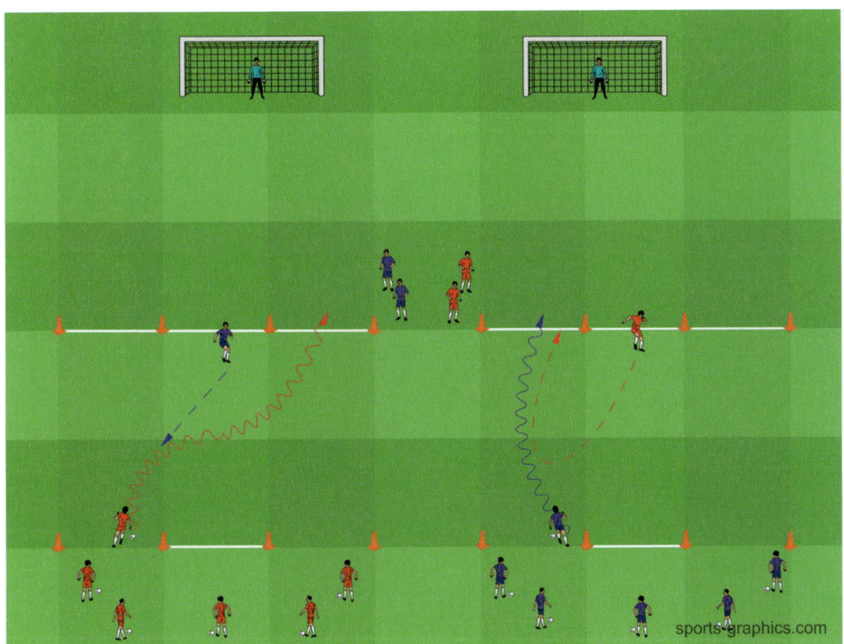

Organisation und Ablauf

» Vier Hütchen mit je vier Meter Breite nebeneinander 18 Meter vor dem Tor aufstellen.
» 10 Meter davor zwei Hütchen mit vier Meter Breite aufstellen.
» Der Angreifer zieht mit dem Ball links/rechts an den ersten Hütchen vorbei, mit dem Ziel, den Gegenspieler im 1 gegen 1 zu überwinden und eine der beiden äußeren Linien zu überdribbeln.
» Es folgt ein präziser Abschluss auf das Tor.

Variationen

» 1 gegen 2 spielen.
» Der Schuss mit dem schwachen Fuß zählt doppelt.
» Das Überdribbeln der zentralen Linie zählt doppelt.

Coachinghinweise

» Eine saubere Ballan- und -mitnahme fordern.
» Eine enge Ballführung fordern.
» Ein dynamisches 1 gegen 1 spielen.
» Effektivität im Abschluss ist wichtig.

1 gegen 1 – frontale Attacke

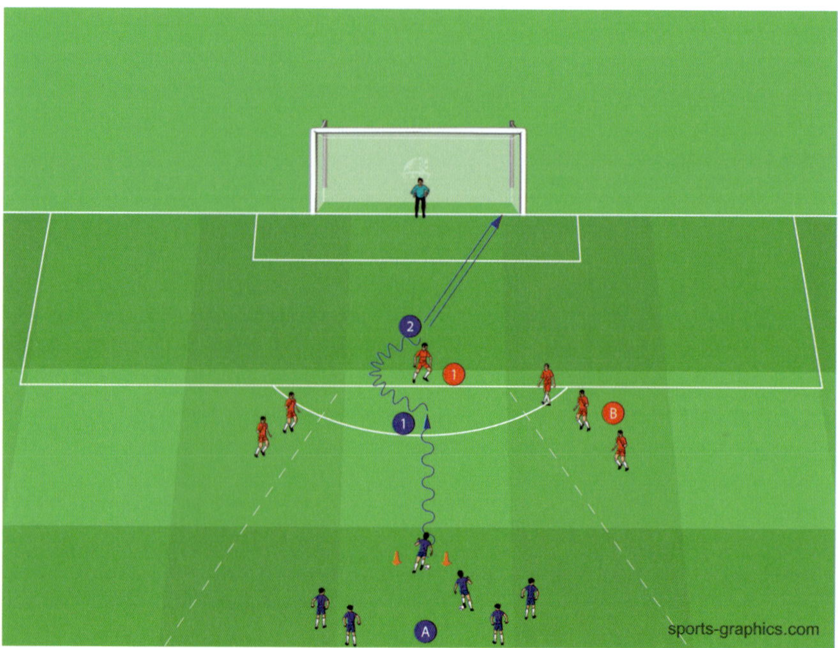

Organisation und Ablauf

» Ein trichterförmiges Feld vor dem 16-Meter-Raum aufbauen.
» Der Verteidiger steht an der 16-Meter-Linie.
» Der Angreifer steht circa 25 Meter vor dem Tor.
» Der Angreifer startet mit hohem Tempo das Dribbling, mit dem Ziel, innerhalb des Felds den Verteidiger im 1 gegen 1 zu überwinden.

Variationen

» Ein Überzahlspiel offensiv/defensiv aufziehen.
» Die Übung als Wettkampf ausführen.
» Einen Doppelpass einbauen.
» Eine offensive Drehung nach dem Pass ausführen.

Coachinghinweise

» Eine enge Ballführung bei hohem Tempo fordern.
» Die Intensität hochhalten.
» Finten und Körpertäuschungen einbauen.
» Harte und faire Zweikämpfe fordern.
» Ein schneller Abschluss mit Präzision soll folgen.

1 gegen 1 – Grundlagen, defensiv

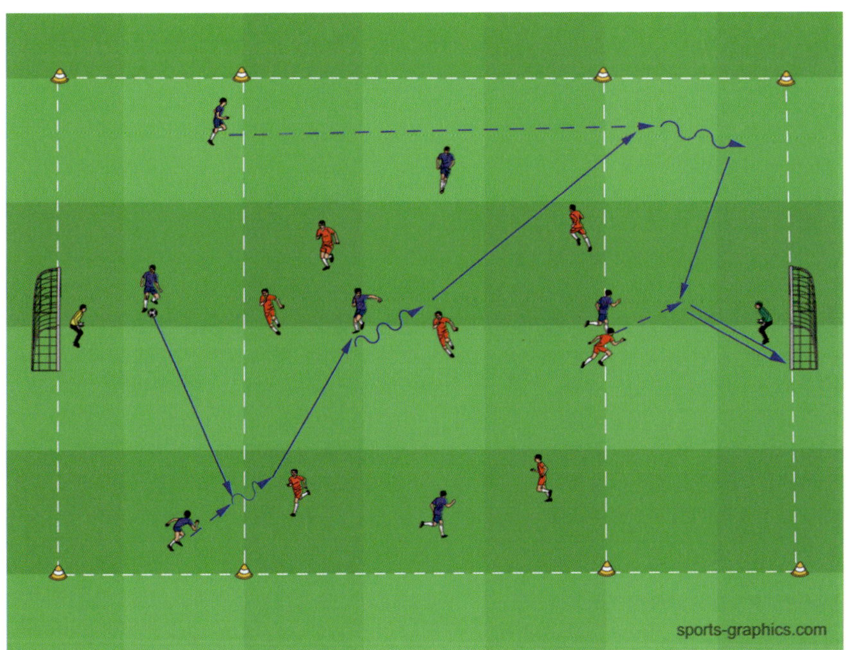

Organisation und Ablauf

- Ein Feld mit zwei großen Toren markieren.
- Drei Zonen einrichten.
- Zwei Mannschaften bilden mit jeweils einem Torhüter.
- 7 gegen 7 auf beide Tore spielen lassen.
- Die Verteidiger dürfen erst in der Mittelzone angreifen.
- Tore aus der mittleren Zone zählen nicht.
- Wenn ein Treffer erzielt wird, ändert sich die Spielrichtung.

Variationen

- Eine Kontaktbegrenzung in der mittleren Zone einführen.
- Eine Zeitvorgabe für den Angriff festlegen.

Coachinghinweise

- Die Räume im Zentrum eng machen.
- Energisch bei der Balleroberung spielen.

1 gegen 1 im Hütchenviereck

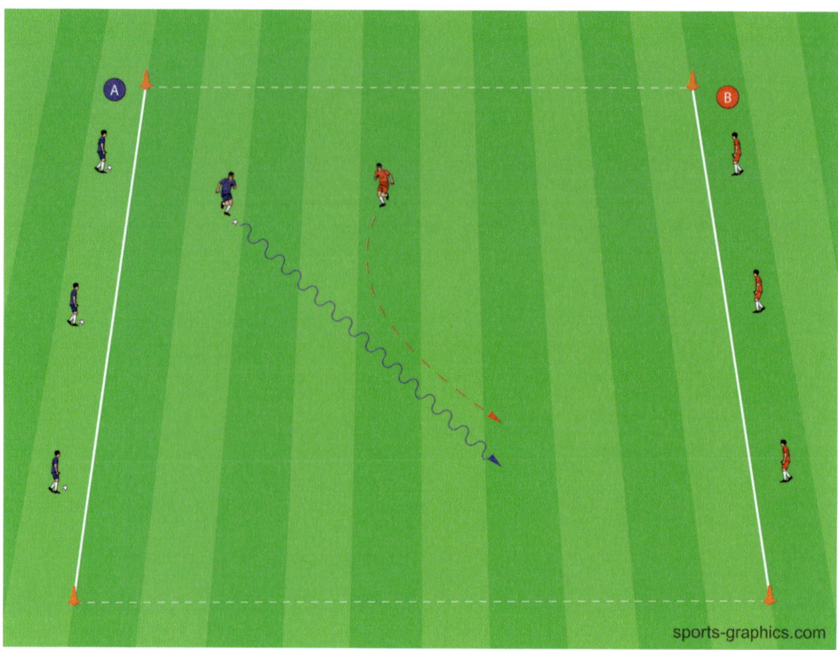

Organisation und Ablauf

» Im Abstand von etwa 20 Metern mit Hütchen zwei Linien von 15 Metern Breite markieren.
» Zwei etwa gleich große Gruppen einteilen und jeweils hinter einer Linie postieren.
» Von der Gruppe A hat jeder einen Ball.
» Der erste Spieler von A dribbelt ins Feld und versucht, im 1 gegen 1 gegen einen Spieler von B die Linie gegenüber zu überdribbeln (= ein Punkt).
» Erobert B den Ball, kann er über die andere Linie kontern!
» Überdribbelt einer der beiden Spieler eine Linie, rücken sofort zwei neue Spieler zum 1 gegen 1 ins Feld.

Variationen

» Der Verteidiger passt den Ball zum Angreifer, bevor die 1-gegen-1-Aktion startet.
» Der Verteidiger spielt einen Flugball auf den Angreifer, bevor die 1-gegen-1-Aktion startet.

Coachinghinweise

» Ein hohes Tempo einfordern.
» Der Verteidiger soll den Abstand verkürzen, den Angreifer stellen und ihn auf seinen schwachen Fuß lenken.

1 gegen 1 im Mittelfeld

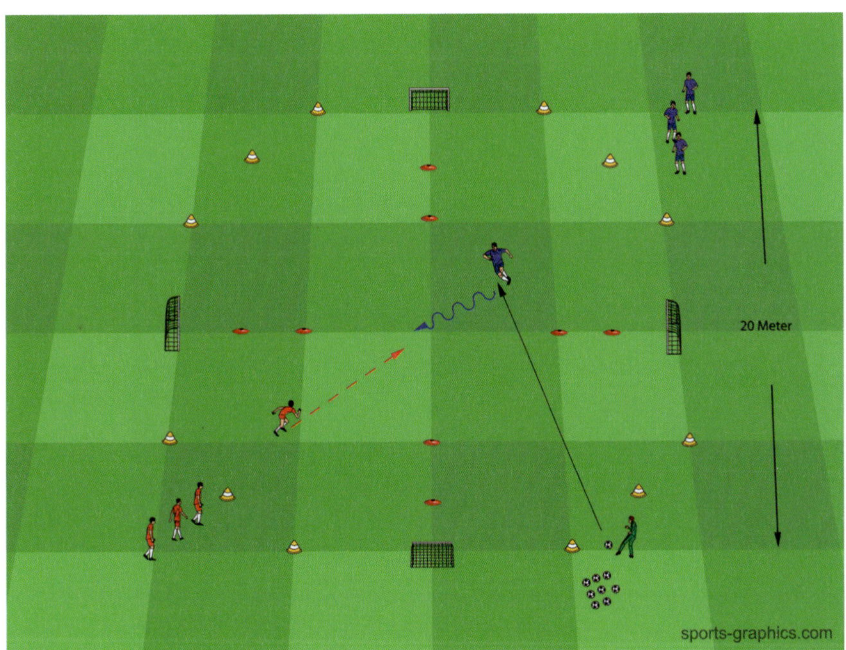

Organisation und Ablauf

- Einen „Spielkreis" mit 20 Metern Durchmesser markieren.
- Darin vier Minitore (gegebenenfalls Hütchentore) und zwei Teams außerhalb des Felds gemäß Abbildung postieren.
- Vor den Minitoren längs 1,50 Meter breite Hütchentore markieren.
- Der Trainer steht mit Bällen außerhalb des Felds.
- Die Spieler dürfen auf die beiden ihnen gegenüberliegenden Tore angreifen, müssen aber zuvor das Hütchentor durchdribbeln.
- Nach 45 Sekunden tauschen die Spieler die Positionen.
- Der Trainer spielt die Zuspiele so, dass der Spieler sie mit der Innenseite, Innenseite volley, Spann volley, dem Oberschenkel und dem Spann, der Brust und der Innenseite oder dem Kopf verwerten muss.

Variationen

- Der Angreifer erhält ein hohes Zuspiel.
- Der Verteidiger spielt den Ball zum Angreifer.

Coachinghinweise

- Vororientierung zum Verteidiger.
- Erster Kontakt nach Erhalt des Zuspiels.

1 gegen 1 im Rücken des Gegners

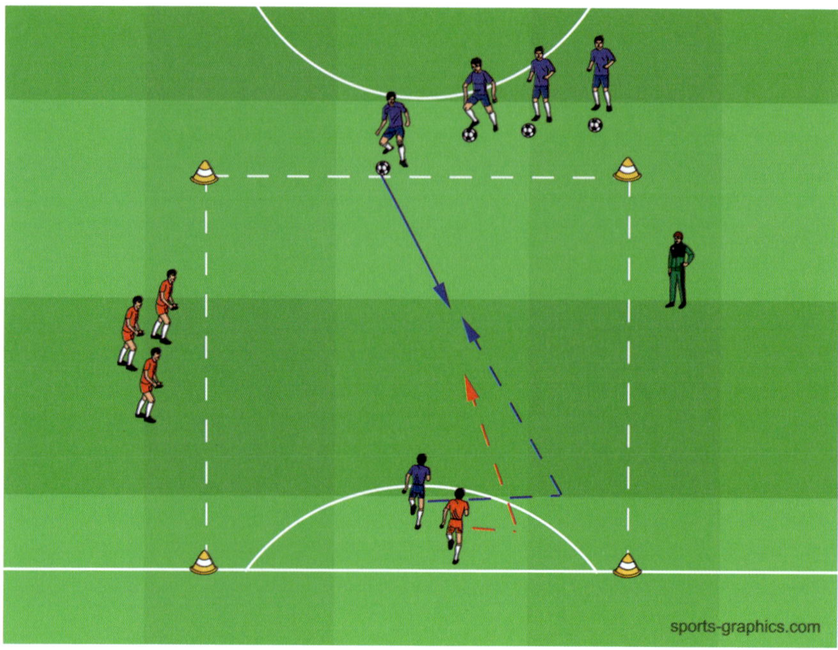

Organisation und Ablauf

- Drei Angreifer mit Ball an der Grundlinie, drei Verteidiger an der Seite, je einen Angreifer und Verteidiger am Strafraum postieren.
- Der Angreifer läuft sich frei, fordert das Zuspiel und versucht, über die gegnerische Grundlinie zu dribbeln.
- Erobert der Verteidiger den Ball, kontert er auf dessen Grundlinie.

Variation

- Der Angreifer muss den Ball wieder zurückpassen und kann erst im zweiten Versuch aufdrehen und in die Aktion starten.

Coachinghinweise

- Die Zuspiele idealerweise durch geschicktes Stellungsspiel abfangen und so bereits den Ballbesitz des Angreifers vermeiden.
- Gelingt dies nicht, den Angreifer nicht drehen lassen! Eng, aber ohne Körperkontakt decken!
- Der Angreifer soll mit vielen Richtungswechseln arbeiten, damit er sich Luft zum Gegenspieler verschaffen kann, um aufzudrehen.

1 gegen 1 im Viereck – Ballbehauptung

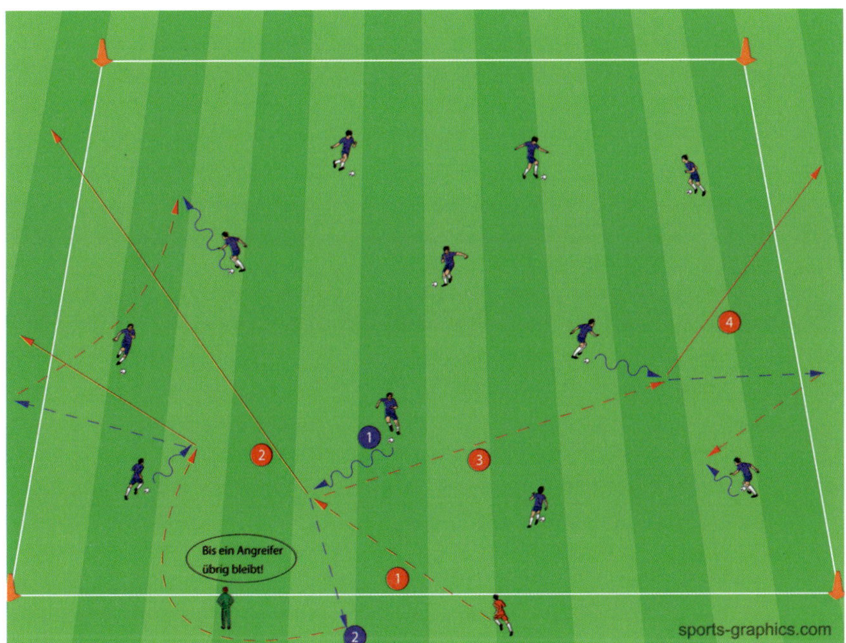

Organisation und Ablauf

- Ein 10 x 10 Meter großes Viereck mit Hütchen aufbauen.
- Alle Spieler (in Blau), bis auf einen, haben einen Ball und dribbeln im Viereck.
- Beim Kommando des Trainers startet der Verteidiger (in Rot) ins Viereck und versucht, viele Bälle zu erobern und aus dem Viereck zu schießen.
- Der blaue Spieler sprintet aus dem Viereck und greift sich ein Leibchen.
- Anschließend wird er zum Verteidiger.
- Der letzte Spieler mit Ball gewinnt.

Variationen

- Nach einigen Durchgängen die Aktion als Wettkampf durchführen.
- Nur mit rechts/links dribbeln.

Coachinghinweise

- Eine enge Ballführung bei hohem Tempo fordern.
- Die Intensität hochhalten.
- Viele Finten vorgeben.
- Harte und faire Zweikämpfe fordern.

1 gegen 1 im Viereck

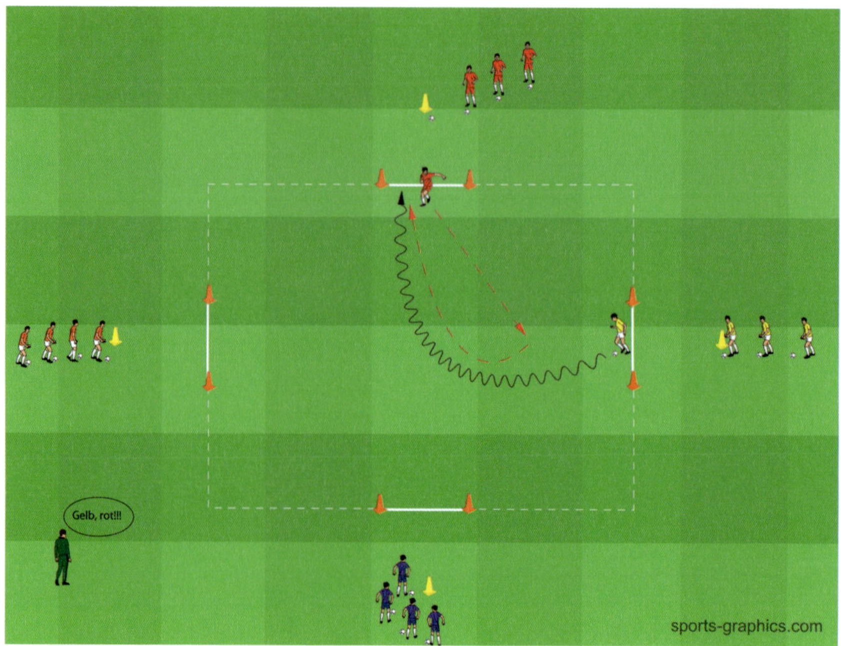

Organisation und Ablauf

» Ein Viereck von 15 x 15 Metern abstecken.
» Vier Korridore in der Mitte jeder Seite, jeder ungefähr zwei Meter lang.
» Jeweils vier Teams mit gleich großer Anzahl an Spielern einteilen.
» Ein Spieler eines Farbteams geht mit, einer ohne Ball ins Viereck.
» Der Ball muss innerhalb des Vierecks gehalten werden.
» Das Farbteam ohne Ball muss der anderen Farbe den Ball abnehmen.
» Das Farbteam mit Ball muss den Gegner im 1 gegen 1 ausdribbeln.
» Der Ball muss jeweils durch den Korridor des anderen Teams aus dem Spiel gebracht werden.

Variationen

» Die Größe des Vierecks und der Korridore kann je nach Schwierigkeitsgrad verändert werden.
» Beide Teams gehen ohne Ball ins Viereck und der Trainer schießt diesen ein.

Coachinghinweise

» Der Trainer muss die Farben ansagen, die ins Viereck dürfen.
» Der Trainer kann den Verteidiger mit Anfeuerungen unterstützen.
» Das ballbesitzende Team vom eigenen Korridor wegverteidigen.
» Das verteidigende Team soll das Risiko des Ballgewinnens eingehen.
» Der Angreifer muss den Verteidiger im 1 gegen 1 ausspielen.
» Jede Runde nach einer gewissen Zeit (30 Sekunden, eine Minute) abbrechen.
» Die Punkte für jedes Team mitzählen.

1 gegen 1 im Zentrum

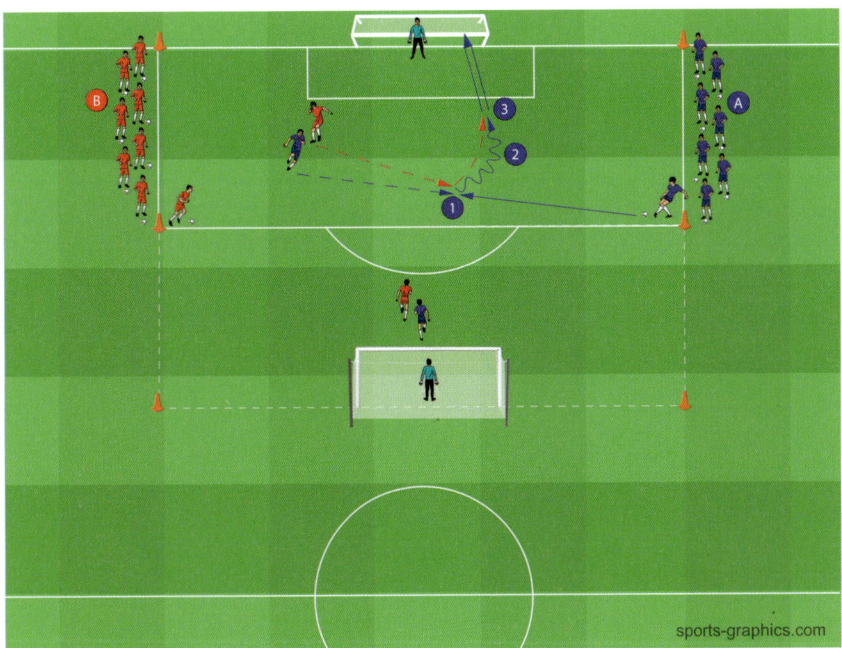

Organisation und Ablauf

- Zwei Teams bilden.
- Das Spielfeld ist der doppelte 16-Meter-Raum.
- Beide Teams stehen jeweils an der Außenlinie auf Höhe der 16-Meter-Linie.
- Jeweils ein Angreifer und ein Verteidiger jeder Mannschaft steht im Halbfeld.
- Beide Angreifer bieten sich beim jeweiligen Mitspieler an und fordern den Pass zeitgleich.
- Es folgt das 1 gegen 1 mit dem Verteidiger mit anschließendem Torabschluss.

Variationen

- Als Wettbewerb gestalten.
- Nach dem ersten Abschluss wird 2 gegen 2 gespielt.
- Einen neutralen Spieler einbauen, der für beide Seiten als Doppelpassfunktion gilt.

Coachinghinweise

- Sich vom Gegenspieler lösen.
- Laufwege antäuschen.
- Richtungswechsel einbauen.
- Reaktion sehen wollen.
- Einen Antritt einbauen.
- Mit einer flüssigen Ballan- und -mitnahme spielen.
- Ein mutiges und kreatives 1 gegen 1 mit Finten und Körpertäuschung spielen.

1 gegen 1 in Tornähe

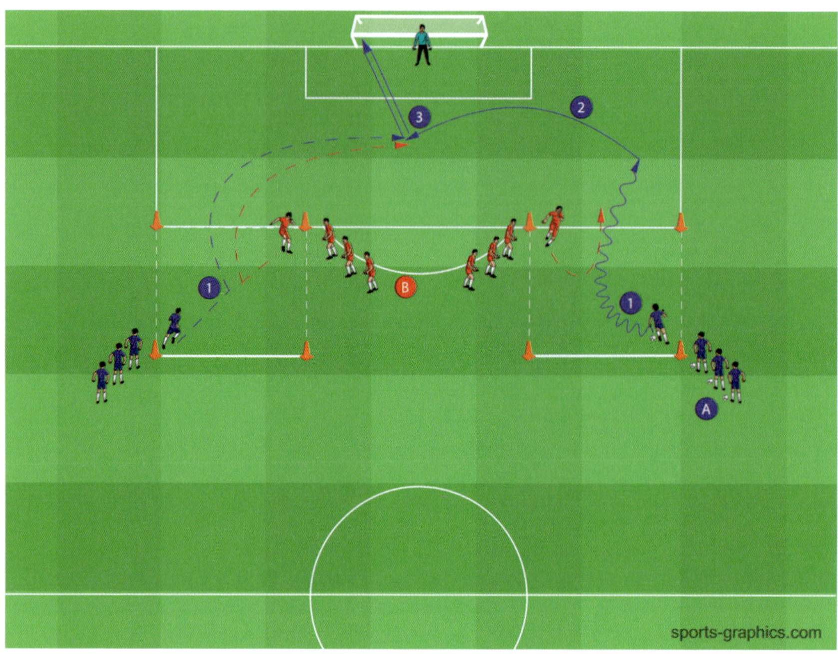

Organisation und Ablauf

» Jeweils ein 8 x 8 Meter großes Viereck am 16-Meter-Eck aufstellen.
» Die Verteidiger stehen zwischen den beiden Vierecken.
» Die Angreifer stehen diagonal zum Viereck auf beiden Flügeln, wobei nur eine Hälfte einen Ball hat.
» Der Angreifer mit Ball beginnt mit dem Dribbling ins Viereck. Die Angreifer ohne Ball laufen diagonal durch das Viereck.
» Je ein Verteidiger verteidigt im Viereck, wobei einer in den Zweikampf mit dem ballführenden Angreifer geht und der andere den Laufweg des Angreifers blockiert.
» Nach erfolgreichem Dribbling läuft der Angreifer in Richtung Grundlinie und flankt auf den zweiten Angreifer im Zentrum.

Variationen
- » Einen Doppelpass einbauen.
- » Eine offensive Drehung mit Gegenspieler im Rücken nach dem Pass durchführen.
- » Ein Überzahlspiel offensiv/defensiv im Zentrum schaffen.

Coachinghinweise
- » Die Laufwege antäuschen.
- » Einen Richtungswechsel einbauen.
- » Beweglichkeit fordern.
- » Eine Reaktion zeigen.
- » Einen Antritt einbauen.
- » Mit einer flüssigen Ballan- und -mitnahme spielen.
- » Mit Tempo auf den Gegenspieler zulaufen.
- » Ein mutiges und kreatives 1 gegen 1 mit Finten und Körpertäuschung durchführen.

1 gegen 1 – intensiv

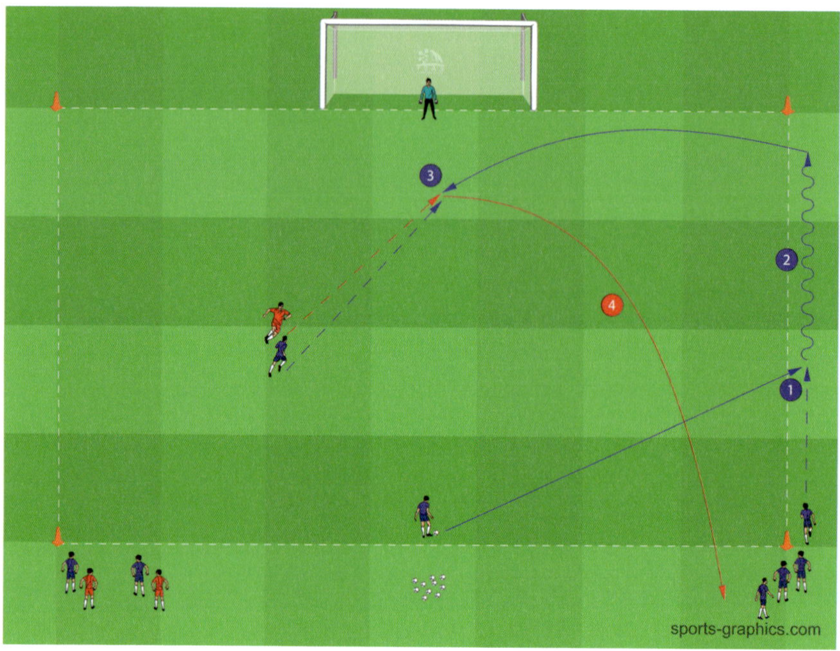

Organisation und Ablauf

» Ein 20 x 25 Meter großes Feld mit einem Tor markieren.

» 15 Meter zentral vor dem Tor positioniert sich ein Angreifer und ein Verteidiger.

» 20 Meter zentral vor dem Tor steht ein Angreifer mit Ball und an den Außenlinien je ein Angreifer ohne Ball.

» Der zentrale Spieler dribbelt an. Zeitgleich startet der Außenspieler vertikal für einen Pass in den Lauf.

» Nach der Ballan- und -mitnahme darf der Außenspieler jederzeit auf den sich freilaufenden Mitspieler vor dem Tor flanken.

» Der Verteidiger hat das Ziel, den Ball zu klären.

Variationen

- Einen Doppelpass einbauen.
- Den Verteidiger auf die Außenbahn stellen.
- Zwei kleine Tore gegenüber vom großen Tor auf die Außenbahn stellen, damit der Verteidiger die Tore klären kann.

Coachinghinweise

- Ein sauberes Dribbling mit enger Ballführung fordern.
- Eine flüssige Ballan- und -mitnahme zeigen.
- Die Passqualität hochhalten.
- Die Präzision im letzten Pass ist enorm wichtig.
- Sich vom Gegenspieler lösen.
- Die Laufwege blockieren.
- Physische Widerstandsfähigkeit zeigen.

1 gegen 1 – intensiv, defensiv

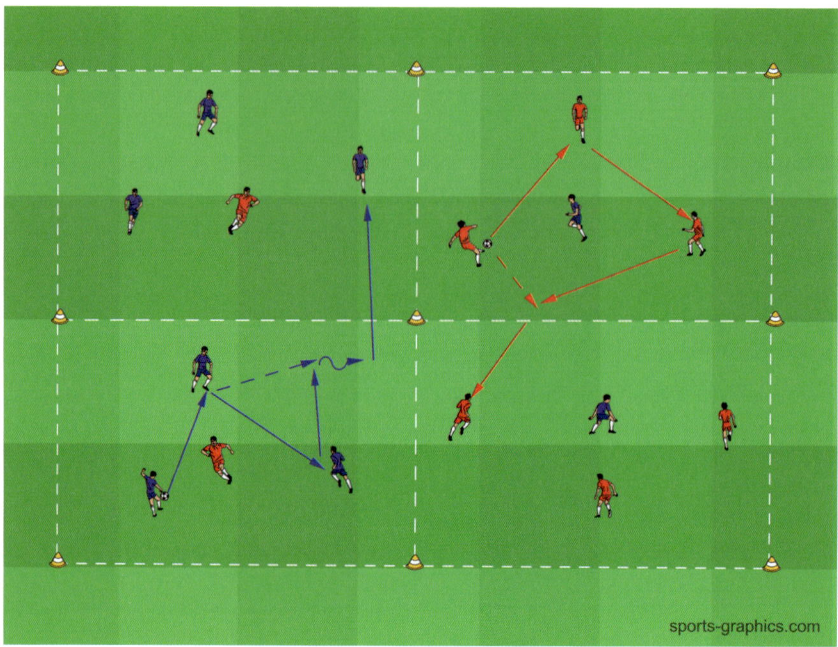

Organisation und Ablauf

- Ein Viereck mit vier Zonen einrichten.
- Zwei Mannschaften bilden.
- Jede Mannschaft teilt sich in drei Angreifer und zwei Verteidiger auf.
- In jedes Feld stellen sich je drei Angreifer und ein Verteidiger.
- Jedes angreifende Team hat einen Ball.
- Das ballbesitzende Team spielt sich untereinander den Ball zu, ohne dass der Verteidiger den Ball erobert.
- Nach drei Zuspielen dürfen die Angreifer zu ihren Mitspielern im anderen Feld passen (ein Punkt), die ebenfalls versuchen, drei Pässe unter sich zu spielen.
- *Welches Team macht die meisten Punkte?*
- Erobert ein Verteidiger den Ball, wird im nächsten Feld wieder angefangen.

Variationen

- Die Spieler haben nun zwei Pflichtkontakte.
- Jedes Team hat fünf Bälle. Wenn ein Ball erobert wird, verliert das Team den Ball.
- *Welches Team hält seine Bälle am längsten?*

Coachinghinweis

- Dreiecke bilden und immer in Bewegung bzw. anspielbar sein.

1 gegen 1 – Korridor

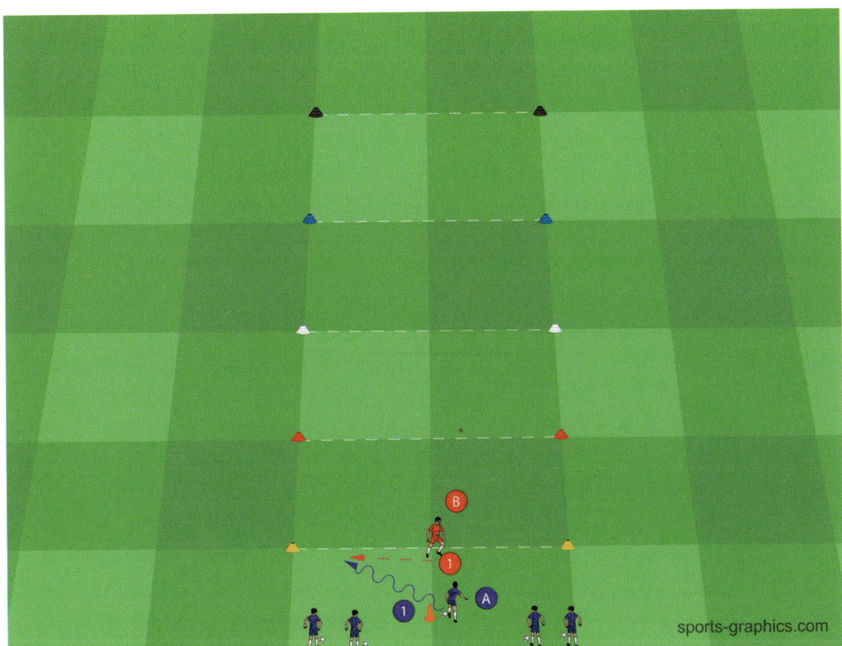

Organisation und Ablauf

- Rot steht zwischen den Hütchen auf der ersten Linie.
- Blau steht fünf Meter entfernt.
- Blau startet mit dem Dribbling auf Spieler Rot.
- Mit hohem Tempo über die Linien dribbeln.
- Bei Erfolg geht Rot zur nächsten Linie weiter und verteidigt diese.

Variationen

- Nach einigen Durchgängen die Aktion als Wettkampf durchführen.
- Die Hütchen breiter stellen.
- Mit zwei Verteidigern spielen.

Coachinghinweise

- Eine enge Ballführung bei hohem Tempo fordern.
- Die Intensität hochhalten.
- Die Spieler dürfen das Tempo kurz vor dem Zweikampf nicht absenken.
- Mit Tempo am Gegenspieler vorbeiziehen.

1 gegen 1 – kurze Distanz im Zentrum

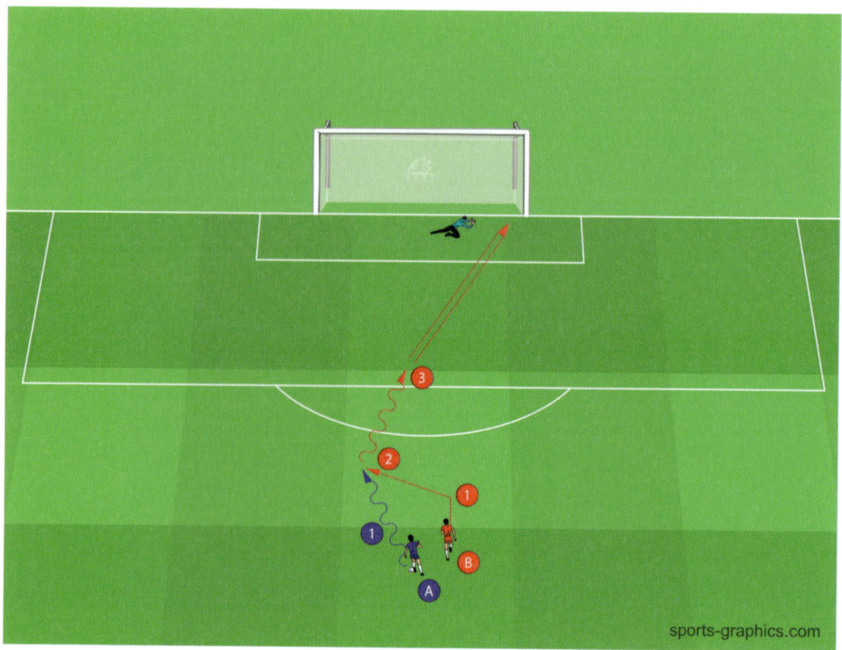

Organisation und Ablauf

- Ein Laufduell in Richtung des Tors durchführen.
- Der Start ist circa 25 Meter vor dem Tor.
- Die Mannschaft in zwei gleich große Teams aufteilen.
- Immer ein Spieler aus Team A spielt gegen einen Spieler aus Team B.
- Ein Spieler hat den Ball und dribbelt in Richtung des Tors.
- Der zweite Spieler schneidet ihm schnellstmöglich den Weg ab und geht in den Zweikampf.
- Der ballbesitzende Spieler muss das 1 gegen 1 gewinnen, um zum Torabschluss zu kommen.

Variationen

- Die Startlinie weiter nach hinten verlegen.
- Nur Fernschüsse zulassen.

Coachinghinweise

- Die Punkte zählen.
- Das Team ohne Ball anfeuern.
- Ansagen, welches Team ohne und welches mit Ball startet.
- Der Torwart soll seinen Verteidiger coachen.
- Jede Runde nach einer gewissen Zeit abbrechen (z. B. nach einer Minute).

1 gegen 1 – lange Distanz im Zentrum

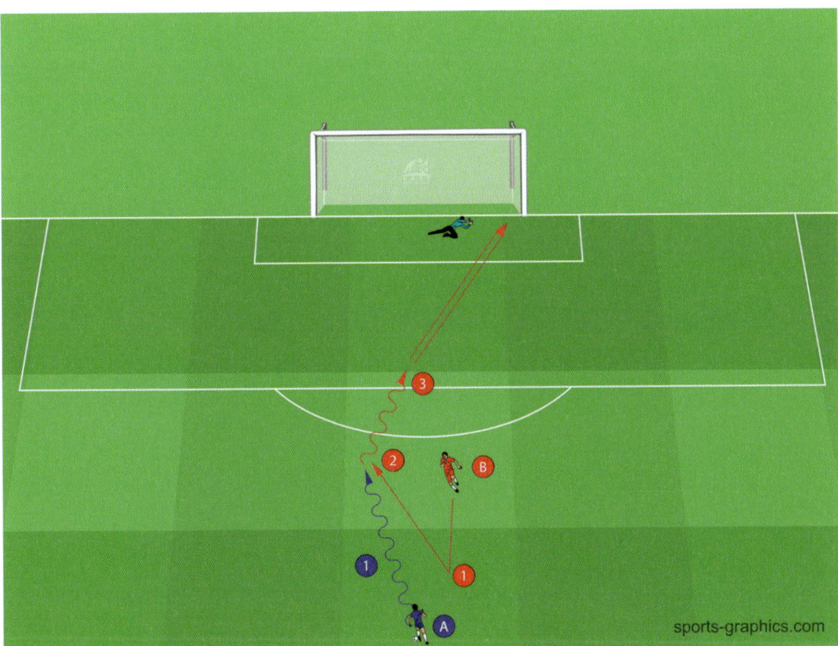

Organisation und Ablauf

- Ein Laufduell in Richtung des Tors durchführen.
- Der Start von Team Ball liegt circa 35 Meter vor dem Tor.
- Das Team ohne Ball startet circa 25 Meter vor dem Tor.
- Die Mannschaft in zwei gleich große Teams aufteilen.
- Immer ein Spieler aus Team A spielt gegen einen Spieler aus Team B.
- Ein Spieler hat den Ball und dribbelt in Richtung des Tors.
- Der zweite Spieler kommt ihm entgegen, schneidet ihm schnellstmöglich den Weg ab und geht in den Zweikampf.
- Der ballbesitzende Spieler muss das 1 gegen 1 gewinnen, um zum Torabschluss zu kommen.

Variationen

- Die Startlinie weiter nach hinten oder vorne verlegen.
- Nur Fernschüsse zulassen.

Coachinghinweise

- Die Punkte zählen.
- Das Team ohne Ball anfeuern.
- Ansagen, welches Team ohne und welches mit Ball startet.
- Der Torwart soll seinen Verteidiger coachen.
- Jede Runde nach einer gewissen Zeit abbrechen (z. B. nach einer Minute).

1 gegen 1 mit Ausspiel-Rechtecken

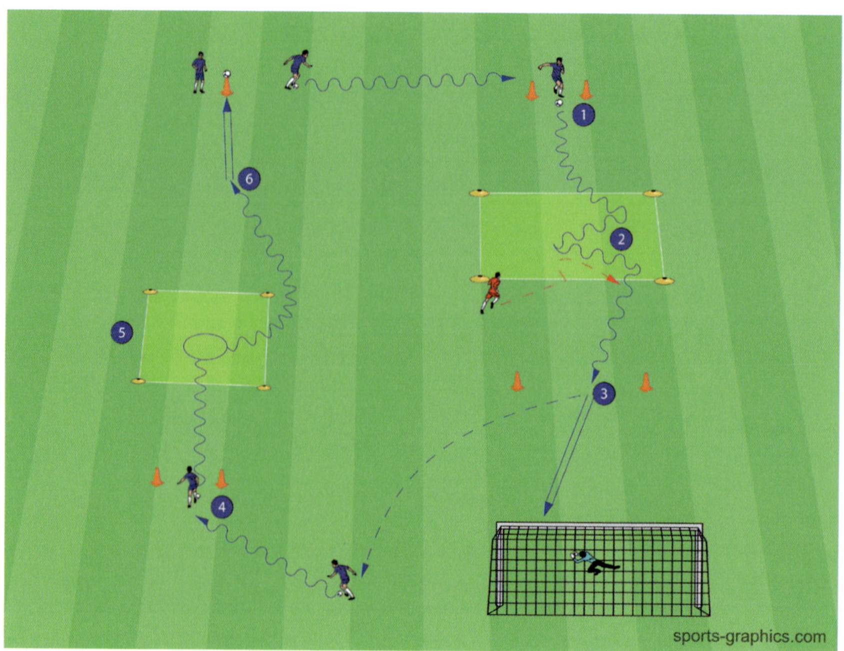

Organisation und Ablauf

- Der Startspieler dribbelt ins Zweikampffeld und versucht, den Verteidiger auszuspielen. Ein Spieler startet gleichzeitig von der Position und den Ablauf auf der anderen Übungsseite.
- Der Verteidiger versucht, den Angreifer zu stören und den Ball zu erobern. Der Abwehrspieler kann auch der Trainer sein. Wenn nicht, wird er ständig ausgetauscht.
- Der Angreifer hat das Zweikampffeld überwunden, dribbelt bis zur Schusslinie und schießt aufs Tor.
- Anschließend holt er den Ball und beginnt mit dem Ablauf auf der linken Übungsseite.
- Er dribbelt ins Trickfeld und führt dort eine Finte aus. Nach der Finte verlässt er dribbelnd das Feld.
- Zum Abschluss versucht der Spieler, den Ball vom Hütchen zu schießen. Anschließend geht es in die nächste Runde.

Variationen

- Der Gegenspieler im Zweikampffeld verteidigt erst halbaktiv, später aktiv.
- Gib für das Trickfeld bekannte Ausspielbewegungen/Finten vor.
- Für jeden Torerfolg und Ballabschuss vom Hütchen erhält der Spieler jeweils einen Punkt.
- *Wer hat bei Übungsende die meisten Punkte erzielt?*

Coachinghinweise

- Die Übung stets im hohen Tempo durchführen.
- Besonders auf die richtige Ausführungen der Finten achten.

1 gegen 1 mit dem Rücken zum Tor I

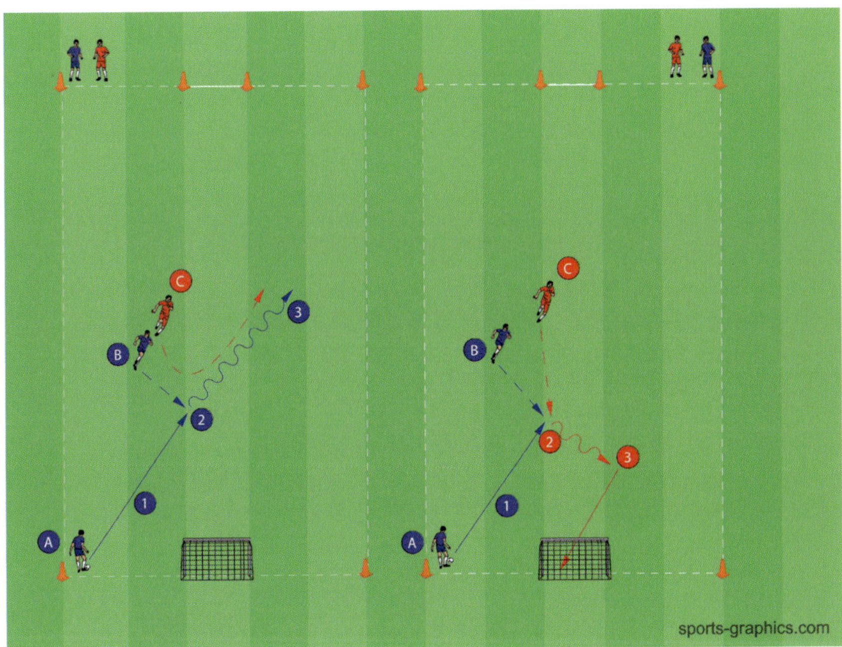

Organisation und Ablauf

» Zwei Felder mit jeweils einem Minitor und einer Dribbellinie einrichten.
» Spielerpaare bilden.
» Die Spieler auf die Felder verteilen und in jedem Feld einen Anspieler benennen.
» Die Spieler besetzen die vorgegebenen Positionen.
» Der Angreifer steht mit dem Rücken zur Hütchenlinie und erhält vom Anspieler, der sich an einer Ecke des Felds postiert, ein Zuspiel.
» Der Angreifer versucht, über die Dribbellinie zu dribbeln.
» Erobert der Verteidiger den Ball, so kontert er auf das Minitor.

Variationen

» Der Verteidiger kann nach einem Ballgewinn auch den Anspieler anspielen.
» Treffer nach Balleroberung zählen doppelt.
» Die Distanz zwischen Angreifer und Verteidiger variieren (ein Meter, drei Meter, fünf Meter).

Coachinghinweise

» Nach jeder Aktion tauschen die Spieler die Aufgabe.
» Das Defensivverhalten des Verteidigers coachen.
» Der Verteidiger postiert sich leicht versetzt hinter dem Angreifer.
» Sollte der Angreifer langsam reagieren, kann der Verteidiger an ihm vorbeilaufen und das Zuspiel direkt abfangen.

1 gegen 1 mit dem Rücken zum Tor II

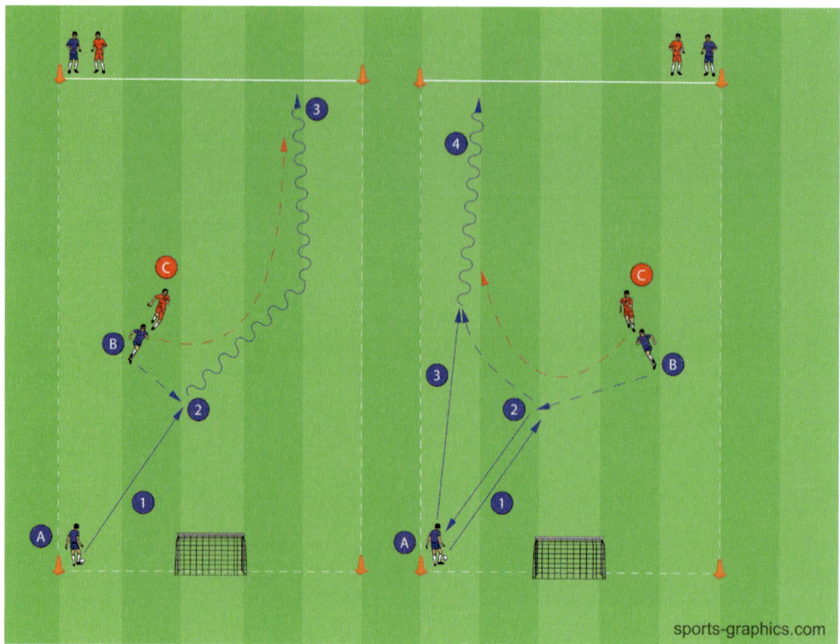

Organisation und Ablauf

- Den Aufbau und die Organisation beibehalten.
- Die Dribbellinie entfernen.
- Die Spieler besetzen erneut die vorgegebenen Positionen.
- Der Angreifer steht mit dem Rücken zur Hütchenlinie und erhält vom Anspieler, der sich neben dem kleinen Tor postiert, ein Zuspiel.
- Der Angreifer versucht, über die Grundlinie aus dem Feld zu dribbeln.
- Erobert der Verteidiger den Ball, so kontert er auf das Minitor.

Variationen

- Der Angreifer darf einmal zum Anspieler zurückspielen und ein weiteres Zuspiel fordern.
- Das Anspiel erfolgt als Einwurf.
- Das Anspiel erfolgt als halbhoher Flugball.
- Treffer nach Balleroberung zählen doppelt.
- Die Distanz zwischen Angreifer und Verteidiger variieren (ein Meter, drei Meter, fünf Meter).

Coachinghinweise

- Im Vergleich zur vorangegangenen Spielform steht der Angreifer zentraler und erhält das Anspiel in zentraler Position.
- Da der Angreifer über die komplette Linie dribbeln kann, muss der Verteidiger ein Drehen des Angreifers in Spielrichtung auf jeden Fall vermeiden.
- Darauf achten, dass die einzelne Aktion nicht länger als 10 Sekunden dauert.

1 gegen 1 mit einem Aktionsraum

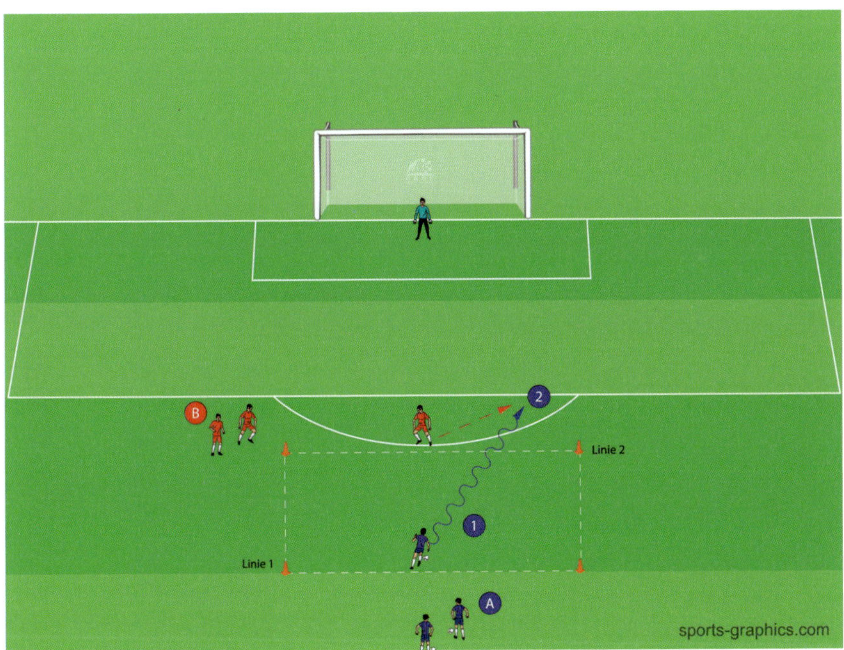

Organisation und Ablauf

- Vor dem Tor mit Torhüter anstelle nur einer Linie vor dem Strafraum im Abstand von etwa 10 Metern zwei Linien markieren.
- Die Spieler der Angreifergruppe haben jeweils einen Ball.
- Angreifer A startet bei Linie 1 und versucht, im 1 gegen 1 zum Abschluss beim Tor mit Torhüter zu kommen.
- Der Torschuss muss jedoch nach Linie 2 erfolgen.
- Erobert B den Ball, kontert er über Linie 1.
- Aufgaben- und Positionswechsel nach jeder Aktion!

Variation

- Zum Aufgabenwechsel beider Gruppen kommt es erst nach drei Aktionen pro Paar.
- *Welches Team hat am Ende die meisten Punkte erreicht?*

Coachinghinweise

- Der Angreifer soll mit hohem Tempo auf den Gegenspieler zudribbeln, um das Tempo zu nutzen, damit er vorbeikommt.
- Der Verteidiger verkürzt den Abstand, lenkt den Angreifer auf den schwachen Fuß und nach außen, damit er nicht zum Abschluss kommt.

1 gegen 1 mit Flanken auf den Angreifer

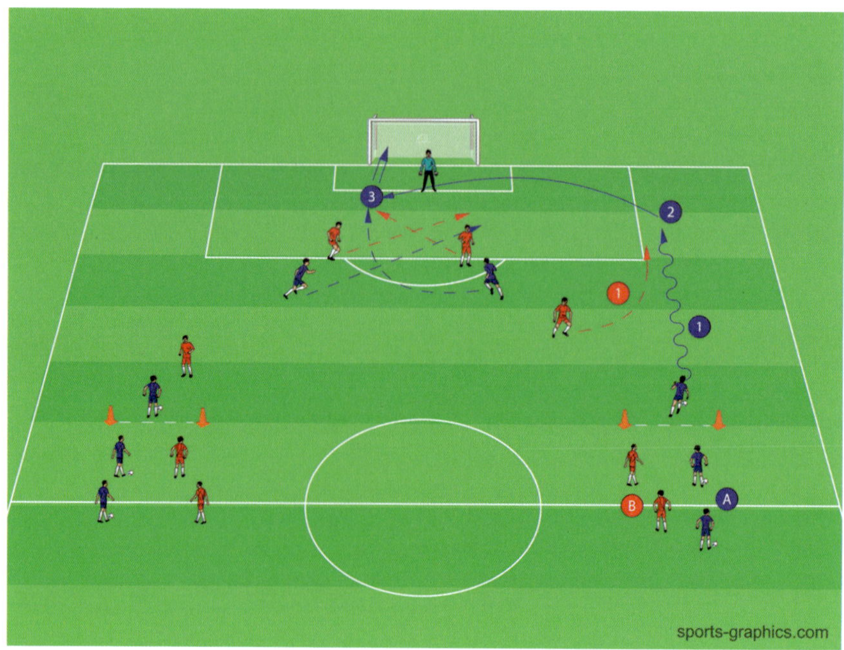

Organisation und Ablauf

- Eine Spielfeldhälfte mit einem großen Tor als Spielfläche abstecken.
- Je zwei Angreifer und Verteidiger vor dem Tor positionieren.
- Je einen Verteidiger auf die rechte und linke zentrale Halbspur stellen.
- Die Angreifer auf Höhe der Mittellinie auf den Flügeln verteilen.
- Der Angreifer dribbelt vom Flügel zur Grundlinie.
- Der Verteidiger auf der Halbbahn zieht nach außen und führt einen direkten Zweikampf.
- Vor der Flanke kreuzen die Angreifer vor dem Tor und suchen den Abschluss.

Variation

- Einen Doppelpass mit dem zentralen Offensivspieler spielen.

Coachinghinweise

- Die Laufwege überprüfen.
- Auf das Timing achten.
- Ein dynamisches 1 gegen 1 spielen.
- Präzision bei den Flanken und beim Abschluss beachten.

1 gegen 1 – mit dem Gegner frontal

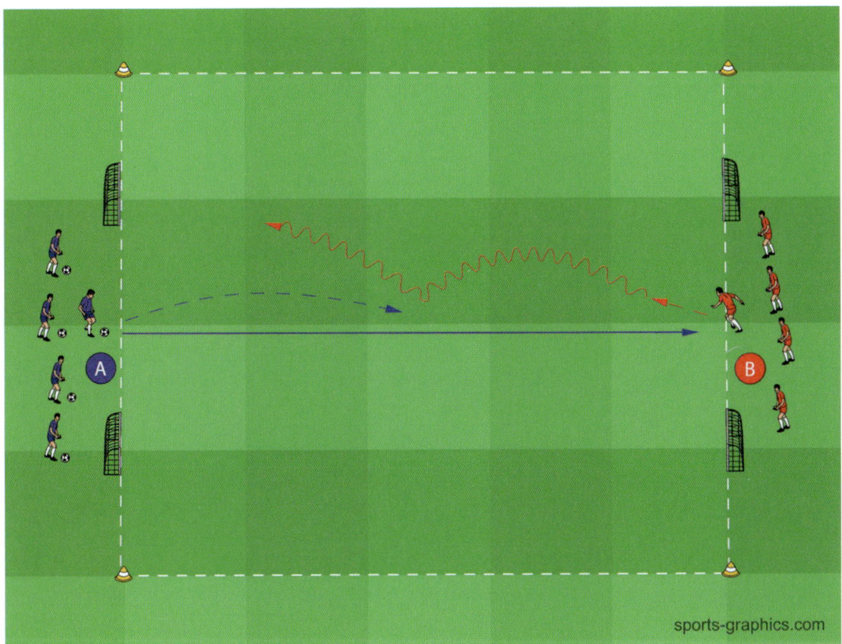

Organisation und Ablauf

- Ein 10 x 10 Meter großes Feld mit je zwei Minitoren auf den Grundlinien einrichten.
- Zwei Teams einteilen und den Startpositionen zwischen den Minitoren zuweisen.
- Team A spielt mit Ball, Team B ohne.
- A passt zu B und läuft seinem Pass nach.
- B nimmt das Zuspiel zum 1 gegen 1 auf die Minitore an und mit.
- A kontert nach Balleroberung.
- Der Angreifer täuscht einen Durchbruch zu einer Seite an und dribbelt je nach Gegnerverhalten zur anderen Seite weg oder bricht auf der angetäuschten Seite durch.
- Die Finten in einer frontalen 1-gegen-1-Situation stets mit einem Tempowechsel verbinden und zielstrebig abschließen (Pass ins Minitor).

Variation

- Spieler A spielt einen Flugball auf Spieler B.

Coachinghinweis

- Die Ausrichtung der Tore provoziert 1-gegen-1-Situationen mit von vorne kommenden Gegenspielern.

1 gegen 1 – mit dem Gegner im Rücken

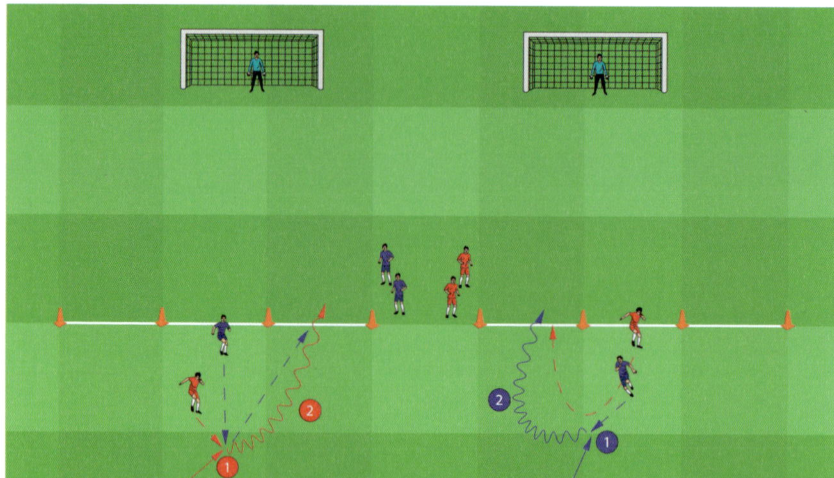

Organisation und Ablauf

» Vier Hütchen mit je vier Meter Breite nebeneinander 18 Meter vor dem Tor aufstellen.
» 10 Meter davor zwei Hütchen mit vier Meter Breite aufstellen.
» Je einen Angreifer und Verteidiger positionieren.
» Der Angreifer bietet sich an und fordert den Pass.
» Er macht eine offensive Drehung mit dem Gegenspieler im Rücken.
» Es folgt ein präziser Abschluss aufs Tor.

Variationen

» 1 gegen 2 spielen.
» Ein Schuss mit dem schwachen Fuß zählt doppelt.
» Das Überdribbeln der zentralen Linie zählt doppelt.

Coachinghinweise

» Eine saubere Ballan- und -mitnahme fordern.
» Eine enge Ballführung praktizieren.
» Eine Reaktion zeigen.
» Ein dynamisches 1 gegen 1 spielen.
» Effektivität im Abschluss zeigen.

1 gegen 1 – der Gegner kommt von der Seite

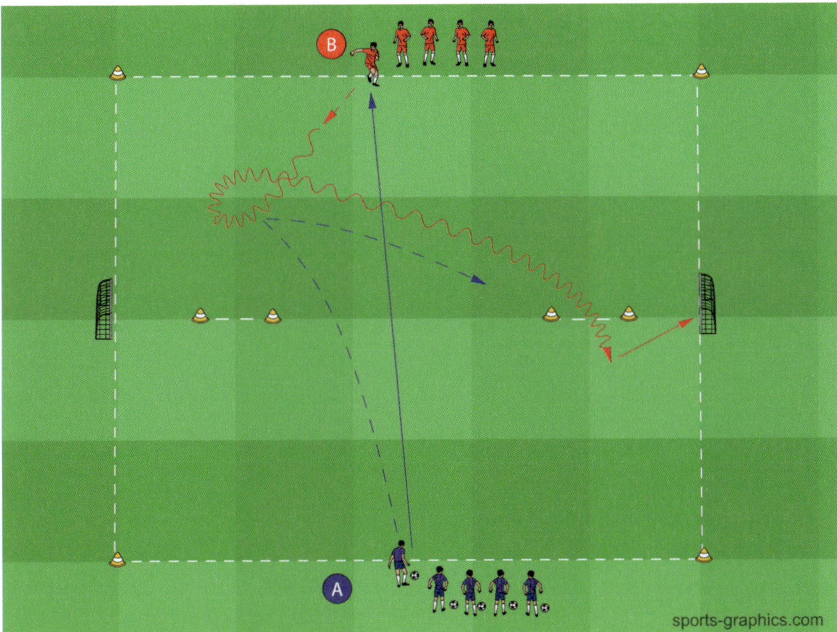

Organisation und Ablauf

- Ein 15 x 15 Meter großes Feld mit zwei Mini- und zwei Hütchentoren einrichten.
- Die Spieler auf die Startpositionen verteilen.
- A spielt mit Ball, B ohne.
- A passt zwischen den Hütchentoren hindurch zu B und läuft seinem Pass nach.
- B muss zunächst eines der Hütchentore durchdribbeln, bevor er auf eines der Minitore abschließen darf.
- Dazu darf er beliebig oft die Richtung wechseln und den Verteidiger mit schnellen Richtungsänderungen abschütteln.
- Erobert A den Ball, kontert er direkt auf eines der Minitore.
- Der Angreifer sollte das Zuspiel direkt zu einer Seite mitnehmen und je nach Verhalten des Verteidigers durch das nahe Hütchentor durchbrechen oder mit einer situativen Finte die Richtung wechseln.
- Nach dem Durchbruch abschließen oder nochmals die Richtung wechseln, falls der Verteidiger das nahe Minitor zustellt.

Variation

- Spieler A spielt einen Flugball auf Spieler B.

Coachinghinweis

- Die Ausrichtung der Tore provoziert 1-gegen-1-Situationen mit von der Seite kommenden Gegenspielern.

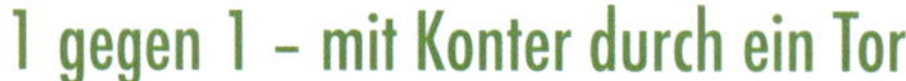

1 gegen 1 – mit Konter durch ein Tor

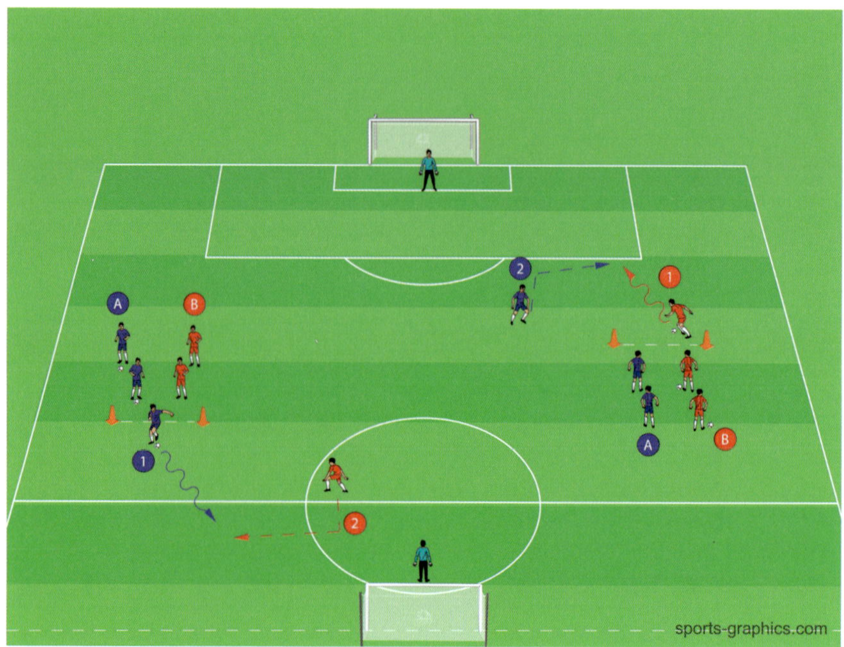

Organisation und Ablauf

- Zwei große Tore stehen sich gegenüber, wobei eins 10 Meter hinter der Mittellinie aufgestellt wird.
- Je ein Hütchentor auf dem Flügel circa 25 Meter vom Tor entfernt aufbauen.
- Gleichwertige Spielerpaare bilden und auf die Flügel verteilen.
- Der Angreifer startet mit dem Dribbling durch die Hütchen mit Zug zum Tor.
- Der Verteidiger geht aktiv in den direkten Zweikampf.
- Nach dem 1 gegen 1 einen schnellen Abschluss suchen.

Variationen

- Einen Doppelpass spielen.
- Einen Pass in den Lauf spielen.
- Nur mit links/rechts spielen.
- Minitore für die ballerobernden Verteidiger aufstellen.

Coachinghinweise

- Eine enge Ballführung fordern.
- Ein dynamisches 1 gegen 1 spielen.
- Präzision im Abschluss beachten.

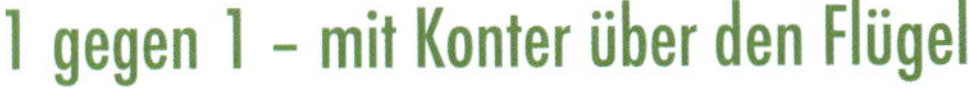

1 gegen 1 – mit Konter über den Flügel

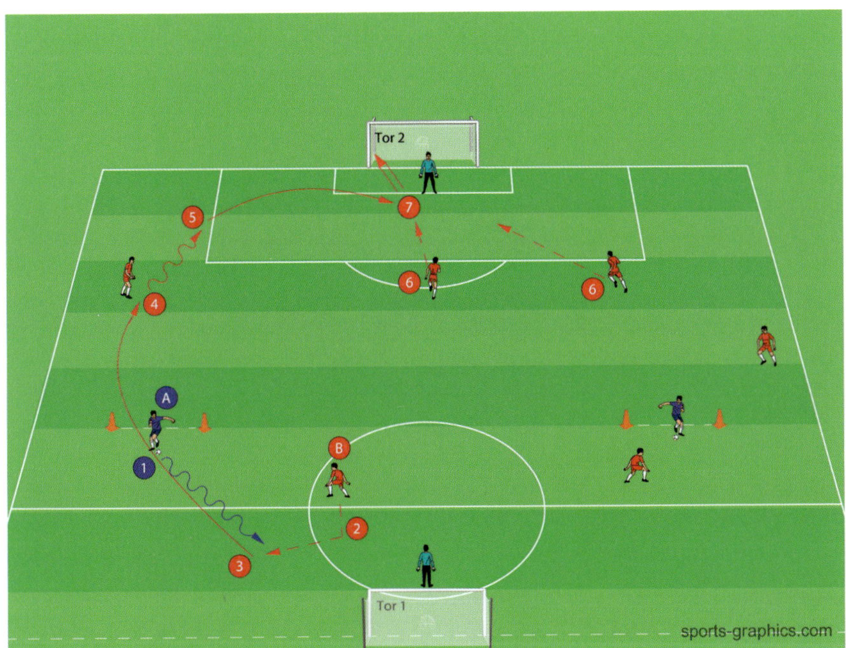

Organisation und Ablauf

- Zwei große Tore stehen sich gegenüber, wobei eins 10 Meter hinter der Mittellinie aufgestellt wird.
- Je ein Hütchentor auf dem Flügel circa 25 Meter vom Tor entfernt aufbauen.
- Den Angreifer auf dem Flügel mit Ball am Fuß positionieren.
- Der Angreifer startet mit dem Dribbling durch die Hütchen mit Zug zum Tor.
- Der Verteidiger geht aktiv in den direkten Zweikampf und spielt sofort einen langen, flachen Ball vertikal auf den Flügelspieler mit anschließender Flanke auf zwei Mitspieler zentral vor dem Tor.

Variationen

- Einen Doppelpass spielen.
- Einen Pass in den Lauf spielen.
- Nur mit links/rechts spielen.
- Einen diagonalen Flugball spielen.

Coachinghinweise

- Eine saubere Ballan- und -mitnahme fordern.
- Eine enge Ballführung fordern.
- Ein dynamisches 1 gegen 1 spielen.
- Präzision im Abschluss beachten.

1 gegen 1 – mit Konter über die andere Seite

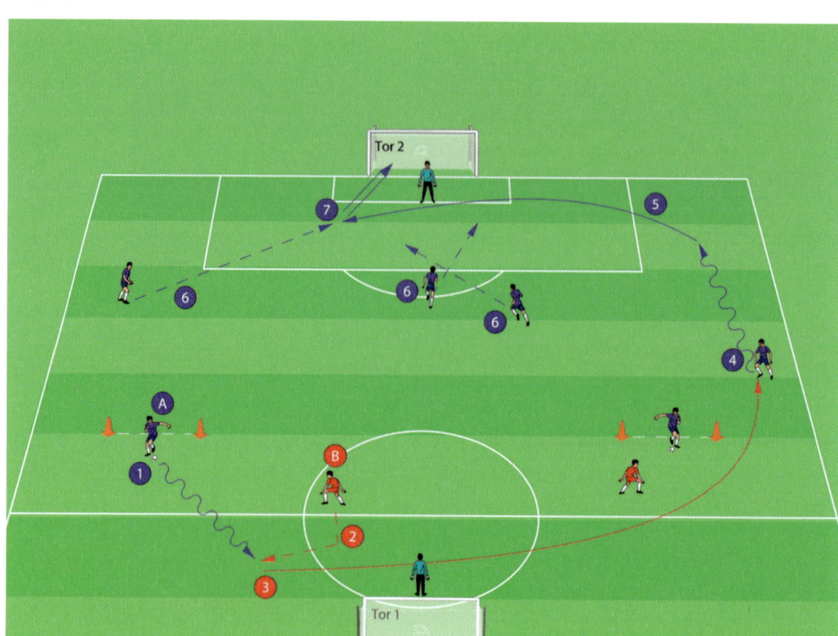

Organisation und Ablauf

- Zwei große Tore stehen sich gegenüber, wobei eins 10 Meter hinter der Mittellinie aufgestellt wird.
- Je ein Hütchentor auf dem Flügel circa 25 Meter vom Tor entfernt aufbauen.
- Den Angreifer auf dem Flügel mit dem Ball am Fuß positionieren.
- Der Angreifer startet mit dem Dribbling durch die Hütchen mit Zug zum Tor.
- Der Verteidiger geht aktiv in den direkten Zweikampf und spielt sofort einen diagonalen Flugball auf den Flügelspieler mit anschließender Flanke auf zwei Mitspieler zentral vor dem Tor.

Variationen

- Einen Doppelpass spielen.
- Einen Pass in den Lauf spielen.
- Nur mit links/rechts spielen.
- Einen vertikalen Flachpass spielen.

Coachinghinweise

- Eine saubere Ballan- und -mitnahme fordern.
- Eine enge Ballführung fordern.
- Ein dynamisches 1 gegen 1 spielen.
- Präzision im Abschluss beachten.

1 gegen 1 mit Übergeben des Balls

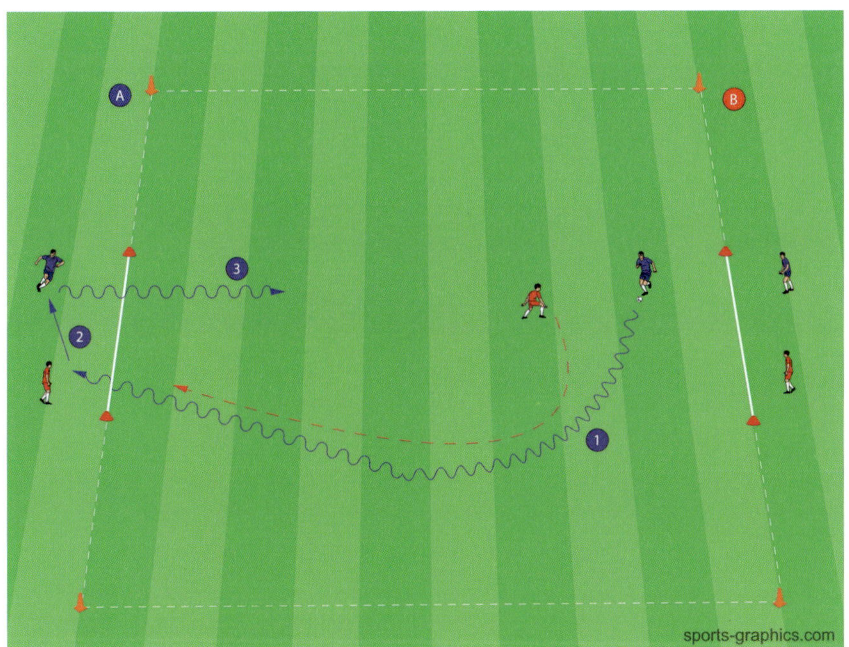

Organisation und Ablauf

» Die Paare beider Gruppen verteilen sich hinter die Tore.
» Das erste Paar beginnt mit dem 1 gegen 1, wobei die Torlinien überdribbelt werden müssen.
» Nach Überdribbeln der Linie übergibt der erfolgreiche Angreifer an seinen Mitspieler usw.

Variationen

» 1 gegen 2 spielen.
» Fünf erfolgreiche Dribbelaktionen bringen doppelte Punkte.

Coachinghinweise

» Eine saubere Ballan- und -mitnahme fordern.
» Eine enge Ballführung fordern.
» Ein dynamisches 1 gegen 1 spielen.

1 gegen 1 nach Aktivierung

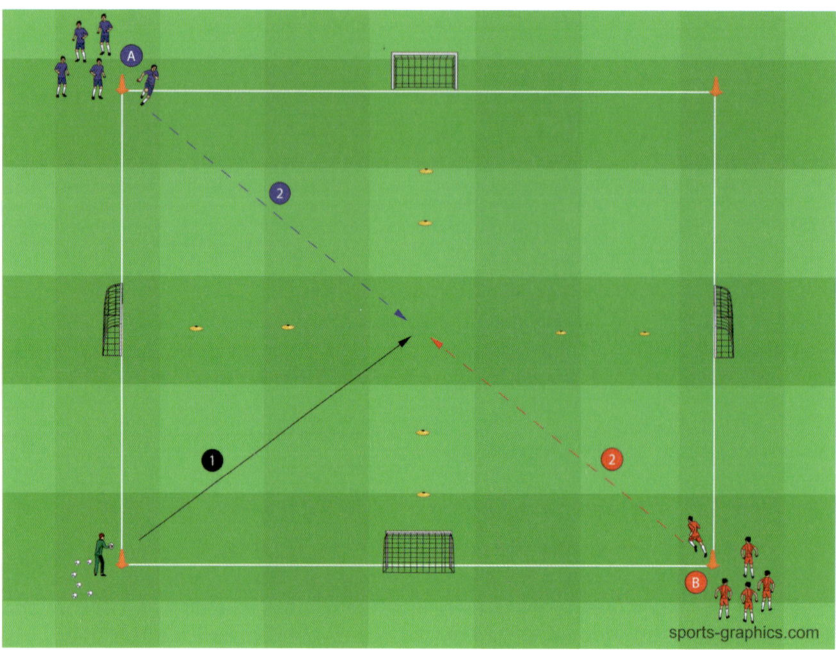

Organisation und Ablauf

» Vier Minitore aufstellen.
» Acht Hütchen positionieren.
» Zwei Gruppen einteilen.
» Der Trainer wirft/spielt den Ball ungefähr in die Mitte des Felds und je ein Spieler von Rot und Blau startet zum Ball.
» Der Spieler in Ballbesitz versucht, ein Tor in einem der Minitore zu erzielen.
» Zuvor muss dieser allerdings durch eines der vier gelben Hütchentore (circa zwei Meter breit) dribbeln.
» Bei einem Ballbesitzwechsel darf der Balleroberer sofort abschließen.

Variation

» Es kann auch im 2 gegen 2 gespielt werden.

Coachinghinweis

» Dauert das 1 gegen 1 zu lange, wird es vom Trainer unterbrochen.

1 gegen 1 nach Ballan- und -mitnahme

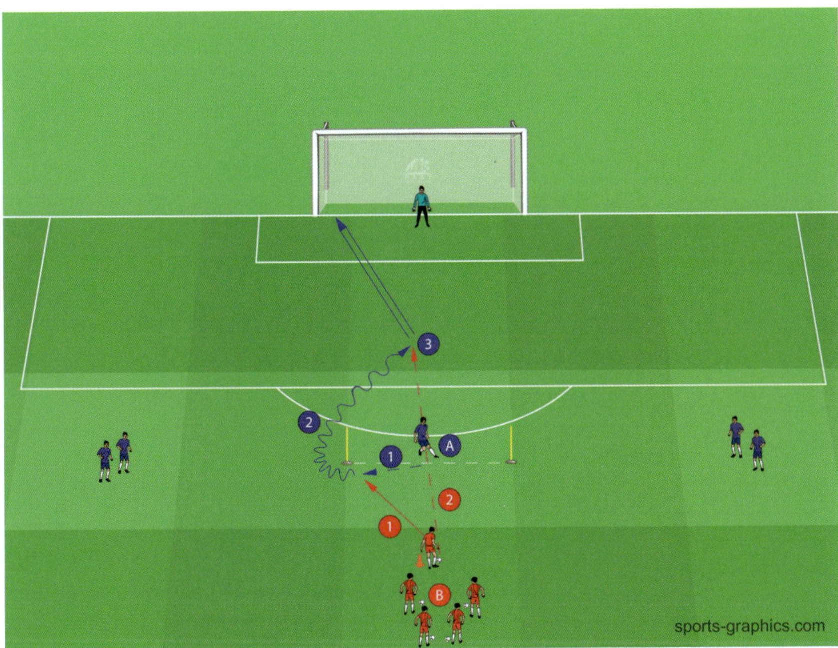

Organisation und Ablauf

» Team Blau steht zwischen den Stangen, die drei Meter breit stehen.
» Team Rot steht fünf Meter entfernt.
» Team Rot passt mit Druck in Richtung einer Stange.
» Team Blau nimmt den Ball an, dreht sich um die Stange und zieht in Richtung Tor.
» Team Rot sprintet durch die Stangen und sucht den Zweikampf.

Variationen

» Nach einigen Durchgängen die Aktion als Wettkampf durchführen.
» Nur mit rechts/links passen.
» Maximal drei Kontakte für die Angreifer sind erlaubt.

Coachinghinweise

» Auf eine dynamische Ballannahme achten.
» Sich mit der Ballannahme offensiv drehen.
» Den schnellen Abschluss suchen.

1 gegen 1 nach Doppelpass

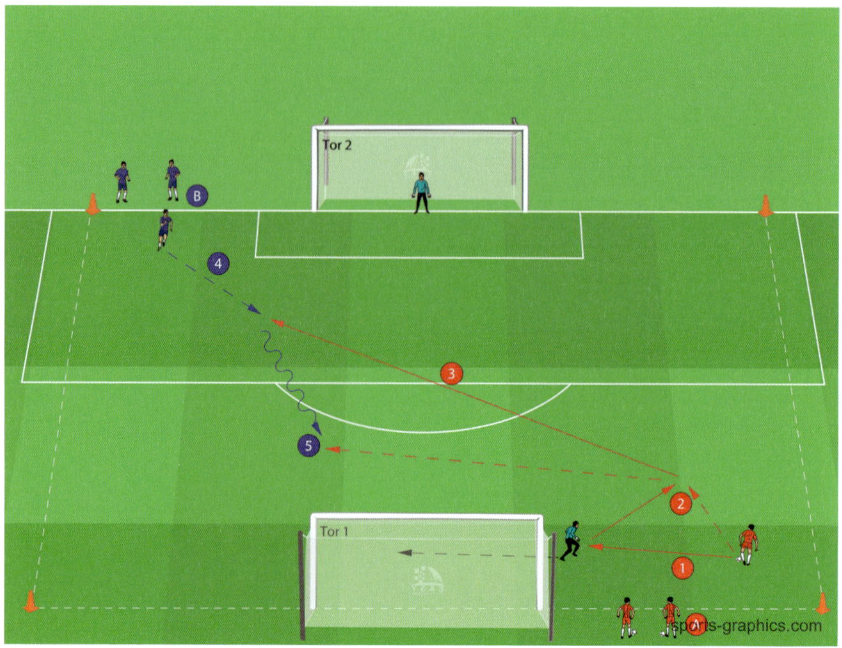

Organisation und Ablauf

- Zwei Teams stehen sich gegenüber auf der Grundlinie. Es gibt zwei Tore.
- Der Verteidiger spielt einen Doppelpass mit dem Torwart, gefolgt von einem flachen Druckpass auf den Angreifer.
- Der Angreifer mit Ball startet nach dem flachen Druckpass das Dribbling.
- Der Verteidiger orientiert sich nach dem Pass zum andribbelnden Angreifer.

Variationen

- Die Verteidiger sind in der Überzahl.
- Die Angreifer sind in der Überzahl.
- Als Wettbewerb gestalten (z. B.: *Welches Team erzielt die meisten Tore?*).

Coachinghinweise

- Einen Pass mit Druck auf den richtigen Fuß spielen.
- Eine dynamische Ballan- und -mitnahme fordern.
- Eine enge Ballführung mit hohem Tempo fordern.
- Ein mutiges 1 gegen 1 mit Finten und Körpertäuschungen spielen.
- Das Stellungsspiel der Verteidiger beachten.

1 gegen 1 nach einem Flugball

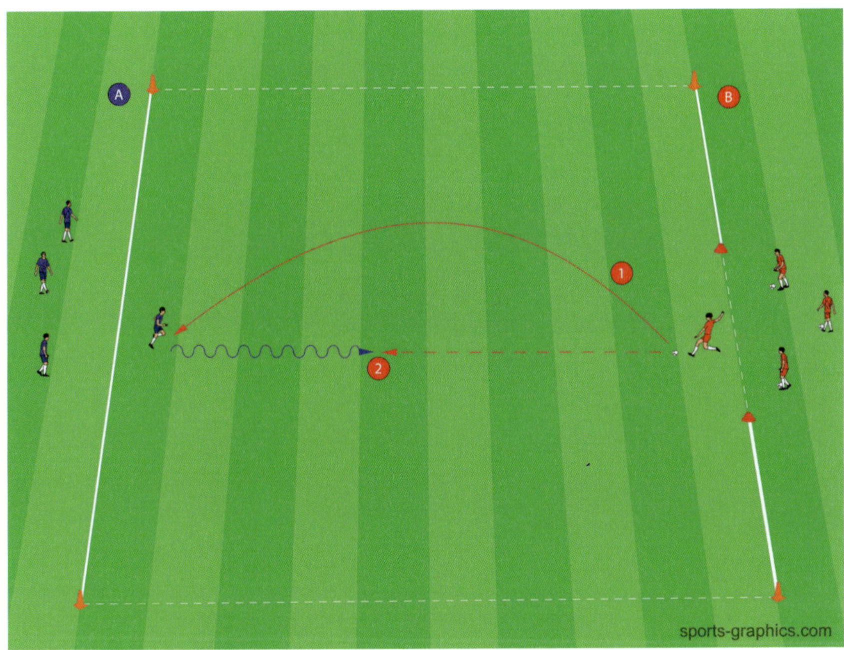

Organisation und Ablauf

- Die Spieler der Gruppe A leiten das 1 gegen 1 jeweils mit einem Flugball zum Gegenüber ein.
- Die Spieler von B müssen aus dem 1 gegen 1 eine der kleinen Ziellinien überdribbeln, die Spieler von A die ganze Linie des Gegners!

Variationen

- Den Flugball mit dem Fuß in der Luft annehmen.
- Den Flugball mit der Brust in der Luft annehmen.

Coachinghinweise

- Eine saubere Ballan- und -mitnahme fordern.
- Eine enge Ballführung fordern.
- Ein dynamisches 1 gegen 1 spielen.

1 gegen 1 nach Nummernwettlauf zum Ball

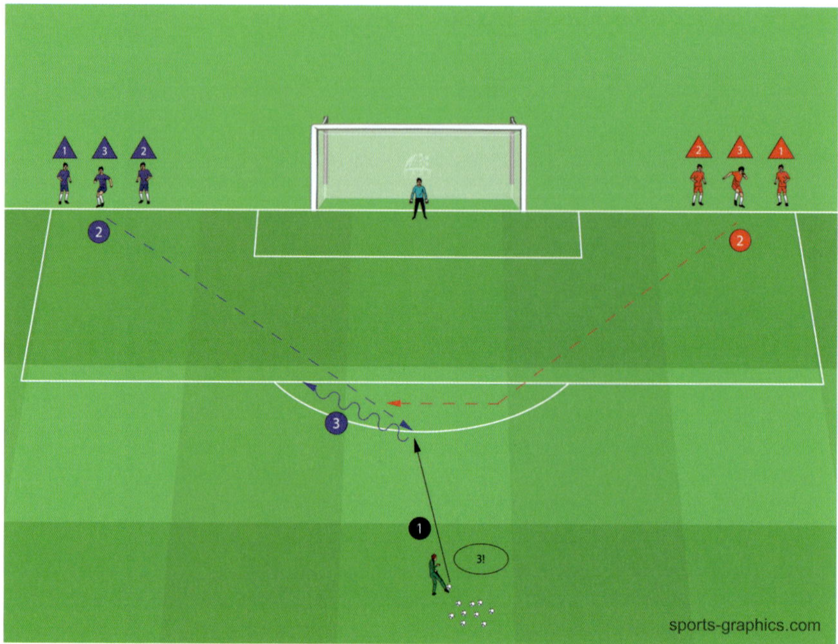

Organisation und Ablauf

- Zwei Teams bilden.
- Die Teams stellen sich links und rechts neben dem Tor auf.
- Der Trainer teilt jedem Spieler eine Zahl von 1-3 pro Team zu.
- Der Trainer steht 25 Meter zentral vor dem Tor und passt den Ball in Richtung Tor, während er eine Zahl ruft (z. B. 3).
- Die Spieler mit Nummer 3 starten mit dem Sprint zum Ball und mit dem anschließenden 1 gegen 1 zum Torabschluss.

Variationen

- 2 gegen 2 spielen.
- Nach Kommando koordinative Bewegungen (z. B. seitliche Skippings über kleine Hütchen) mit anschließendem Sprint ausführen.
- Einen Zickzacksprint durch den Stangenparcours zum Ball ausführen.

Coachinghinweise

- Eine Reaktion zeigen.
- Antritt und Geschwindigkeit zeigen.
- Handlungsschnelligkeit zeigen.
- Beweglichkeit zeigen.
- Mit Finten und Körpertäuschungen spielen.
- Abschlusspräzision beachten.

1 gegen 1 nach Spielverlagerung I

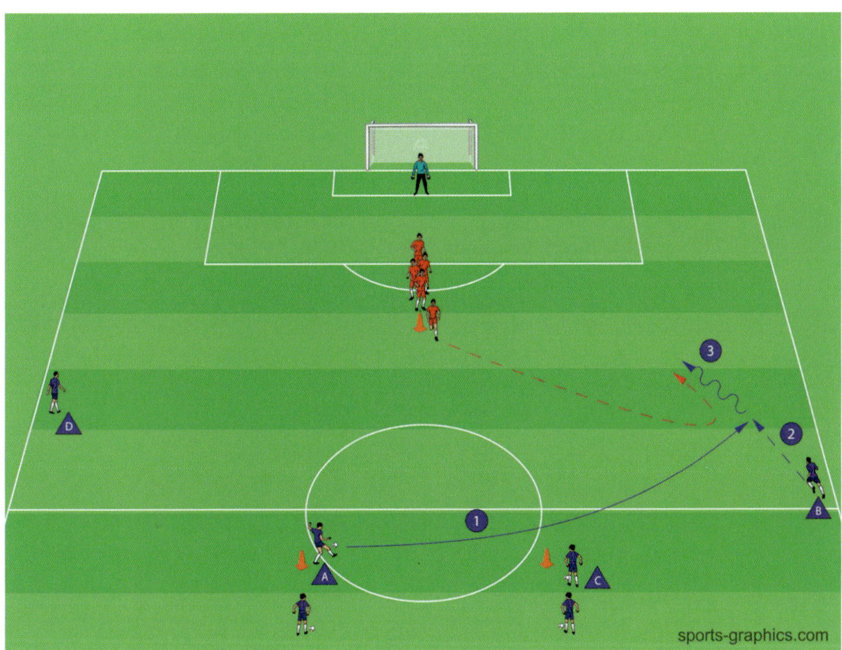

Organisation und Ablauf

» Eine Spielfeldhälfte mit einem großen Tor dient als Spielfläche.
» Die Verteidiger stehen 20 Meter vor dem Tor am Hütchen.
» Die Angreifer sind jeweils auf den Flügeln und auf der rechten sowie linken Halbbahn verteilt.
» Spieler A passt auf den tief laufenden Spieler B, der mit der Ballannahme sofort ein Dribbling in Richtung Tor durchführt.
» Zeitgleich startet der Verteidiger und stellt den Angreifer.
» Der Angreifer hat das Ziel, den Verteidiger im 1 gegen 1 zu überwinden und den Abschluss zu suchen.

Variationen

» Einen Angreifer auf die zentrale offensive Position stellen.
» Einen Doppelpass mit ZOM spielen.
» Einen Pass auf ZOM mit offensiver Drehung und Pass auf den Flügel spielen.

Coachinghinweise

» Die Präzision beim Pass beachten.
» Eine saubere Ballan- und -mitnahme fordern.
» Eine enge Ballführung fordern.
» Ein dynamisches 1 gegen 1 spielen.
» Ein präziser Abschluss ist wichtig.

1 gegen 1 nach Spielverlagerung II

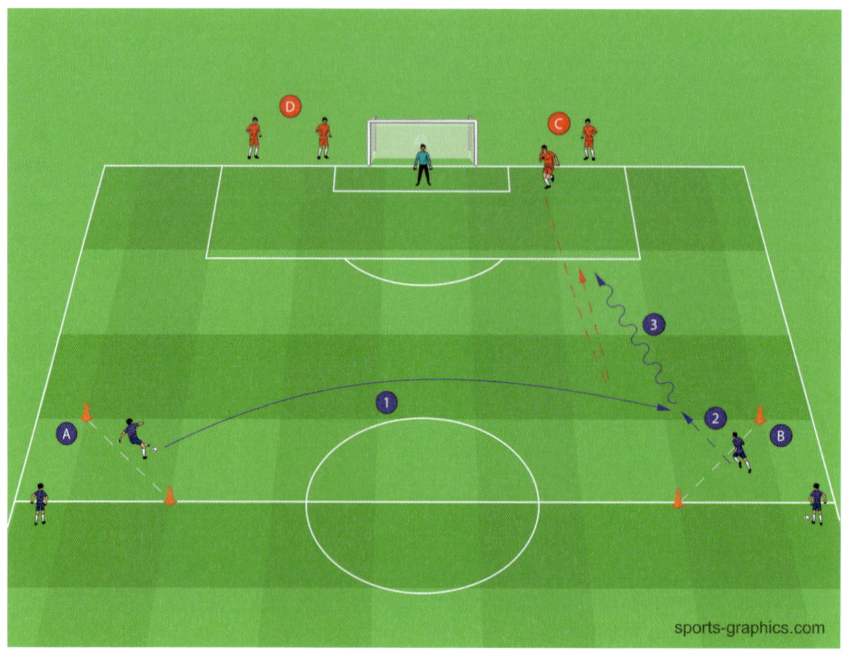

Organisation und Ablauf

» Eine Spielfeldhälfte mit einem großen Tor dient als Spielfläche.
» Die Verteidiger stehen neben dem Tor an der Grundlinie.
» Die Angreifer sind jeweils auf den Flügeln verteilt.
» Spieler A spielt einen Flugball auf Spieler B zum Seitenwechsel, der mit der Ballannahme sofort ein Dribbling in Richtung Tor beginnt.
» Zeitgleich startet der Verteidiger und stellt den Angreifer.
» Der Angreifer hat das Ziel, den Verteidiger im 1 gegen 1 zu überwinden und den Abschluss zu suchen.

Variationen

» Die zentralen Mittelfeldspieler als Anspielstation nutzen.
» Mit einem Pass über die zentralen Mittelfeldspieler die Seite wechseln.
» Passoptionen für die Zentrale und die Flügel setzen.

Coachinghinweise

» Präzision beim Pass beachten.
» Eine saubere Ballan- und -mitnahme fordern.
» Eine enge Ballführung fordern.
» Ein dynamisches 1 gegen 1 spielen.
» Einen präzisen Abschluss beachten.

1 gegen 1 nach Sprint I

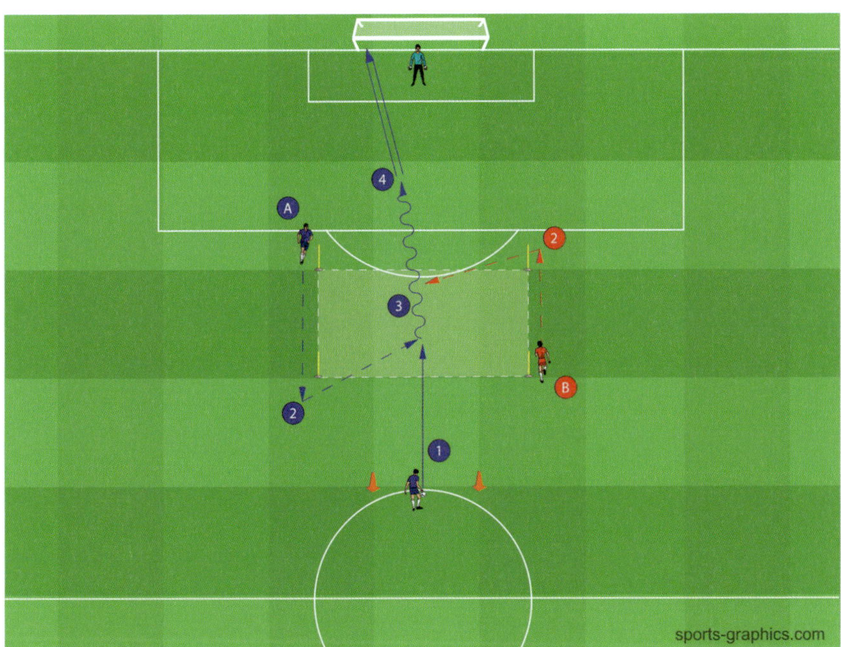

Organisation und Ablauf

- » Ein Rechteck in der Größe 4 x 8 Meter mit Stangen circa 18 Meter vor dem Tor aufbauen.
- » Spieler Blau positioniert sich mit Blickrichtung zum Passgeber an der tornahen Stange.
- » Spieler Rot positioniert sich mit Blickrichtung zum Torwart an der torentfernten Stange.
- » Der Übungsleiter ruft: „Hop!"
- » Die Spieler sprinten beide um die Stange in das Rechteck.
- » Spieler Blau passt den Ball zum Mitspieler in das Rechteck.
- » Es folgt das 1 gegen 1.

Variation

- » Das Zuspiel von Spieler Blau ins Feld erfolgt hoch.

Coachinghinweise

- » Den Ball direkt in die Bewegung mitnehmen und Tempo aufnehmen.
- » Entschlossen ins 1 gegen 1 gehen.
- » Den Gegenspieler mit einer Finte, einem explosiven Tempo- und Richtungswechsel überwinden.
- » Die Angriffe zielstrebig zu Ende spielen.

1 gegen 1 nach Sprint II

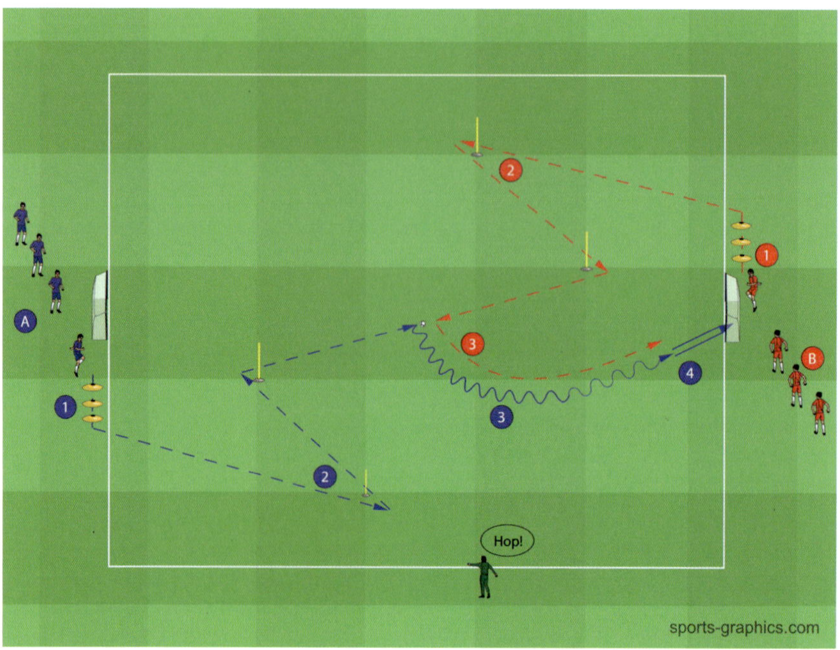

Organisation und Ablauf

- Die Spieler positionieren sich hinter der Grundlinie am eigenen Tor.
- Der Übungsleiter ruft: „Hop!"
- Die Spieler beginnen mit seitlichen Skippings über die Hütchen.
- Anschließend folgt ein Sprint zu zwei Stangen in Richtung Ball, der in der Mitte des Felds liegt.
- Es folgt das 1 gegen 1.

Variation

- Die Spieler laufen von Stange 1 zu Stange 2 rückwärts.

Coachinghinweise

- Den Ball direkt in die Bewegung mitnehmen und Tempo aufnehmen.
- Entschlossen ins 1 gegen 1 gehen.
- Den Gegenspieler mit einer Finte, einem explosiven Tempo- und Richtungswechsel überwinden.
- Die Angriffe zielstrebig zu Ende spielen.

1 gegen 1 nach Torhüterzuspiel

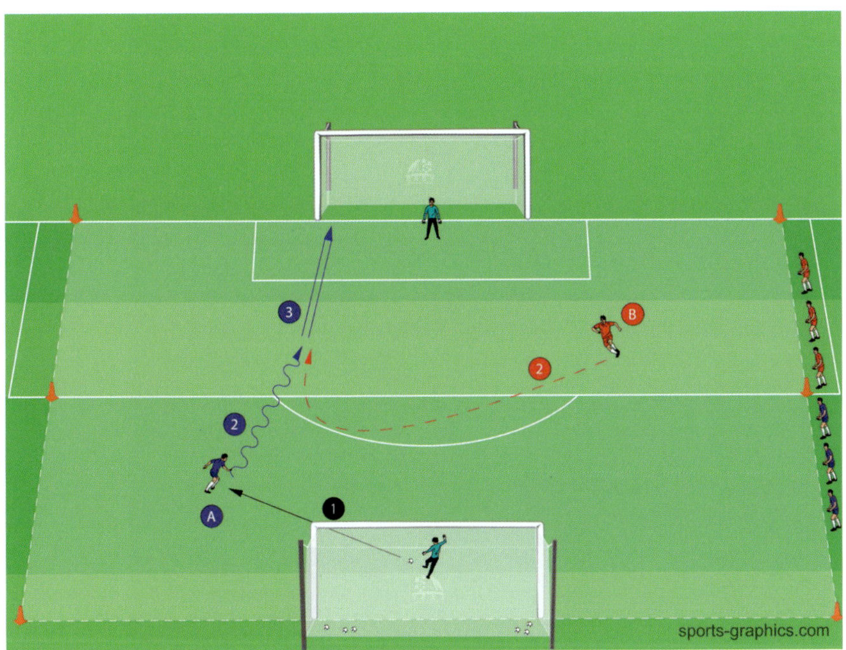

Organisation und Ablauf

- Einen doppelten 16-Meter-Raum mit zwei Toren markieren.
- Zwei Teams bilden (ein offensives und ein defensives Team).
- Der Angreifer bietet sich an und fordert den Pass vom TW.
- Der Angreifer dreht mit der Ballannahme offensiv und geht ins 1 gegen 1 mit dem Verteidiger und mit anschließendem Abschluss.

Variationen

- Der Start erfolgt mit Flugball von TW zu TW.
- Ein Überzahlspiel offensiv/defensiv beginnen.
- 2 gegen 1 (TW als zweiter Angreifer) spielen.

Coachinghinweise

- Präzision beim Pass beachten.
- Eine saubere Ballan- und -mitnahme fordern.
- Eine enge Ballführung fordern.
- Ein dynamisches 1 gegen 1 spielen.
- Einen präzisen Abschluss beachten.
- Faires und hartes Zweikampfverhalten fordern.

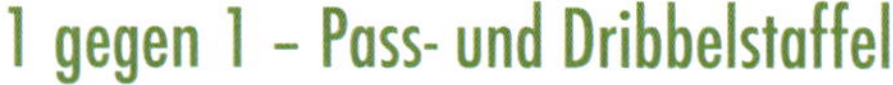

1 gegen 1 – Pass- und Dribbelstaffel

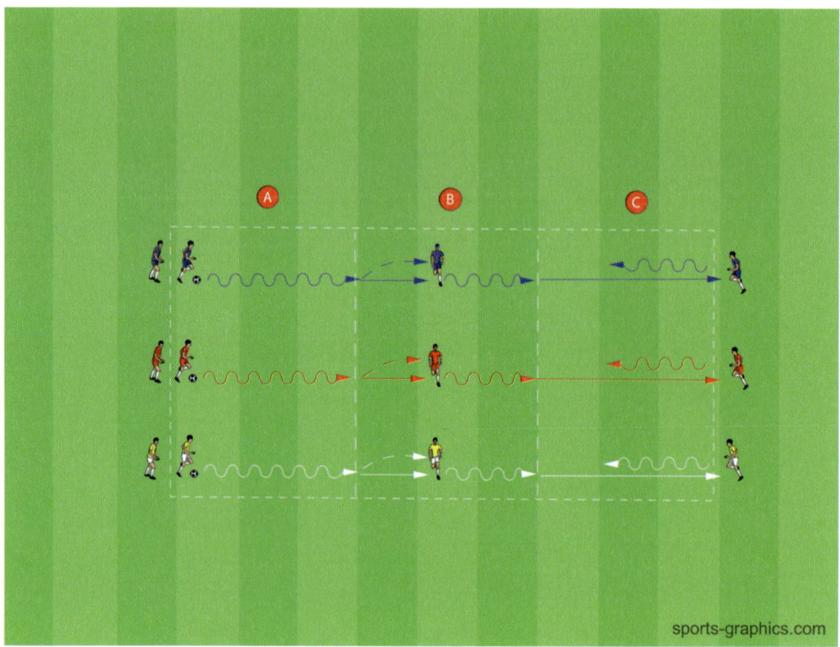

Organisation und Ablauf

- Drei gleich große Felder A, B und C einrichten.
- Die Spieler auf die vorgegebenen Positionen verteilen.
- Der jeweils erste Spieler an Position A hat einen Ball.
- Auf ein Trainerkommando dribbeln die jeweils ersten Spieler bei A ins nächste Feld, passen zu ihrem dort wartenden Mitspieler und nehmen anschließend dessen Position ein.
- B nimmt den Ball an und mit, dribbelt ins letzte Feld und passt zu C.
- C kommt entgegen und passt wiederum zum neuen Spieler auf Position B.
- Dieser schließt die Aktion mit einem Pass auf die Ausgangsposition ab.
- Die Mannschaft, die die Aktion zuerst beendet, erhält einen Punkt.
- Alle Spieler rücken eine Position weiter.

Variationen

- Die Spieler bauen vorgegebene Finten in ihr Dribbling ein.
- Drei Durchgänge nacheinander durchführen.

Coachinghinweise

- Präzision vor Geschwindigkeit: Darauf achten, dass die Zuspiele jeweils in den Fuß des Mitspielers erfolgen.
- Die Teams möglichst gerecht einteilen, um den Wettbewerb ausgeglichen zu gestalten.

1 gegen 1 plus 1 bei Gegentor

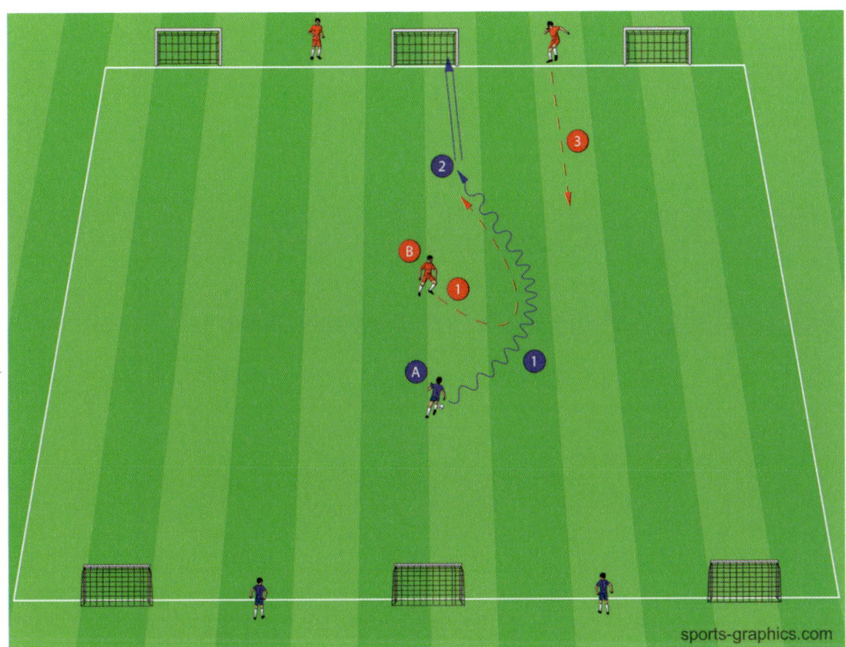

Organisation und Ablauf

» Ein Spielfeld von 10 x 8 Metern mit je drei kleinen Toren auf der Linie markieren.
» Teams mit gleicher Anzahl an Spielern bilden.
» Beim Start wird 1 gegen 1 gespielt.
» Das Team, welches ein Tor kassiert, erhält einen zusätzlichen Spieler dazu.
» Sobald alle Spieler im Feld sind, entscheidet das nächste Tor.

Variationen

» Alle Spieler stehen zu Beginn im Feld.
» Erzielt Team Blau ein Tor, geht der Spieler, der am längsten bei Team Blau auf dem Feld war, raus.
» Das Spiel endet nach einem Tor im letzten 1-gegen-1-Duell.

Coachinghinweise

» Die Teams möglichst gerecht einteilen, um den Wettbewerb ausgeglichen zu gestalten.
» Viele Finten und Körpertäuschungen im 1 gegen 1 einbauen.
» Durch Laufwege und Anbieten Raum für den ballführenden Spieler schaffen.
» Mutig und dynamisch ins 1 gegen 1 gehen.

1 gegen 1 – die Seite überqueren

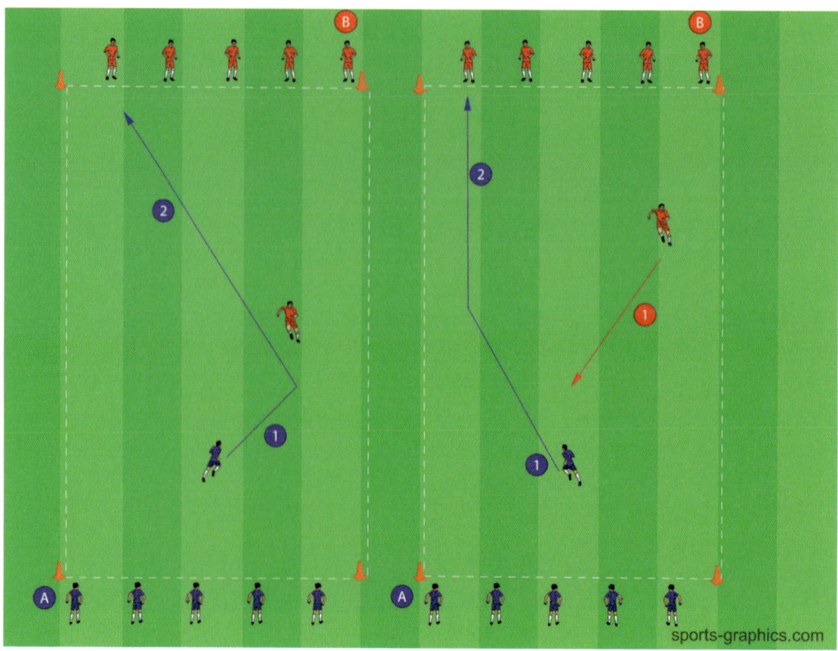

Organisation und Ablauf

- Zwei Felder zu jeweils 15 x 10 Metern markieren.
- Angreifer und Verteidiger platzieren sich an der Grundlinie gegenüber.
- Der Angreifer sprintet mit dem Ziel, kontaktlos über die Linie zu laufen.
- Die Verteidiger haben das Ziel, den Angreifer zu berühren.

Variationen

- Mit Ball in der Hand spielen zum Abnehmen.
- Mit Leibchen in der Hose spielen zum Herausziehen.
- 2 gegen 2 spielen.

Coachinghinweise

- Richtungswechsel einplanen.
- Schnelle Be- und Entschleunigung auf kurzer Distanz in hohem Intervall fordern.
- Beweglichkeit fordern.
- Balance fordern.
- Physische Widerstandsfähigkeit fordern.
- Fußkoordination fordern.

1 gegen 1 – seitliche Attacke

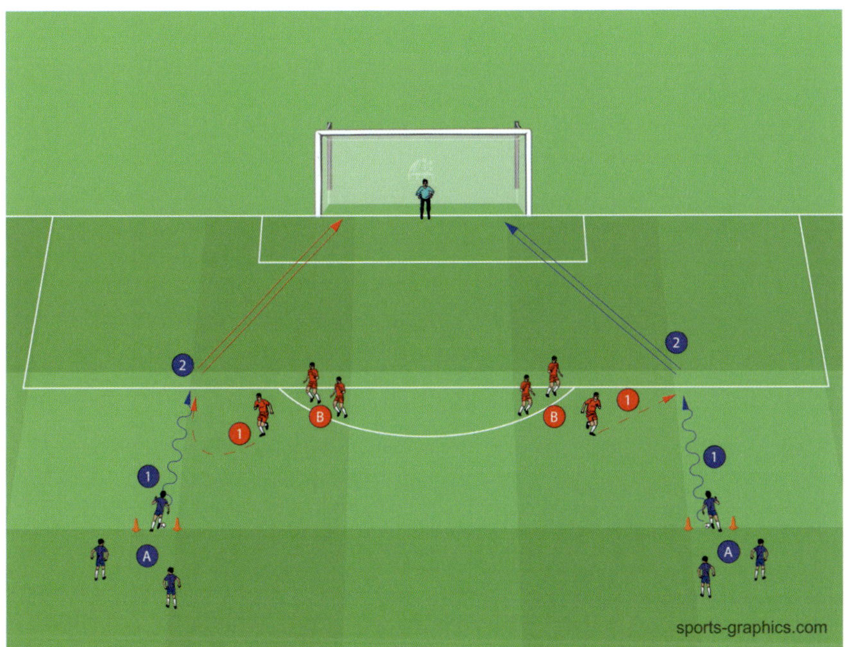

Organisation und Ablauf

- Es wird auf einer Spielfeldhälfte auf ein Tor gespielt.
- Die Angreifer verteilen sich auf der rechten und linken Halbbahn circa 20 Meter vor dem Tor.
- Die Verteidiger stellen sich auf Höhe der 16-Meter-Linie.
- Die Angreifer starten vertikal in Richtung Grundlinie ins Dribbling.
- Der Verteidiger sucht den direkten Zweikampf.
- Der Angreifer kann mit einem Haken nach innen ziehen oder außen am Gegenspieler vorbeiziehen.

Variationen

- Einen Doppelpass spielen.
- Einen Pass mit offensiver Drehung spielen.
- Die Verteidigung ist in der Überzahl.
- Einen diagonalen Chipball in den Rücken der Abwehr zum Mitspieler spielen.

Coachinghinweise

- Defensives Stellungsspiel praktizieren.
- Richtungswechsel fordern.
- Eine enge Ballführung fordern.
- Ein dynamisches 1 gegen 1 spielen.
- Einen präzisen Abschluss spielen.
- Faires und hartes Zweikampfverhalten fordern.

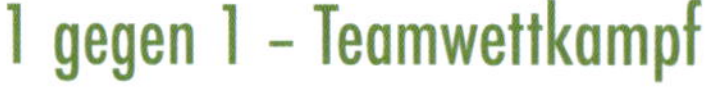

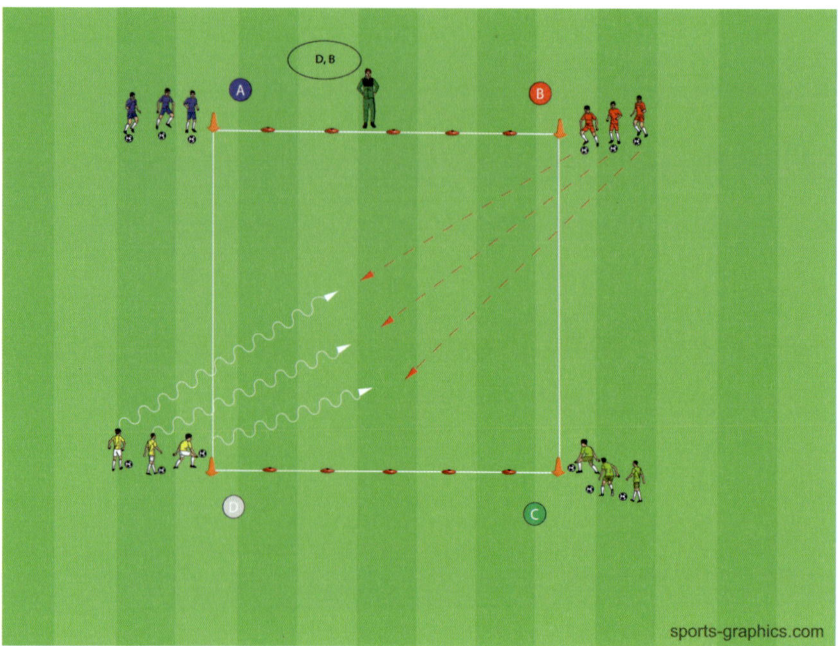

Organisation und Ablauf

» Markiere mit Hütchen ein großes Quadrat/Rechteck, die Seitenlängen sollten 20 Meter nicht unterschreiten, sind aber abhängig von der Anzahl der Übenden. Die Ecken werden mit A, B, C und D bezeichnet, dies wird den Spielern bekannt gegeben. Statt Buchstaben kannst du auch vier verschiedenfarbige Hütchen einsetzen (siehe Ablauf).

» Wir bilden vier Teams, jeder Spieler hat einen Ball.

» Die Teams postieren sich an den Ecken des Übungsfelds, außerhalb der Übungsfläche.

» Der Trainer steht für Kommandos bereit.

» In unserer Grafik ruft der Trainer: „D, B", auch: „Gelb, Rot", (Trikotfarben) wäre möglich.

» Das erstgenannte Team, hier D, versucht, im Dribbling durchs Übungsfeld über die Linienbegrenzung des Übungsfelds auf die andere Seite zu gelangen.

» Das zweitgenannte Team, hier B, attackiert die Dribbler und versucht, möglichst viele Bälle zu erobern, bevor die Angreifer die Ziellinie überqueren.

» Gelingt ein Ballgewinn, wird sofort versucht, die Linie auf der anderen Seite zu überqueren. Wer den Ball verliert, wird sofort zum Verteidiger.

» Für jedes Überqueren einer Ziellinie erhält ein Team einen Punkt. Gewonnen hat die Mannschaft, die nach einigen Durchgängen die höchste Gesamtpunktzahl erzielt.

Variationen

» Gelingt einem Spieler eine Ausspielbewegung, erhält sein Team einen Extrapunkt.
» Der Trainer ruft drei oder alle vier Gruppen auf. Immer die beiden erstgenannten Teams werden zu Dribblern.

Coachinghinweise

» Die Spieler sollen immer aktiv und bereit für die Aktion sein.
» Kommunikation zwischen den Spielern, wer welchen Spieler übernimmt.
» Die Angreifer sollen möglichst im hohen Tempo in die Aktion starten und freie Räume erkennen.

1 gegen 1 über je zwei Ziellinien

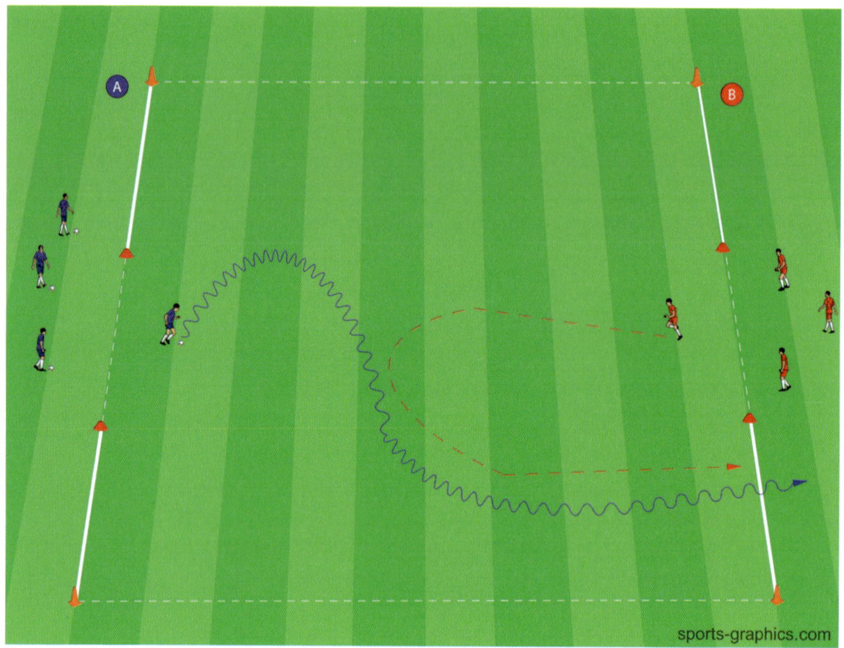

Organisation und Ablauf

» Ein Feld von 15 x 15 Metern einrichten.
» Auf beiden Grundlinien jeweils zweimal etwa fünf Meter breite Ziellinien markieren.
» Die Spieler in Angreifer und Verteidiger aufteilen.
» Der Angreifer startet mit dem Ball, dribbelt ins Feld und soll eine der Ziellinien des Gegners überdribbeln.
» Der Verteidiger versucht, den Ball zu erobern und kann bei Balleroberung eine der gegnerischen Ziellinien überdribbeln.
» 30 Sekunden pro 1-gegen-1-Aktion Zeit geben.
» Nach der Aktion rücken zwei neue Spieler zum 1 gegen 1 nach.

Variationen

» Zwei Angreifer starten gleichzeitig.
» Drei Angreifer starten gleichzeitig.

Coachinghinweise

» Die Angreifer kommen mit hohem Tempo.
» Körpertäuschungen nutzen.

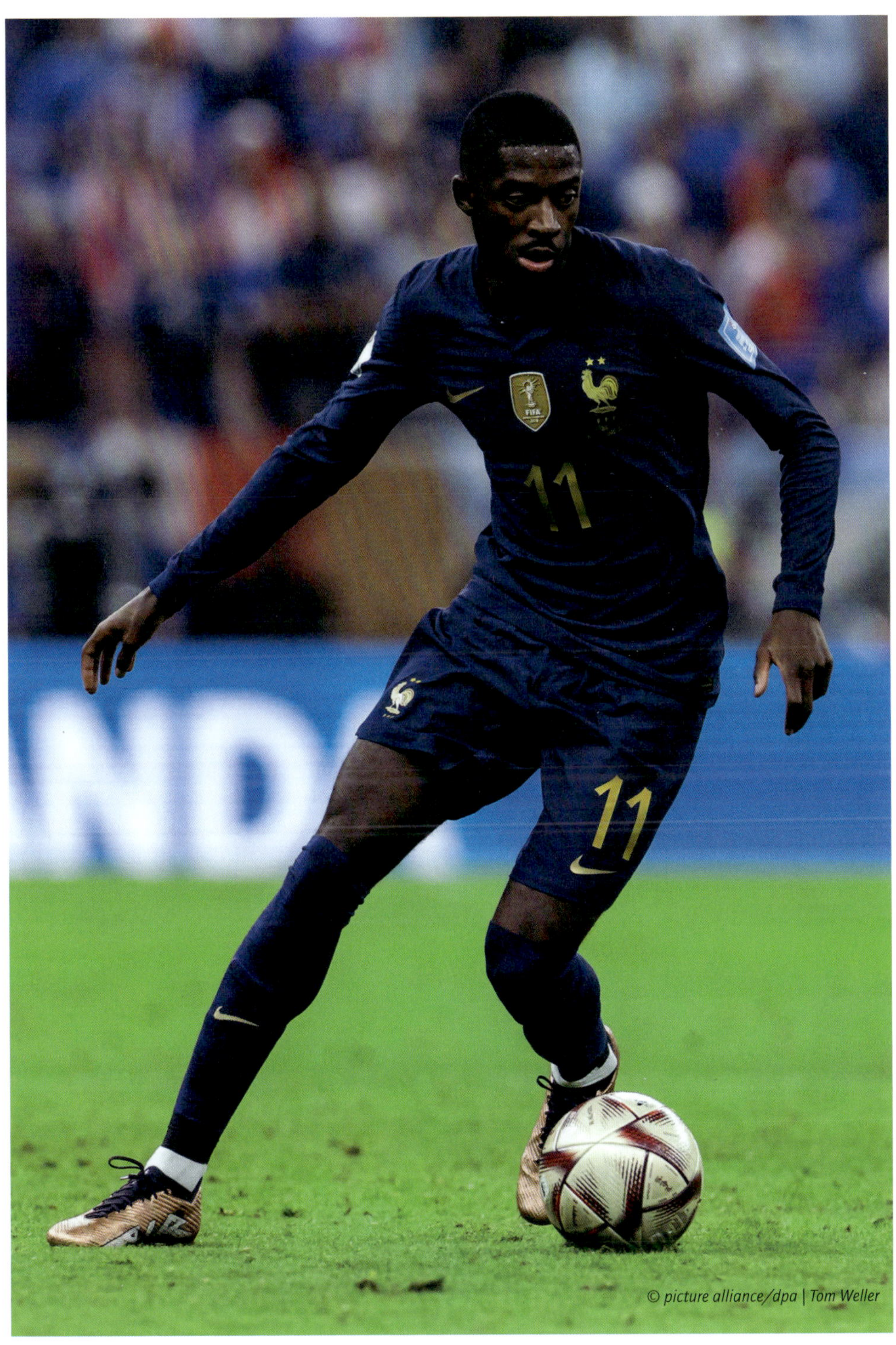

© picture alliance/dpa | Tom Weller

1 gegen 1 über Linien

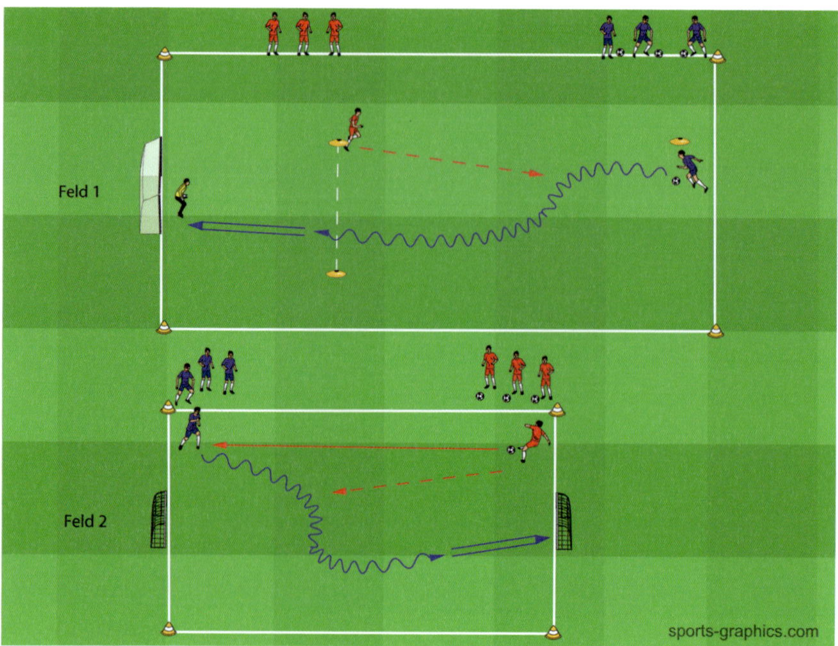

Organisation und Ablauf

Feld 1

- Ein Feld von 25 x 20 Metern mit einem großen Tor mit Torhüter einrichten.
- 16 Meter vom Tor entfernt ein 12 Meter breites Hütchentor aufstellen.
- Die Spieler in Angreifer und Verteidiger einteilen.
- Der Angreifer startet die Aktion 25 Meter vom Tor entfernt mit Ball, dribbelt aufs Tor zu und versucht, durch das Hütchentor zu dribbeln und einen Treffer zu erzielen.
- Der Verteidiger startet vom Hütchentor und versucht, den Ball vom Angreifer zu erobern und nicht durch das Hütchentor zu lassen.
- Nach der Aktion werden die Rollen getauscht.

Feld 2

- Ein Feld von 20 x 20 Metern mit zwei Minitoren markieren.
- Die Spieler in Angreifer und Verteidiger einteilen.
- Beide Teams positionieren sich jeweils an einer Ecke auf der gleichen Seite.
- Der Verteidiger startet die Aktion mit Ball und passt zum Gegenspieler und läuft ihm entgegen, um den Ball zu erobern.
- Der Angreifer erhält das Zuspiel, dribbelt ins Feld, versucht, im 1 gegen 1 vorbeizukommen und einen Treffer zu erzielen.
- Erobert der Verteidiger den Ball, kann er auf das andere Minitor einen Treffer erzielen.
- Nach der Aktion werden die Rollen getauscht.

Variationen

Feld 1

- Der Torwart startet die Aktion und wirft den Ball zum Angreifer.

Feld 2

- Der Angreifer startet die Aktion mit Ball und dribbelt ins Feld.

Coachinghinweise

- Das Dribbling im hohen Tempo durchführen.
- Eine seitliche Stellung als Verteidiger einnehmen.
- Den Angreifer nach außen lenken.

1 gegen 1 vor dem 16-Meter-Raum

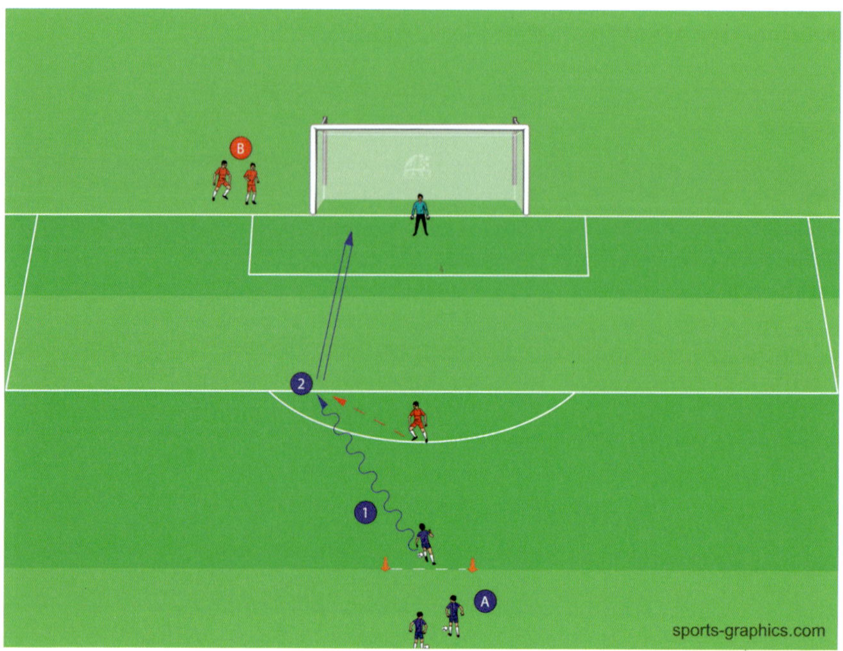

Organisation und Ablauf

» Etwa 25 Meter vor einem Tor mit Torhüter eine 2 Meter breite Hütchenlinie markieren.
» Die Spieler in eine Angreifergruppe (A) und in eine Verteidigergruppe (B) unterteilen.
» Die Angreifer haben jeweils einen Ball.
» Der erste Spieler von B rückt vor die Strafraumlinie.
» Anschließend dribbelt der erste Angreifer von A los und versucht, im 1 gegen 1 auf das Tor mit Torhüter abzuschließen.
» Erobert B den Ball, hat er eine Kontermöglichkeit (= die Linie des Gegners überdribbeln).
» Nach Aktionsende startet ein 1 gegen 1 der nächsten beiden Spieler.

Variation

» Der Verteidiger spielt den Pass zum Angreifer und die Aktion startet.

Coachinghinweise

» Der Angreifer dribbelt mit hohem Tempo auf den Verteidiger zu und versucht, mit Finten am Gegenspieler vorbeizukommen.
» Der Verteidiger stellt den Angreifer und lenkt ihn nach außen.

1 gegen 1 vor dem Tor

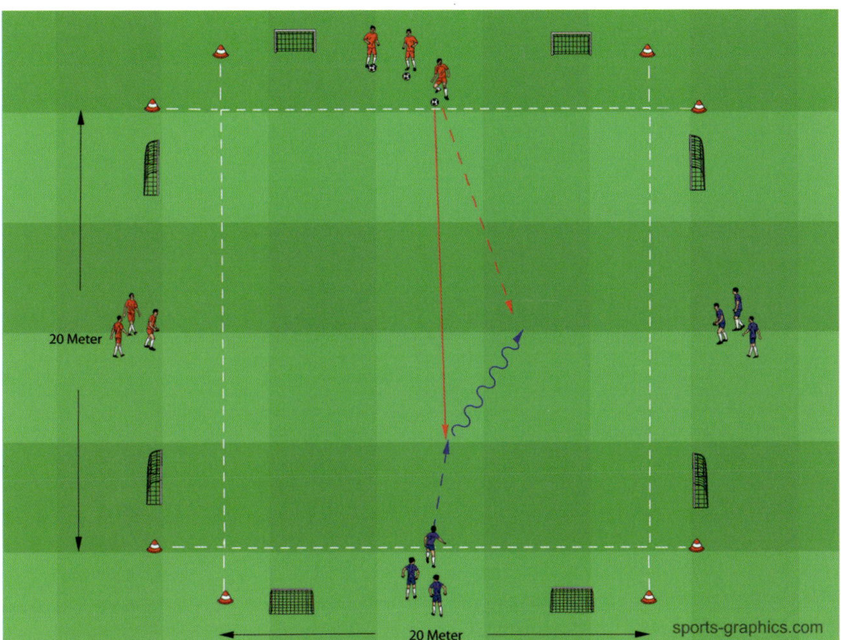

Organisation und Ablauf

- Ein 20 x 20 Meter großes Feld markieren.
- An den Seiten jeweils zwei Minitore (gegebenenfalls Hütchentore) postieren.
- Drei Meter vor den Toren eine Schusslinie markieren.
- Zwei Teams einteilen und gemäß Abbildung verteilen.
- Rot passt zu Blau. Blau versucht, bei einem der beiden Tore gegenüber einen Treffer zu erzielen.
- Gewinnt Rot den Ball, darf der Spieler kontern.

Variation

- Zwei Paare beginnen gleichzeitig: mehr „Verkehr" im Zentrum.

Coachinghinweise

- Der Angreifer soll mit hohem Tempo auf den Verteidiger zudribbeln und sich orientieren, in welche freien Räume er dribbeln kann, um vorbeizukommen.
- Der Verteidiger soll den Abstand zum Angreifer verkürzen, ihn stellen und zur Außenlinie lenken.

1 gegen 1 – Vororientierung

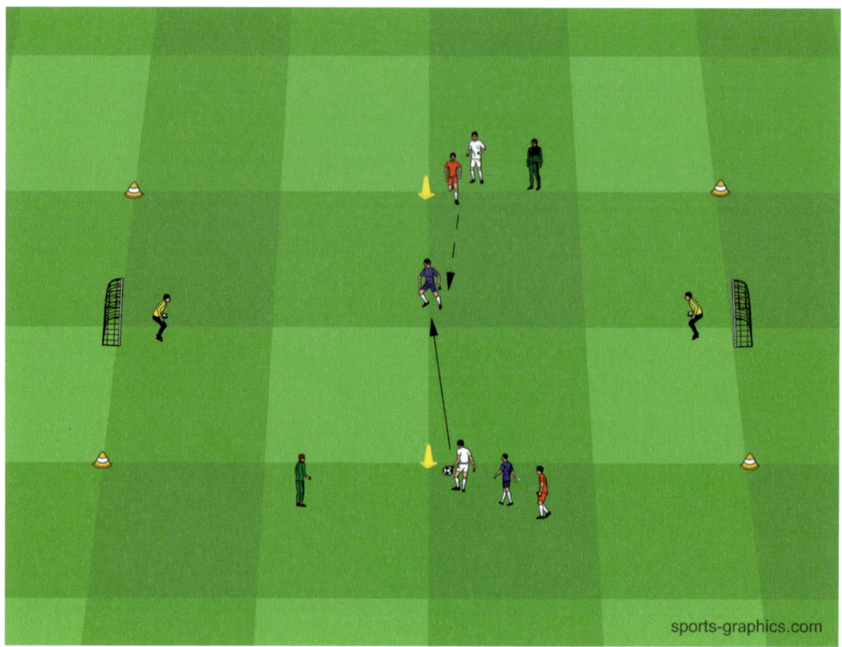

Organisation und Ablauf

» Der Angreifer (hier: blaues Trikot) löst sich von seinem Gegner und wird vom Anspieler (in Weiß) flach in den Fuß angespielt.

» Bevor er den Ball verarbeitet, orientiert er sich mit Schulterblick, wie sich der Verteidiger (in Rot) verhält. Je nachdem, wie er die Situation wahrnimmt, nimmt er den Ball auf das rechte oder linke Tor mit und versucht, schnell abzuschließen.

» Der Verteidiger versucht, das zu verhindern. Gewinnt er den Ball, kann er auf das jeweils andere Tor kontern.

Variationen

» Der Anspieler und ein zweiter Verteidiger starten zum 2 gegen 2 ins Feld nach. Das macht die Situation noch etwas komplexer (eher ab der C-Jugend).

» Der Ball wird per Einwurf oder Flugball gespielt (= Verarbeiten hoher oder halbhoher Bälle).

» Der Trainer gibt dem Verteidiger die Richtung vor, aus der er anlaufen soll (per optischem Signal).

Coachinghinweise

» Der Angreifer soll durch gezieltes Drehen des Kopfs den Gegenspieler im Auge behalten, um sich vorzuorientieren, auf welches Tor er besser angreifen soll.

» Der Angreifer soll Körpertäuschungen einbauen, um sich einen Vorteil gegenüber dem Verteidiger zu verschaffen.

1 gegen 1 mit Vorwärts-rückwärts-Lauf

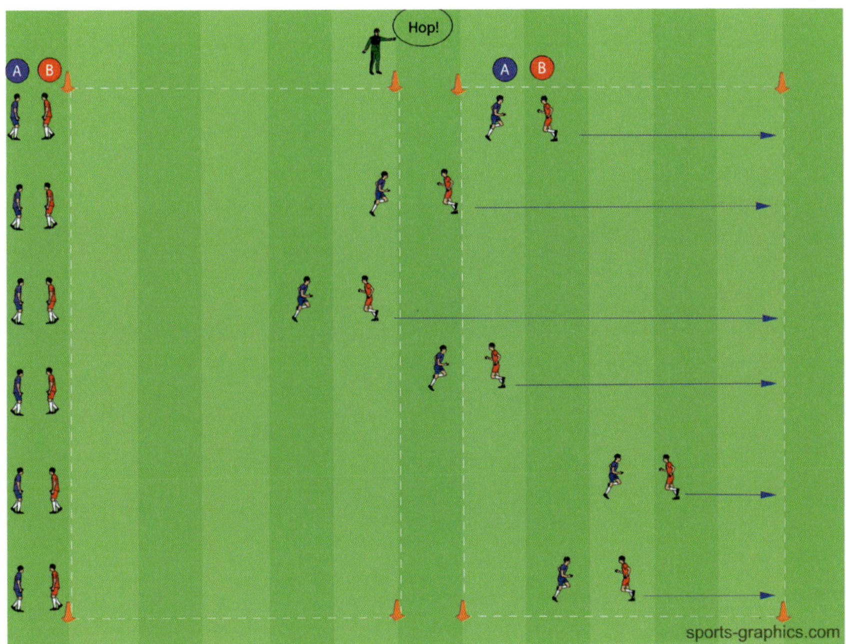

Organisation und Ablauf

» Spielerpaare bilden und diese sich gegenüber aufstellen.
» Bei „Hop" des Trainers läuft Team A vorwärts und Team B rückwärts.
» Beim zweiten „Hop" läuft Team A rückwärts und Team B vorwärts.

Variationen

» Bei „Fangen"' dreht der Angreifer sich um und der Verteidiger versucht, den Angreifer zu fangen.
» Bei „Jagen" dreht sich der Verteidiger um und der Angreifer jagt den Verteidiger.
» Links-/rechts-Richtungswechsel einbauen.
» Die Übung mit Ball für einen höheren Schwierigkeitsgrad ausführen.

Coachinghinweise

» Reaktion zeigen.
» Dynamik einbauen.
» Koordination beachten.
» Antritt und Schnelligkeit fordern.

1 gegen 1 – Warm-up

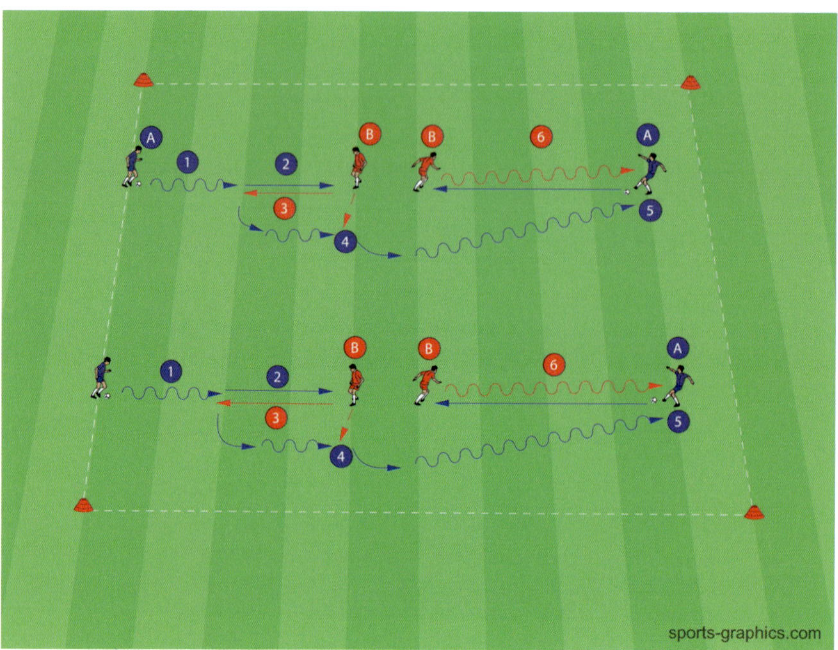

Organisation und Ablauf

- » Ein Spielfeld von 30 x 30 Metern markieren. Die Spieler in Zweiergruppen einteilen, jede Gruppe hat einen Ball. Korridore mit ausreichender Breite markieren.
- » A dribbelt vorwärts (1), B läuft vor ihm rückwärts (in circa fünf Meter Abstand).
- » A passt zu B, der klatschen lässt (2). A nimmt den Ball in die Bewegung mit (3) und startet das 1 gegen 1 (4) und überwindet den Verteidiger.
- » B darf den Ball lediglich wegspitzeln, eine Seite zustellen oder seitlich verteidigen.
- » Anschließend dribbelt A auf die andere Seite (5), um die Aktion zu starten (6).
- » An der Startposition wechseln die Aufgaben zwischen den Spielern.

Variationen

- » Der Verteidiger wird voll aktiv – bei Ballverlust sofortiger Aufgabenwechsel.
- » Der Verteidiger spielt den Ball als Chipball zurück, der Angreifer macht den Ball schnellstmöglich flach, nimmt Tempo auf und überwindet den Gegner.

Coachinghinweis

- » Auf den ersten Kontakt achten, wenn der Angreifer das Zuspiel zurückbekommt und den Ball in die Bewegung mitnimmt.

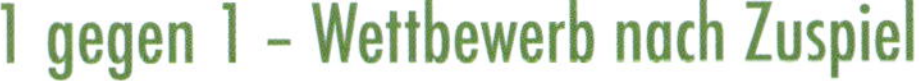

1 gegen 1 – Wettbewerb nach Zuspiel

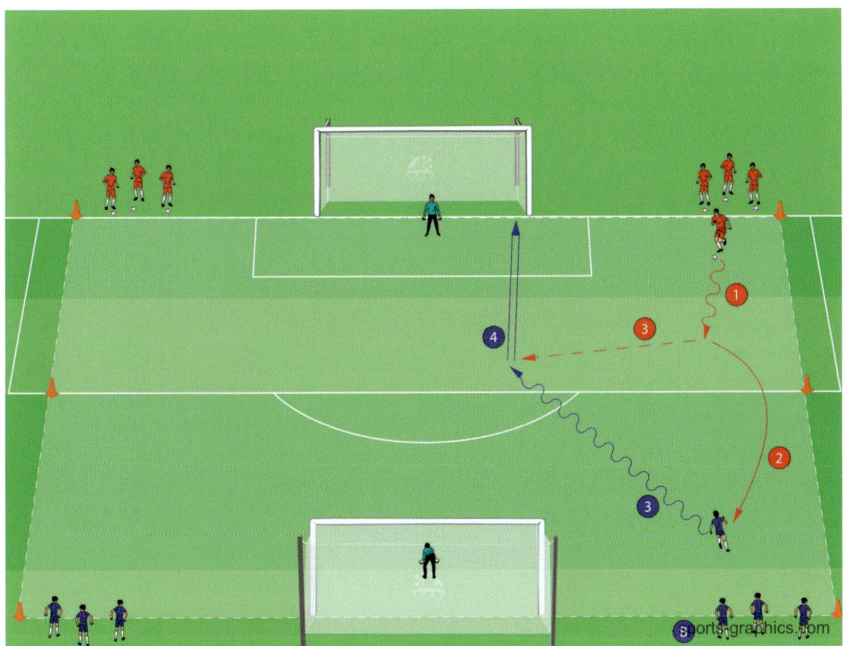

Organisation und Ablauf

» Der doppelte 16-Meter-Raum dient als Spielfeld.
» Es steht jeweils ein Tor auf beiden Seiten.
» Zwei gleich große Teams bilden.
» Ein Team an der Grundlinie positionieren, das andere am anderen Ende des Felds.
» Die Teams in zwei Gruppen unterteilen und auf beide Seiten des Tors stellen.
» Team A dribbelt an und passt den Ball zum einlaufenden Spieler von Team B.
» Der Spieler von Team B dribbelt in die Mitte und wird dort von seinem Gegenspieler von Team A gestellt.
» Es folgt ein 1-gegen-1-Duell mit Abschluss.
» Danach folgt der Seitenwechsel.

Variation

» Das 1-gegen-1-Duell durch ein weiteres Feld begrenzen.

Coachinghinweise

» Die Punkte zählen.
» Die Zeit begrenzen.
» Passqualität einfordern.
» Die Verteidiger anfeuern.
» Bei Ballverlust die Spieler zum Weitermachen animieren.

1-gegen-1-Wettbewerb

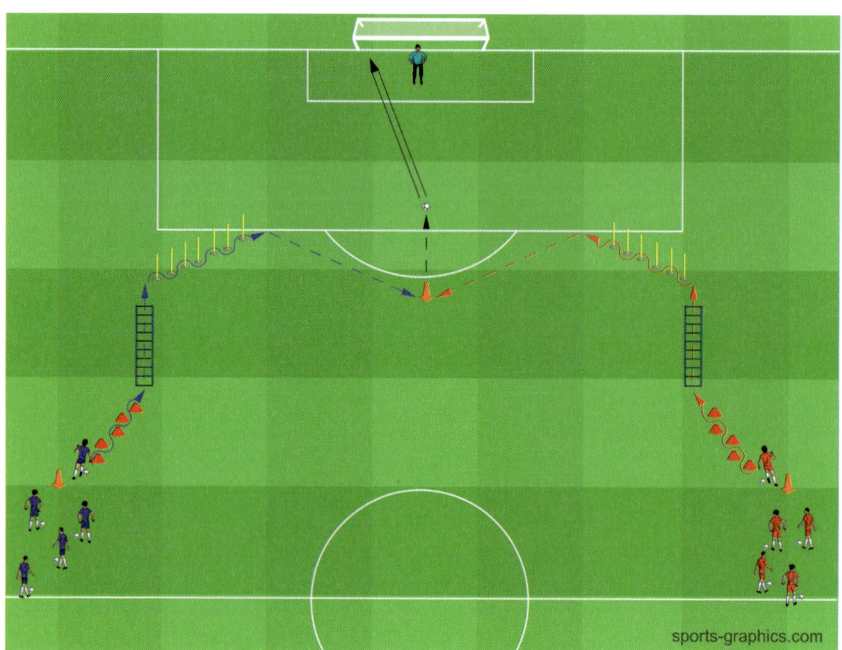

Organisation und Ablauf

» Es wird im Wettbewerbsmodus mit zwei Mannschaften gespielt.

» Die ersten Spieler der beiden Mannschaften starten mit Ball in Richtung der Hütchen. Es werden die Hütchen durchdribbelt und der Ball wird anschließend zurückgespielt zum zweiten Spieler des Teams. Danach Koordinationsleitern mit zwei Berührungen pro Quadrat überqueren und dann Slalomlauf durch die Stangen.

» Die Spieler sprinten zum Kegel. Der erste Spieler, der den Kegel berührt, hat das Recht, im anschließenden 1 gegen 1 als Stürmer zu agieren. Der „Verlierer" agiert als Abwehrspieler. Bei Ballgewinn durch den Abwehrspieler darf dieser auch auf das Tor abschließen.

Variation

» Die Vorgaben in der Koordinationsleiter ändern.

Coachinghinweise

» Das Team mit den meisten Punkten gewinnt, der Verlierer macht eine Extraaufgabe.

» Die Teams gerecht aufteilen (gleich viele Stürmer, Verteidiger etc.).

» 2-3 Durchgänge zu Beginn ohne Wettbewerbsmodus zum Einspielen durchführen.

1 gegen 1 – Zweikampf im Viereck

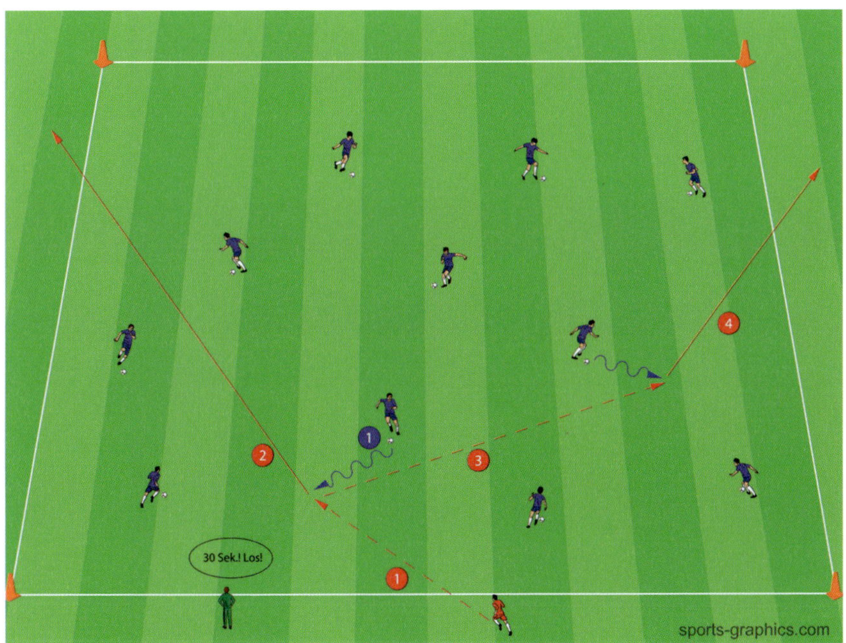

Organisation und Ablauf

» Ein 10 x 10 Meter großes Viereck mit Hütchen aufbauen.
» Alle Spieler (in Blau), bis auf einen, haben einen Ball und dribbeln im Viereck.
» Beim Kommando des Trainers startet der Verteidiger (in Rot) in das Viereck und versucht, viele Bälle zu erobern und aus dem Viereck zu schießen.
» Blau holt den Ball zurück und dribbelt im Viereck weiter.

Variationen

» Nach einigen Durchgängen die Aktion als Wettkampf durchführen.
» Nur mit rechts/links dribbeln.
» Ein erfolgreiches frontales Dribbling zieht einen Punkt von Rot ab.

Coachinghinweise

» Eine enge Ballführung bei hohem Tempo fordern.
» Die Intensität hochhalten.
» Viele Finten vorgeben.
» Harte und faire Zweikämpfe fordern.

1-gegen-1-Abwehr

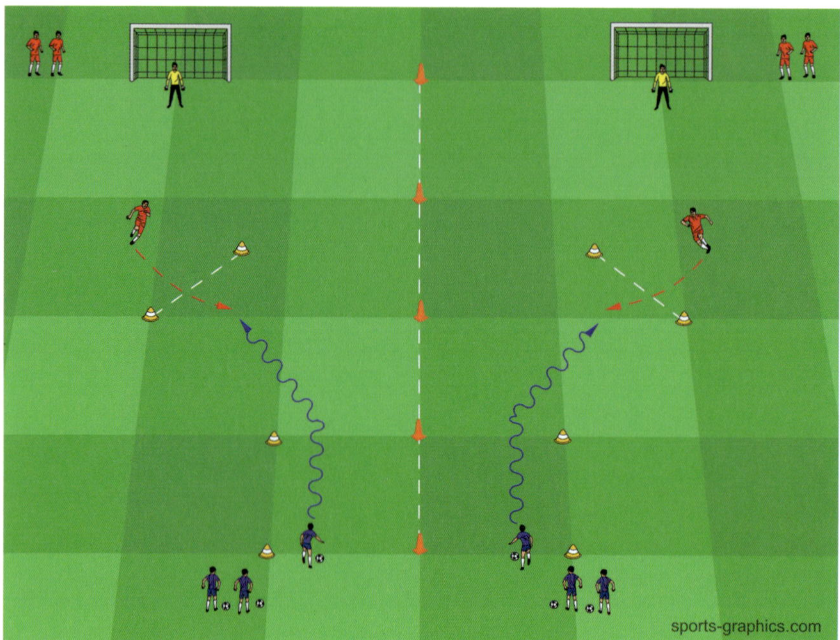

Organisation und Ablauf

» Zwei große Tore aufstellen.
» Zwei Hütchentore 16 Meter vom Tor entfernt in Richtung außen postieren. Zwei weitere Hütchen jeweils fünf Meter weiter aufstellen, wovon das letzte Hütchen der Startpunkt ist.
» Die Mannschaft aufteilen in Angreifer und Verteidiger.
» Die Angreifer beginnen an den Starthütchen, dribbelt am nächsten Hütchen vorbei und danach in Richtung Hütchentore. Dort versuchen sie, am Verteidiger vorbeizukommen, durch das Hütchentor zu dribbeln und einen Treffer zu erzielen.
» Der Verteidiger greift den Angreifer an und versucht, ihn nach außen zu lenken, damit er nicht durch die Hütchentore dribbeln kann.
» Nach der Aktion wird der Angreifer zum Verteidiger und der Verteidiger zum Angreifer.

Variation

» Der startende Spieler startet ohne Ball und sprintet zum nächsten Hütchen und erwartet das Zuspiel des Mitspielers hinter ihm in der Reihe. Der Angreifer dreht sich in offener Spielstellung auf und geht ins 1 gegen 1.

Coachinghinweise

» Mit hohem Tempo ins 1 gegen 1 gehen.
» Der Verteidiger soll durch bewusstes Stellungsspiel den Angreifer nach außen lenken.

1-gegen-1-Angriff

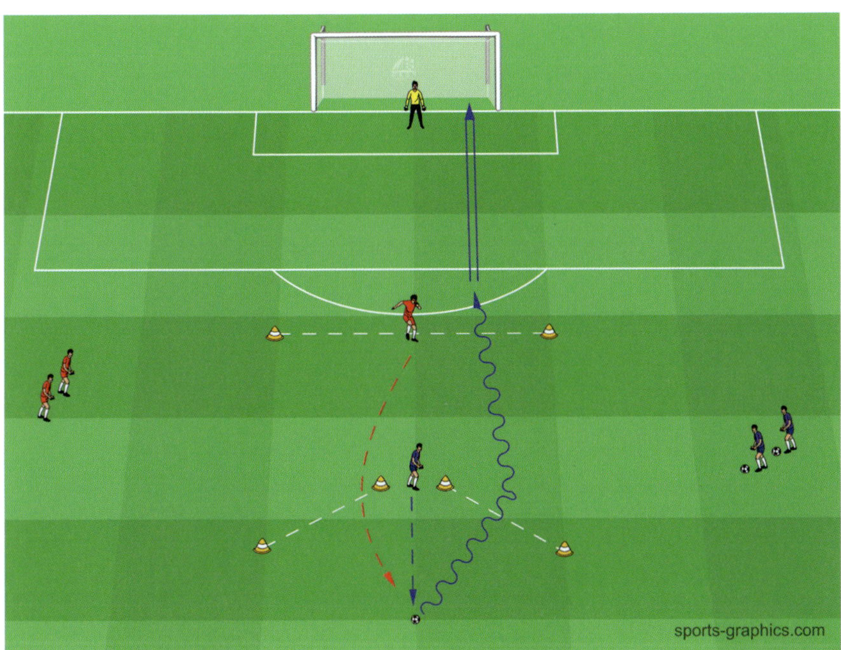

Organisation und Ablauf

- Ein Hütchentor 20 Meter vor dem Tor und zwei Hütchentore 10 Meter weiter aufstellen. Die Letztgenannten diagonal positionieren.
- Angreifer und Verteidiger bestimmen.
- Der Angreifer steht seitlich zum Tor und startet in Richtung Ball.
- Der Abwehrspieler muss links oder rechts um ein Hütchentor laufen und dann das Dribbling des Angreifers über die Linien unterbinden.
- Der Angreifer soll das freie Tor erkennen und mit dem Ball über die Linie dribbeln.
- Der Verteidiger darf nur auf oder vor der Linie aktiv den Ball erobern.
- Wenn der Angreifer das letzte Hütchentor überdribbelt hat, versucht er, ein Tor zu erzielen.
- Nach der Aktion werden die Rollen gewechselt.

Variation

- Erobert der Verteidiger den Ball, kann er im Gegenzug durch die Hütchentore dribbeln.

Coachinghinweise

- Als Angreifer den Gegner im Blick haben.
- Körpertäuschungen einbauen.
- Eine enge Ballführung fordern.

1-gegen-1-Liga I

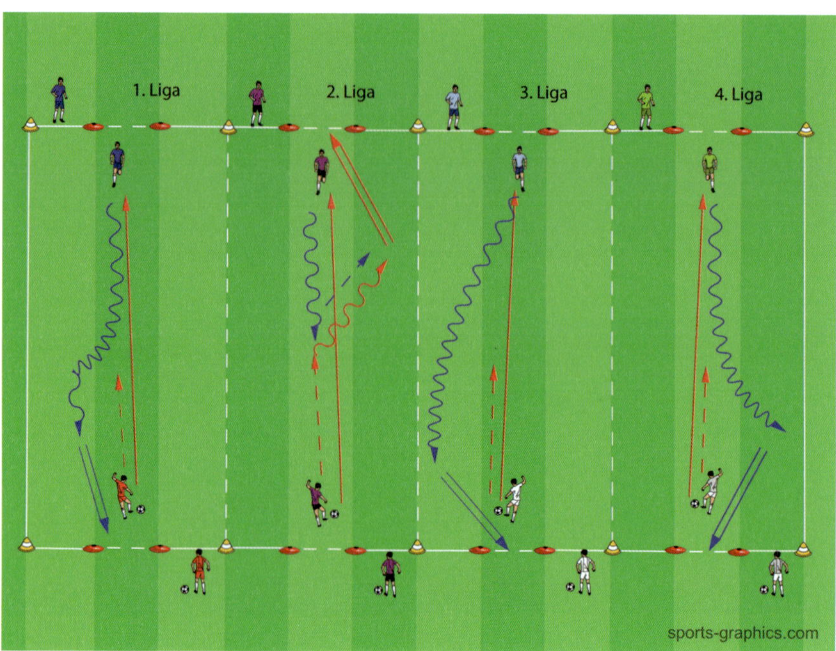

Organisation und Ablauf

» Vier Felder à 5 x 10 Meter abstecken und nach der Reihenfolge benennen („1. bis 4. Liga").
» Pro Feld zwei Hütchentore markieren.
» Die Spieler paarweise einteilen und auf die Felder verteilen.
» Die jeweils ersten Spieler treten im 1 gegen 1 auf die Hütchentore an.
» Der Spieler in Ballbesitz startet die Aktion mit einem Pass zum Gegner.
» Nach zwei Aktionen wechseln die Spieler und die anderen aus der Zweiergruppe treten gegeneinander an.
» *Welches Paar erzielt die meisten Treffer?*
» Die jeweiligen Sieger steigen ins nächste Feld auf und die Verlierer steigen ab.
» Es werden sechs Durchgänge gespielt.

Variation

» Der Passgeber passt zum Gegner, der zurückklatschen lässt und es anschließend zum 1 gegen 1 kommt.

Coachinghinweise

» Der Angreifer geht mit hohem Tempo ins 1 gegen 1.
» Der Verteidiger soll das Tempo herausnehmen.
» Er soll eine seitliche Stellung einnehmen.

1-gegen-1-Liga II

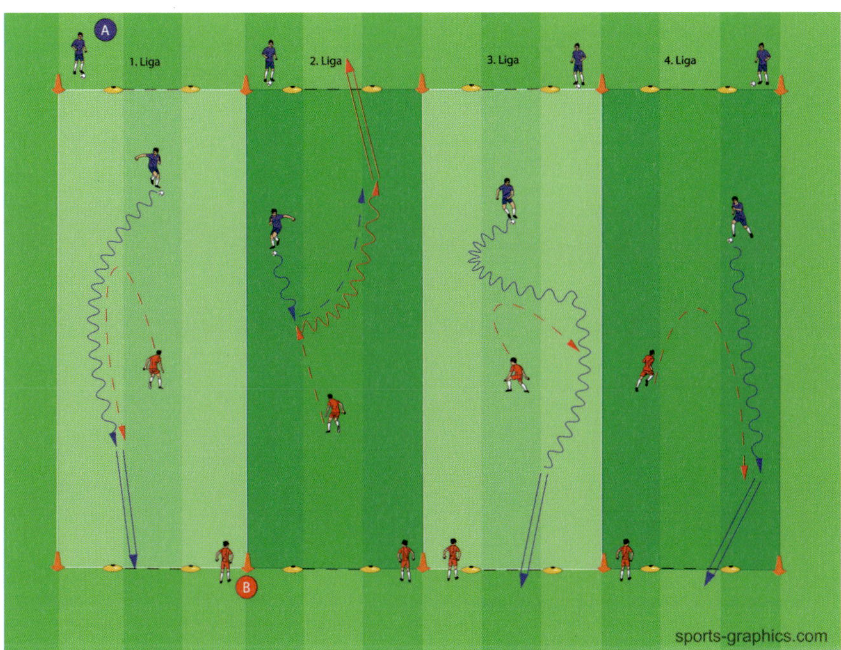

Organisation und Ablauf

- Vier Felder à 5 x 10 Meter markieren und nach der Reihenfolge benennen („1. bis 4. Liga").
- Pro Feld zwei Hütchentore markieren.
- Die Spieler paarweise einteilen und auf die Felder verteilen.
- Die jeweils ersten Spieler treten im 1 gegen 1 auf die Hütchentore an.
- Der Spieler in Ballbesitz startet die Aktion und dribbelt ins Feld, der Verteidiger läuft dem Angreifer entgegen und es kommt zum 1 gegen 1.
- Nach zwei Aktionen wechseln die Spieler und die anderen aus der Zweiergruppe treten gegeneinander an.
- *Welches Paar erzielt die meisten Treffer?*
- Die jeweiligen Sieger steigen ins nächste Feld auf und die Verlierer steigen ab.
- Es werden sechs Durchgänge gespielt.

Coachinghinweise

- Der Angreifer kommt mit hohem Tempo ins 1 gegen 1.
- Der Verteidiger soll das Tempo herausnehmen.
- Er soll eine seitliche Stellung einnehmen.

1 gegen 2

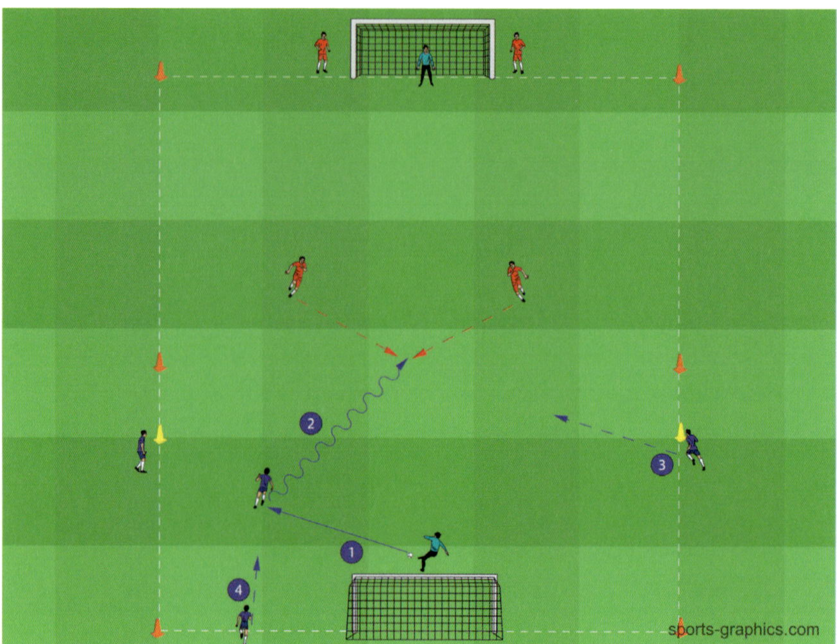

Organisation und Ablauf

» Ein 20 x 25 Meter großes Feld mit zwei Toren aufbauen.
» Zwei Verteidiger stehen in dem Feld auf ihrer Seite.
» Der TW spielt auf den einlaufenden Angreifer und dribbelt auf beide Verteidiger zu.
» Die Verteidiger verteidigen ab den Hütchen und doppeln den Angreifer.

Variationen

» Offensiv/defensiv eine Überzahlsituation herstellen.
» Einen Doppelpass spielen.

Coachinghinweise

» Tempo und Intensität fordern.
» Mit Finten und Körpertäuschungen spielen.
» Defensives Doppeln und Absicherung fordern.
» Eine enge Ballführung fordern.
» Die Ballan- und -mitnahme beachten.

1-gegen-1-Abwehr I

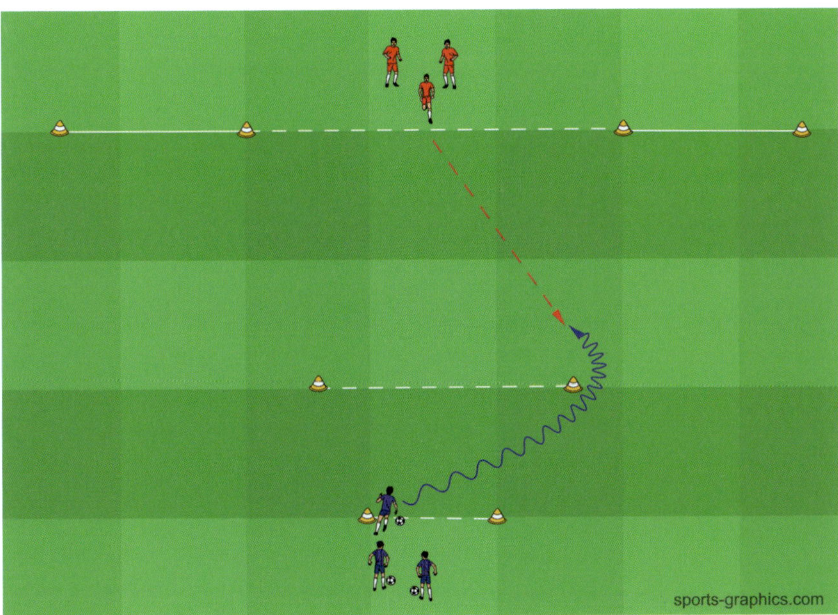

Organisation und Ablauf

- Eine Dribbellinie mit drei Hütchentoren einrichten, wobei ein Hütchentor 10 Meter und zwei Hütchentore fünf Meter groß sind.
- Acht Meter vor der Linie ein weiteres, fünf Meter großes Hütchentor aufbauen und dann vier Meter weiter ein Hütchentor als Startlinie aufstellen.
- Angreifer und Verteidiger zuteilen.
- Die Verteidiger postieren sich hinter dem 10 Meter großen Hütchentor und die Angreifer am Starthütchentor, wo sich auch die Bälle befinden.
- Der Angreifer startet schräg links oder rechts am Hütchentor vorbei und versucht, durch die Hütchentore zu dribbeln.
- Der Verteidiger läuft dem Angreifer entgegen, macht die Mitte zu und lenkt ihn nach außen.
- Befinden sich beide Spieler weiter außen, drängt der Verteidiger ihn noch weiter nach außen und verhindert den Durchbruch auf das äußere Tor.
- Endet die Aktion, werden die Aufgaben gewechselt.

Variation

- Erobert der Verteidiger den Ball, kann er durch das mittlere Hütchentor dribbeln.

Coachinghinweise

- Den Durchbruch nach innen verhindern.
- Der Verteidiger soll eine seitliche Stellung einnehmen.
- Das Tempo aufnehmen.
- Den Angreifer nach außen drängen.

1-gegen-1-Angriff II

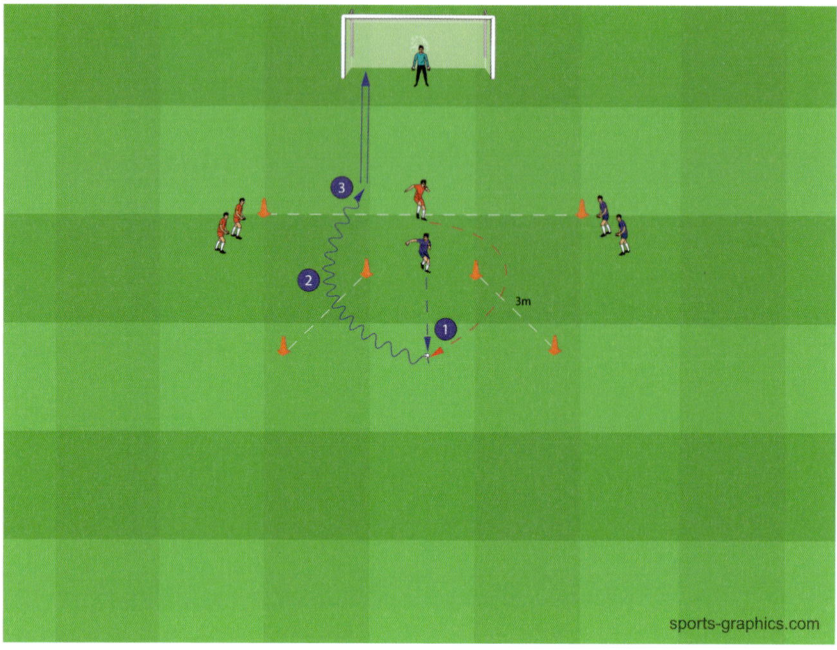

Organisation und Ablauf

- Zwei Hütchentore mit 15 Meter Breite circa 18 Meter vor dem Tor und je zwei Hütchentore mit drei Meter Breite schräg aufstellen.
- Der Verteidiger steht auf der horizontalen Linie und der Angreifer in zwei Meter Abstand vor ihm. Beide stehen mit dem Rücken zum Tor.
- Der Ball liegt zentral zwischen den beiden schrägen Hütchenpaaren.
- Auf Kommando startet der Angreifer zum Ball und der Verteidiger sprintet durch eines der beiden Hütchentore.
- Ziel des Stürmer ist es, durch das andere Hütchentor in Richtung Tor zu dribbeln und zum Abschluss zu kommen, bevor der Verteidiger da ist.

Variationen

- Einen Passgeber einbauen.
- Einen Doppelpass spielen.
- Den Ball in die Tiefe spielen und gehen.

Coachinghinweise

- Reaktion zeigen.
- Einen Antritt ausführen.
- Mit Drehmoment spielen.
- Eine enge Ballführung fordern.
- Einen präzisen Abschluss beachten.

1 gegen 1 auf 1 gegen 1

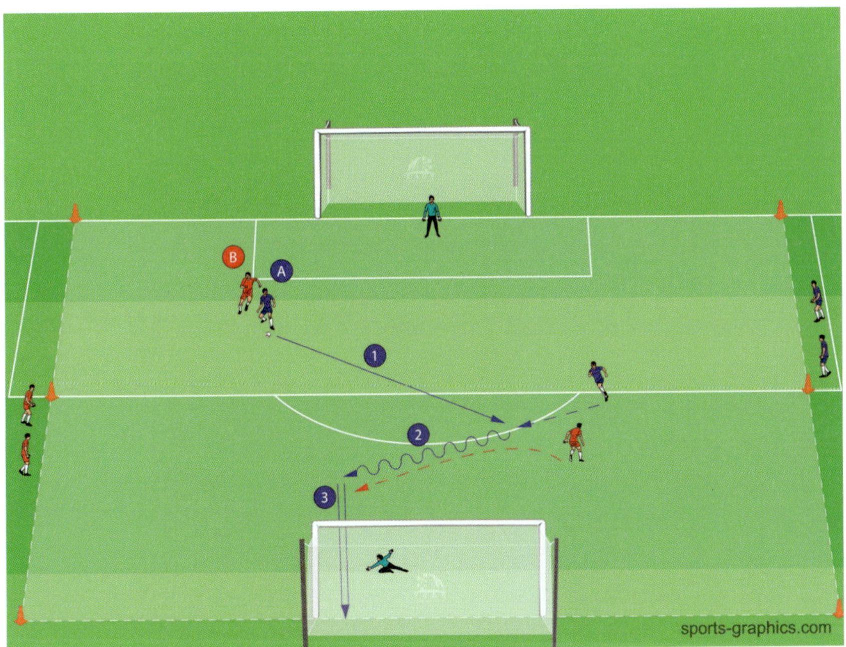

Organisation und Ablauf

- Das Spielfeld ist der doppelte 16-Meter-Raum.
- Je zwei Angreifer und Verteidiger stehen im Feld.
- Der Angreifer mit Ball geht ins 1 gegen 1 gegen seinen Gegenspieler mit dem Ziel, den Mitspieler anzuspielen.
- Der passerhaltende Angreifer dreht sich mit der Ballannahme ins 1 gegen 1 gegen seinen Gegenspieler und sucht den Abschluss.

Variation

- Das Spielfeld in Hälften aufteilen und beide Spielerpaare bespielen nur die eigene Hälfte.

Coachinghinweise

- Eine gegnerüberwindende Ballan- und -mitnahme fordern.
- Passqualität zeigen.
- Einen guten Abschluss zeigen.
- Mit Finten und Körpertäuschungen spielen.
- Einen Antritt einbauen.
- Beweglichkeit fordern.
- Die freien Räume bespielen.

1 gegen 1 vom Flügel ins Zentrum – I

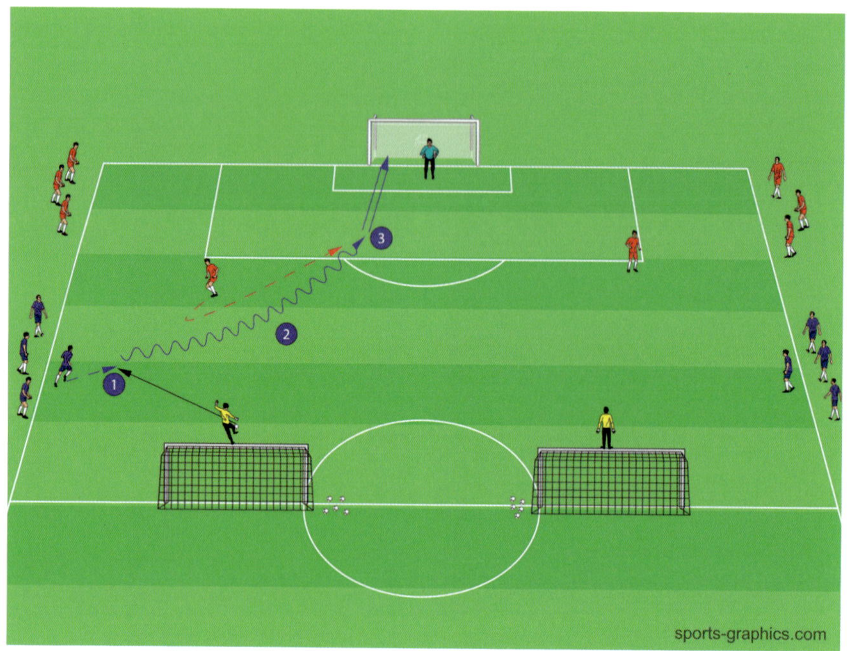

Organisation und Ablauf

- Spielfeld und Spieler gemäß Abbildung markieren bzw. postieren.
- Sobald TW 2 den Ball einspielt, darf der Außenverteidiger den Angreifer anlaufen und stellen.
- Der Außenverteidiger kontert nach Balleroberung auf das Tor von TW 2.

Variation

- Auf ein Hütchentor kontern.

Coachinghinweise

- Individualtaktische Grundlagen abfordern.
- Außenverteidiger: Die Distanz zum Angreifer verkürzen, kurz vor Erreichen abbrechen und ihn stellen.
- Eine seitliche Stellung einnehmen und den inneren Weg zustellen.
- Wenn der Angreifer vorbei ist, versuchen, seinen Laufweg zu schneiden.

1 gegen 1 vom Flügel ins Zentrum – II

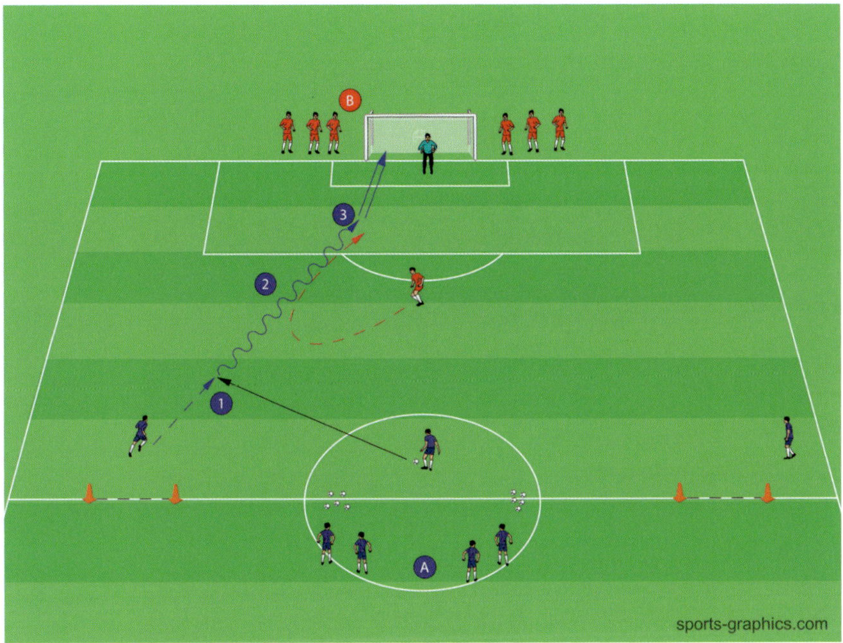

Organisation und Ablauf

- 40 Meter vor dem Tor zwei Kontertore markieren.
- Einen Pass aus dem zentralen Mittelfeld zum Angreifer spielen.
- Der Außenverteidiger startet aus dem Zentrum zum 1 gegen 1.
- Nach Ballgewinn kontert der Außenverteidiger: Er spielt einen Pass durch ein Hütchentor.
- Der Anspieler rückt nach dem Anspiel auf die freie Außenposition.

Variation

- Der Torhüter spielt einen Flugball auf den Angreifer.

Coachinghinweise

- Individualtaktische Grundlagen abfordern.
- Defensive: Den Angreifer nach außen drängen und die innere Linie zumachen.
- Mit Tempo anlaufen, vorher abstoppen und den Angreifer stellen.
- Falls er außen vorbei will, seinen Laufweg kreuzen.
- Rechtzeitig das Lauftempo nach hinten aufnehmen.

1 gegen 1 am Flügel

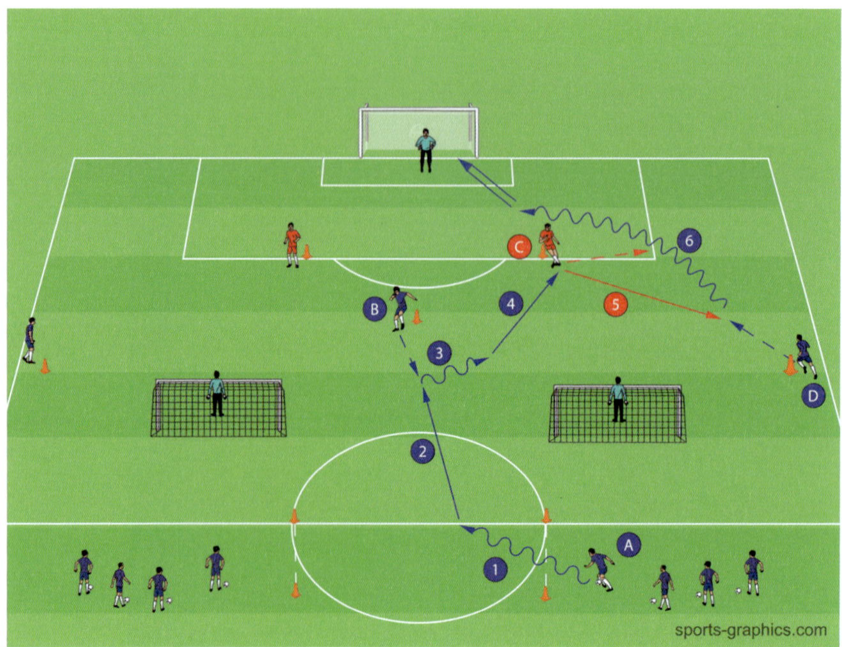

Organisation und Ablauf

» Spieler A passt den Ball auf Spieler B, Spieler B passt den Ball auf Spieler C (Verteidiger), Spieler C leitet den Ball weiter auf Spieler D
» Spieler D wird zum Angreifer (über den Flügel) und muss ins 1 gegen 1 gegen Spieler C.
» Spieler D versucht, auf das große Tor zum Abschluss zu kommen, bei Balleroberung kann Spieler C auf das Konter-Minitor abschließen.
» Jeder Spieler rückt eine Position weiter (Passweg = Positionswechsel).

Variation

» Die Flügelseite wechseln.

Coachinghinweise

» Den Blick nur auf den Ball richten.
» Die Geschwindigkeit des Gegners reduzieren.
» Ein enges Tempodribbling fordern.
» Die Innenbahn „abklemmen".
» Abwehrfinten einsetzen.

1 gegen 1 im Rücken

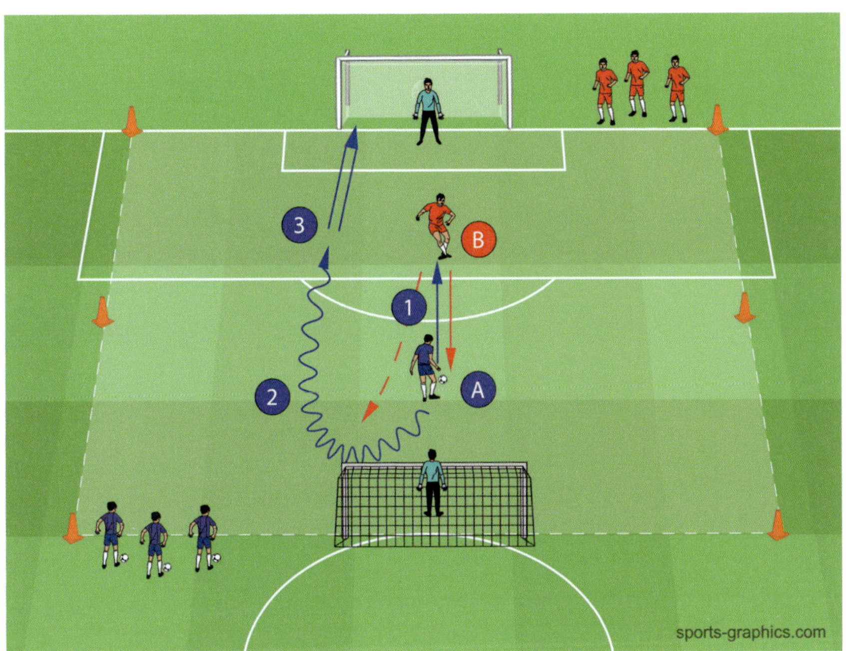

Organisation und Ablauf

- A und B passen sich den Ball zu.
- Sobald A den Ball durch die Beine gerollt hat, startet B zum 1 gegen 1.
- Erobert B den Ball, kontert er auf das Tor.
- Anschließend laufen die nächsten Spieler ein.

Variation

- Bevor es zum Doppelpass kommt, wirft der Torhüter den Angreifer hoch an.

Coachinghinweise

- Auf druckvolle Pässe achten.
- Präzises Passspiel einfordern.
- Den Angreifer auf den schwachen Fuß lenken.
- Das Tempo des Angreifers aufnehmen.

1 gegen 1 mit Football

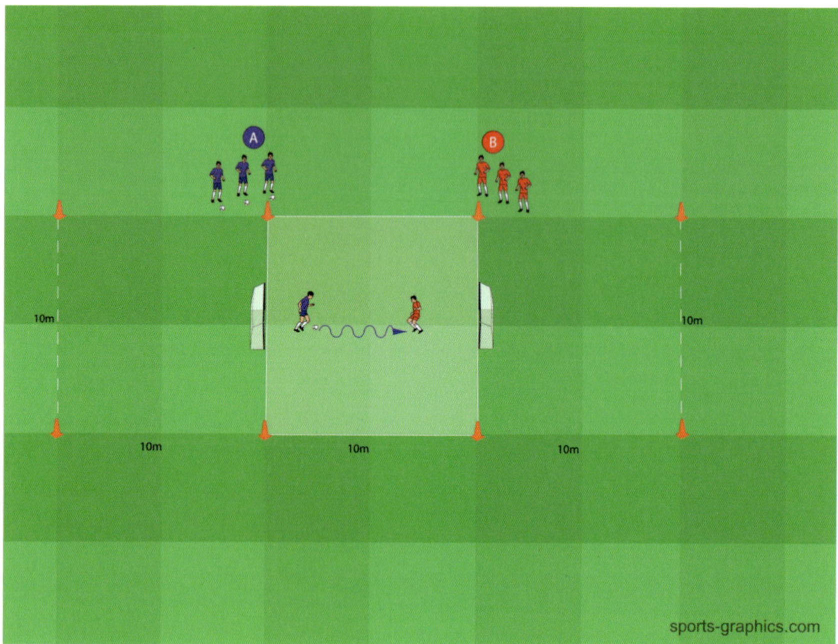

Organisation und Ablauf

» 10 x 10 Meter große Felder abstecken.
» Jeweils ein Minitor an zwei Enden der Felder stellen.
» Die Mannschaft in eine sinnvolle Anzahl von Teams aufteilen, jeweils zwei Teams treten auf einem Feld an.
» Team A dribbelt den Ball ins Feld und muss ins 1 gegen 1 gegen Spieler von Team B.
» Der Gewinner schließt ins Minitor ab.

Variation

» Die Größe des Felds ist variierbar.

Coachinghinweise

» Die Intensität hochhalten.
» Schnelle Runden spielen.
» Eine Zeitbegrenzung einführen und im Laufe der Übung nach unten korrigieren.
» Die Teams je Feld durchwechseln.
» Die Punkte zählen.

1 gegen 1 mit Option I

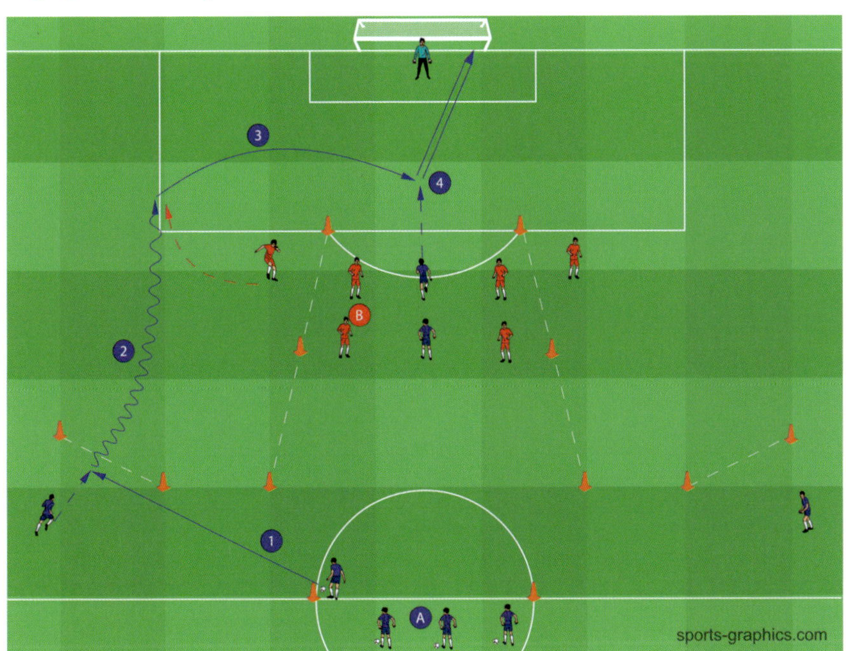

Organisation und Ablauf

- Ein Spieler von Team A passt den Ball zu einem weiteren Spieler in Blau, der das Zuspiel nach vorne mitnimmt.
- Team Rot rückt mit dem Anspiel heraus, stellt den Angreifer und lenkt ihn nach außen.
- Gelingt Farbe 1 der Durchbruch, soll in die Mitte geflankt werden.
- Farbe 2 versucht, dies zu verhindern.

Variation

- Optional darf der zweite Spieler von Team Blau auch nach innen ziehen und schießen.

Coachinghinweise

- Den Angreifer nach außen lenken.
- Das Tempo des Angreifers aufnehmen.

1 gegen 1 mit Option II

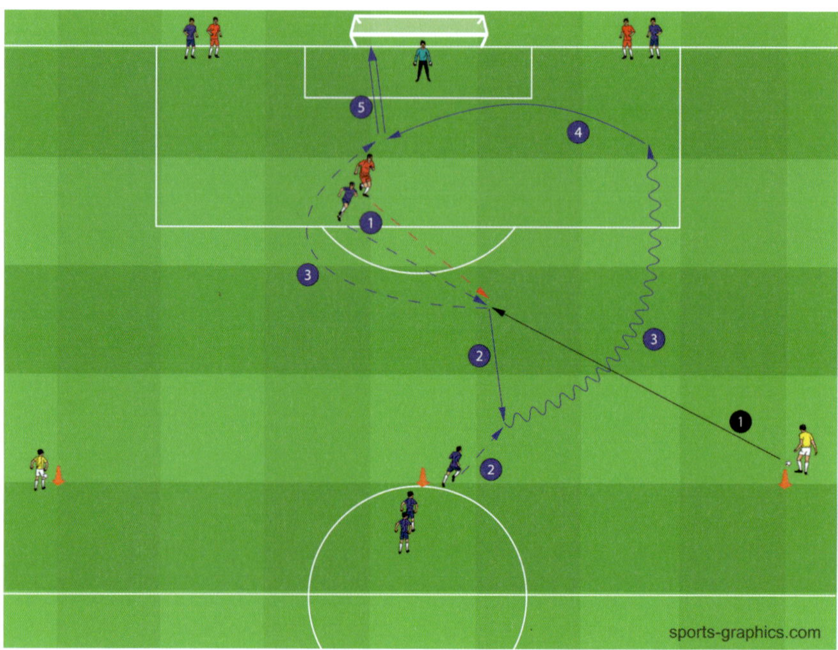

Organisation und Ablauf

- Der Anspieler passt auf den Angreifer vor das Tor.
- Gleichzeitig startet der erste Spieler vom zentralen Positionshütchen ins Feld nach.
- Der Passempfänger kann nun versuchen, im 1 gegen 1 gegen den Verteidiger selbst zum Torabschluss zu kommen oder auf den nachstartenden Angreifer abzulegen.
- In diesem Fall spielen die Angreifer im 2 gegen 1 bis zum Torabschluss.

Variationen

- Gelingt es dem Angreifer, im 1 gegen 1 einen Treffer zu erzielen, so zählt dieser Treffer doppelt.
- Einen weiteren Verteidiger zum 2 gegen 2 ins Feld nachstarten lassen.

Coachinghinweise

- Der Verteidiger soll den Angreifer sofort bei der Ballkontrolle intensiv unter Druck setzen.
- Als Trainer die Spieler stets darauf hinweisen, die Angriffe schnell und zielstrebig zum Abschluss zu bringen.
- Nach jeweils drei Durchgängen die Positionen und Aufgaben wechseln.

1 gegen 1 – Passspiel

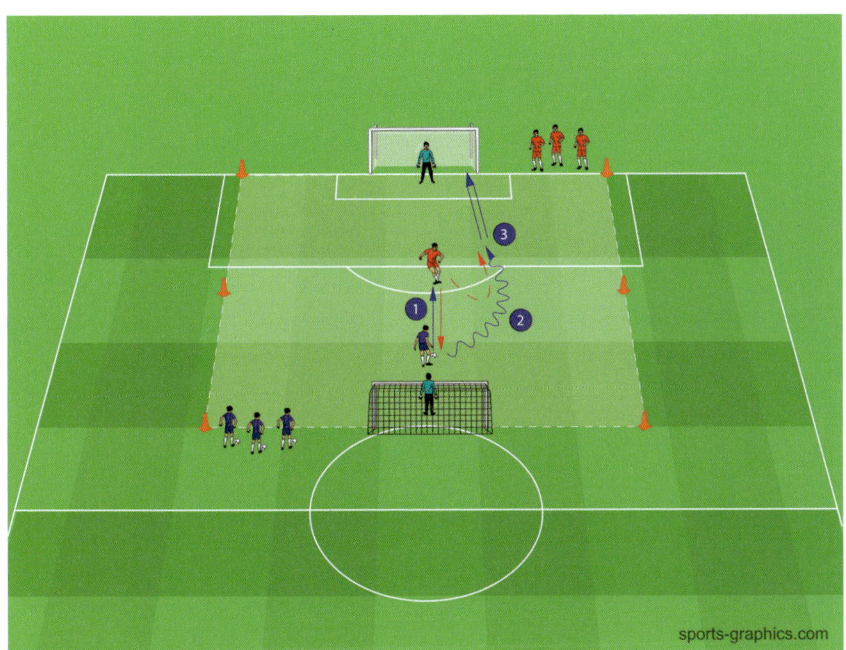

Organisation und Ablauf

- Farbe 1 und Farbe 2 passen sich den Ball aus etwa acht Metern Entfernung zu.
- Nach 10 Zuspielen nimmt Farbe 1 den Ball nach vorne mit und geht ins 1 gegen 1.

Variation

- Rollenverteilung: Der Trainer bestimmt Stürmer und Verteidiger.

Coachinghinweise

- Farbe 1 ist Angreifer.
- Farbe 2 ist Verteidiger.
- Den Angreifer auf den schwachen Fuß lenken.
- Das Tempo des Angreifers aufnehmen.

1 gegen 1 – Stand

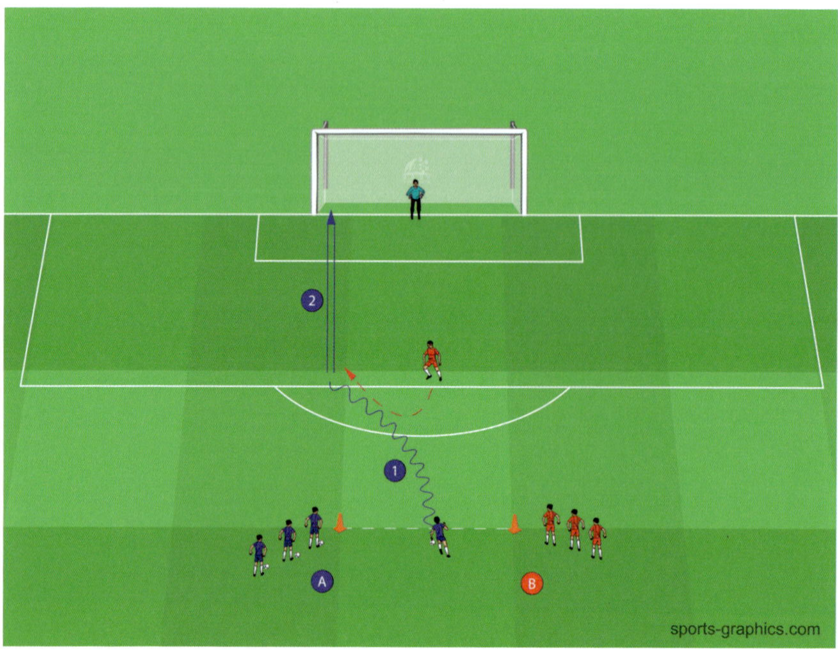

Organisation und Ablauf

» Die Startlinie ist circa 25 Meter vor dem Tor.
» Die Mannschaft in zwei Teams aufteilen.
» Team A dribbelt an, Team B geht als Verteidiger ins 1 gegen 1.
» Team A muss zum Abschluss kommen.
» Danach geht ein Spieler von Team A in die Verteidigerrolle und Team B greift an.

Variation

» Die Startlinie zurücksetzen.

Coachinghinweise

» Die Punkte zählen.
» Die Angriffszeit begrenzen.
» Die Intensität hochhalten.
» Den Verteidiger anfeuern.
» Abschlussqualität einfordern.

1 gegen 1 im Strafraum – I

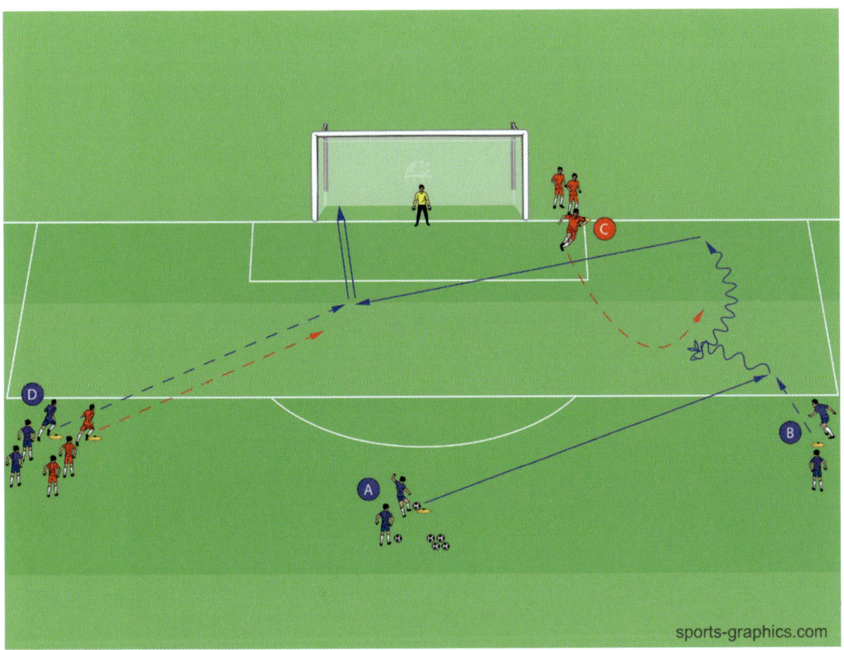

Organisation und Ablauf

» A passt zu B, der das Zuspiel nach vorne mitnimmt.
» C rückt mit dem Anspiel heraus, stellt den Angreifer und lenkt ihn nach außen.
» Gelingt Farbe 1 der Durchbruch, soll in die Mitte geflankt werden.
» Farbe 2 versucht, dies zu verhindern.

Variation

» Optional darf B auch nach innen ziehen und schießen.

Coachinghinweise

» Den Angreifer nach außen lenken.
» Das Tempo des Angreifers aufnehmen.

1 gegen 1 im Strafraum – II

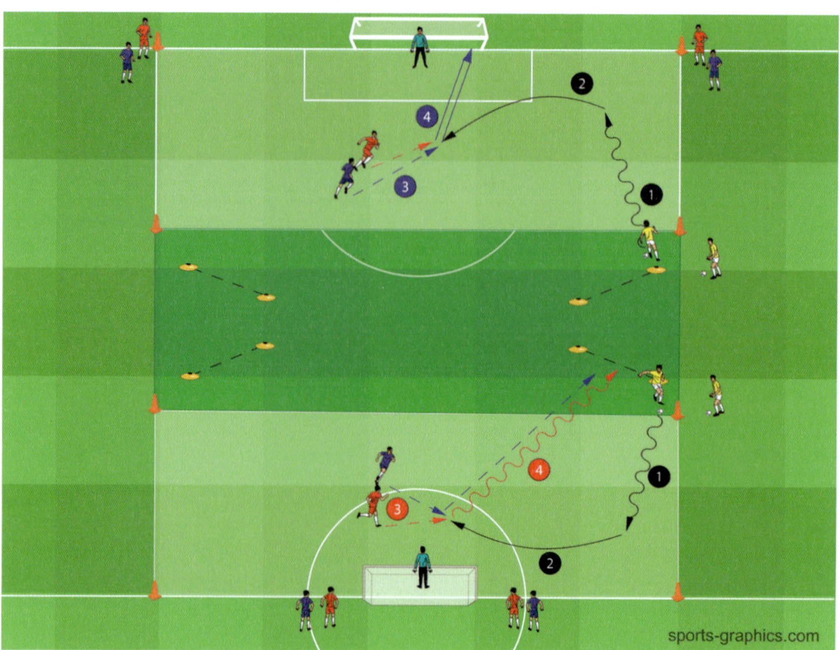

Organisation und Ablauf

- Der Anspieler passt auf den Angreifer vor dem Tor.
- Gleichzeitig startet der erste Spieler vom zentralen Positionshütchen ins Feld nach.
- Der Passempfänger kann nun versuchen, im 1 gegen 1 gegen den Verteidiger selbst zum Torabschluss zu kommen oder auf den nachstartenden Angreifer abzulegen.
- In diesem Fall spielen die Angreifer im 2 gegen 1 bis zum Torabschluss.

Variationen

- Gelingt es dem Angreifer, im 1 gegen 1 einen Treffer zu erzielen, so zählt dieser Treffer doppelt.
- Einen weiteren Verteidiger zum 2 gegen 2 ins Feld nachstarten lassen.

Coachinghinweise

- Der Verteidiger soll den Angreifer sofort bei der Ballkontrolle intensiv unter Druck setzen.
- Als Trainer die Spieler stets darauf hinweisen, die Angriffe schnell und zielstrebig zum Abschluss zu bringen.
- Nach jeweils drei Durchgängen die Positionen und Aufgaben wechseln.

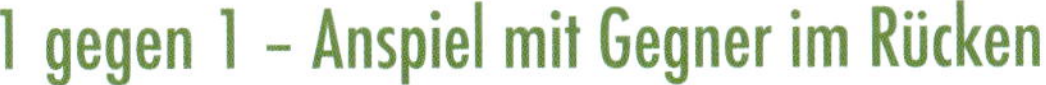

1 gegen 1 – Anspiel mit Gegner im Rücken

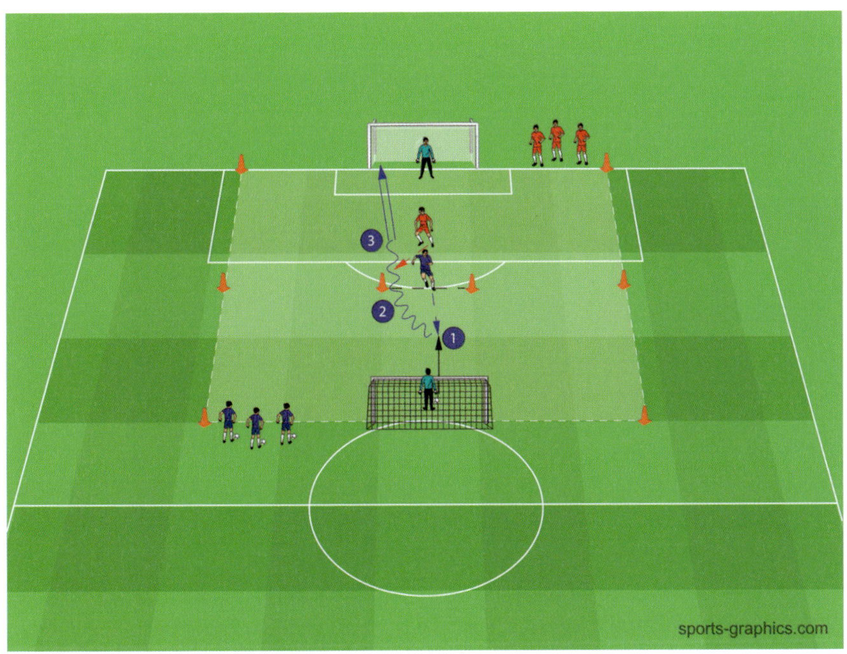

Organisation und Ablauf

» Der Torwart rollt den Ball auf Blau.
» Blau geht dem Ball kurz entgegen und dreht sich.
» Danach geht er in eine 1-gegen-1-Situation.
» Rot lässt das Aufdrehen von Blau zu und versucht, den Ball zu erobern.
» Freies Spiel bis zum Torabschluss erlauben.

Coachinghinweise

» Den Angreifer auf den schwachen Fuß lenken.
» Das Tempo des Angreifers aufnehmen.

1 gegen 1 mit Zuspiel

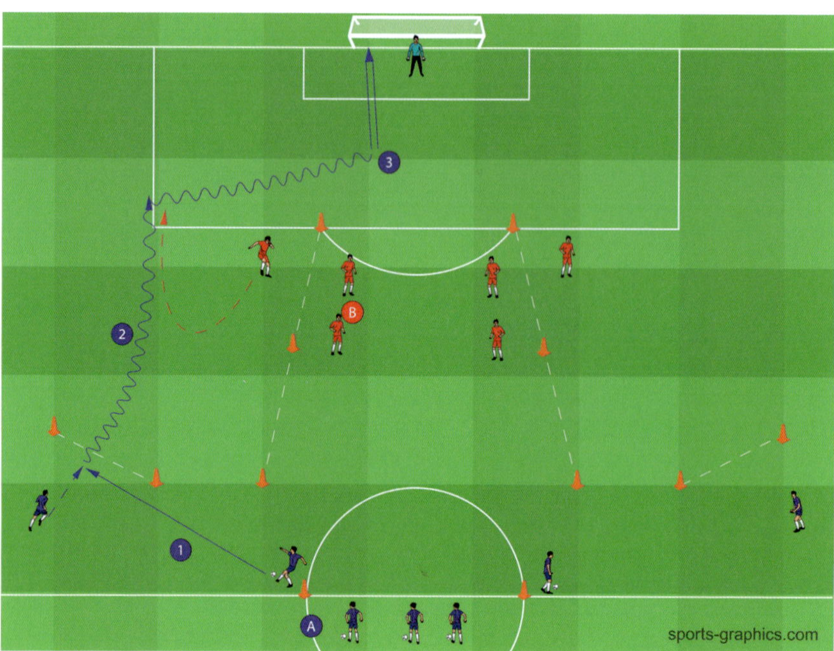

Organisation und Ablauf

» Zwei Starthütchen an der Mittellinie auf dem Halbkreis sowie zwei Hütchentore am Flügel seitlich aufstellen. Mit weiteren Hütchen einen Korridor im Zentrum markieren.
» Zwei Teams bilden.
» Die Angreifer verteilen sich an den Hütchen an der Mittellinie und am Flügel.
» Je ein Verteidiger steht auf jeder Seite.
» Die Angreifer starten die Aktion, indem der Spieler am rechten Hütchen an der Mittellinie einen Pass zum Mitspieler auf den linken Flügel spielt (1).
» Der Angreifer am Flügel kontrolliert das Zuspiel, dribbelt durch das Hütchentor, versucht, im 1 gegen 1 vorbeizukommen (2) und einen Treffer zu erzielen (3).

Variation

» Der Verteidiger kann bei Balleroberung durch das Hütchentor dribbeln.

Coachinghinweise

» Das Zuspiel erfolgt in die Bewegung des Mitspielers.
» Auf den ersten Kontakt achten, dass er in die Bewegung mitgenommen wird.
» Mit hohem Tempo ins Dribbling gehen.

1 gegen 1 – Verlagerung

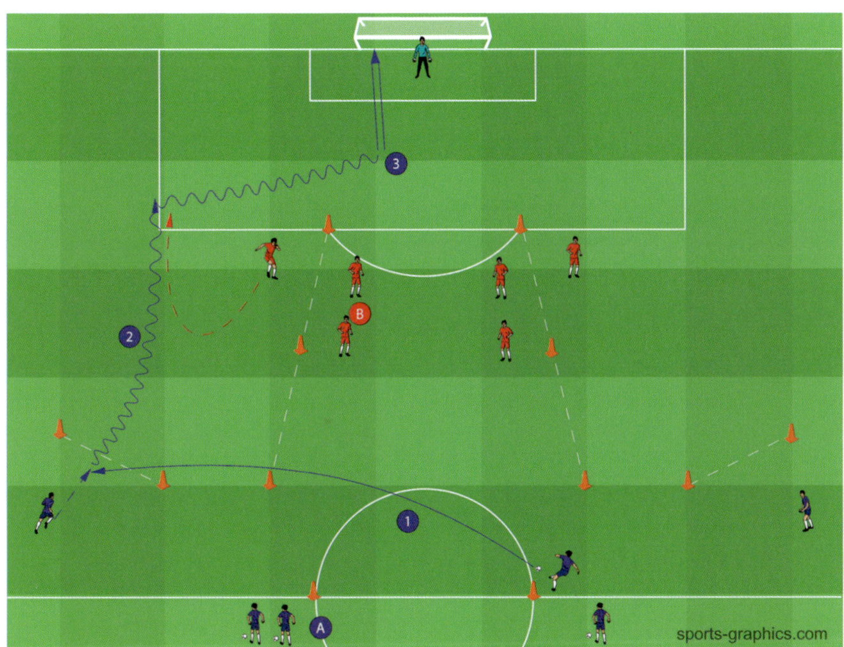

Organisation und Ablauf

» Zwei Starthütchen an der Mittellinie auf dem Halbkreis sowie zwei Hütchentore am Flügel seitlich aufstellen. Mit weiteren Hütchen einen Korridor im Zentrum markieren.
» Zwei Teams bilden.
» Die Angreifer verteilen sich an den Hütchen an der Mittellinie und am Flügel.
» Je ein Verteidiger steht auf jeder Seite.
» Die Angreifer starten die Aktion, indem der Spieler am rechten Hütchen an der Mittellinie einen Pass zum Mitspieler auf den linken Flügel spielt (1).
» Der Angreifer am Flügel kontrolliert das Zuspiel, dribbelt durch das Hütchentor, versucht, im 1 gegen 1 vorbeizukommen (2) und einen Treffer zu erzielen (3).

Variation

» Der Verteidiger kann bei Balleroberung durch das Hütchentor dribbeln.

Coachinghinweise

» Das Zuspiel erfolgt in die Bewegung des Mitspielers.
» Auf den ersten Kontakt achten, dass er in die Bewegung mitgenommen wird.
» Mit hohem Tempo ins Dribbling gehen.

1 gegen 1 – Auftakt

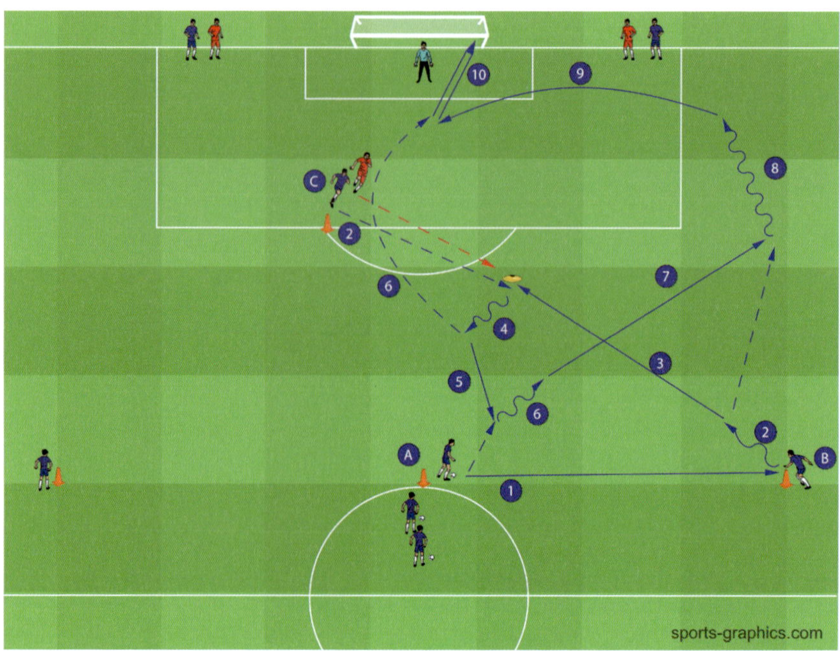

Organisation und Ablauf

» A passt zu B, der das Zuspiel direkt auf den entgegenstartenden Angreifer C weiterleitet.

» Dabei wird dieser vom Verteidiger unter Druck gesetzt.

» C kontrolliert das Zuspiel und legt auf A ab, der in den Lauf von B passt.

» B dribbelt in Richtung Grundlinie und spielt flach auf den vor das Tor startenden Angreifer, der ohne Gegnerdruck abschließt.

Variationen

» Ohne Verteidiger spielen.

» Der Verteidiger setzt den Angreifer auch beim Torabschluss unter Druck.

Coachinghinweise

» Der Angreifer soll lernen, entschlossen zum Ball zu starten und den Ball gegenüber dem Verteidiger zu behaupten.

» Nach dem Rückspiel zu A soll sich der Angreifer mit einem Bogenlauf zum Torabschluss in Position bringen.

1 gegen 1 – Doppelaktion

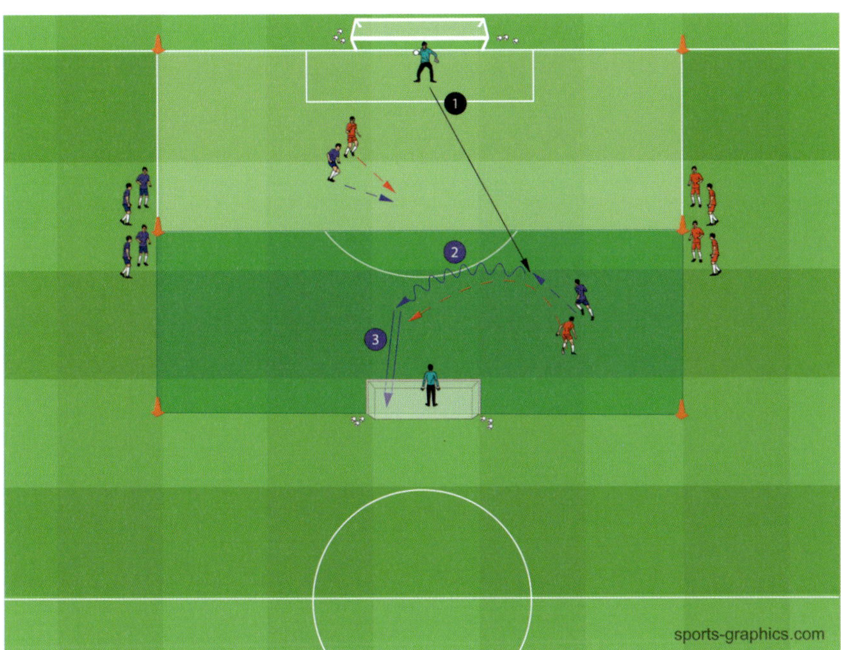

Organisation und Ablauf

- Um den doppelten 16-Meter-Raum ein Spielfeld mit zwei Toren einrichten.
- Die Mittellinie markieren.
- Zwei Teams bilden mit Torhütern.
- Aus jedem Team zwei Spieler ins Feld postieren.
- Der Torhüter startet mit einem Abwurf auf den Angreifer in der anderen Zone die Aktion.
- Der Angreifer hat nun die Möglichkeit, ins 1 gegen 1 zu gehen oder einmal auf seinen Mitspieler in der eigenen Hälfte abzulegen.
- Erzielen die Angreifer einen Treffer, bleiben sie in der nächsten Aktion in Ballbesitz.
- Erobert der Verteidiger den Ball in der eigenen Hälfte, kann er ihn zum Mitspieler in der Angriffszone passen und das Angriffsrecht wechselt.
- Nach zwei Aktionen rücken neue Spieler ins Feld.

Variationen

- Die Tore zählen doppelt, wenn der Angreifer im direkten 1 gegen 1 einen Treffer erzielt.
- Nach dem Ablegen des Balls oder einer Balleroberung wird die Aktion im 2 gegen 2 fortgesetzt.

Coachinghinweis

- Vororientierung des Angreifers zum Gegenspieler, ob er in eine frontale Position aufdrehen kann oder nicht.

1-gegen-1-Angriffsspiel

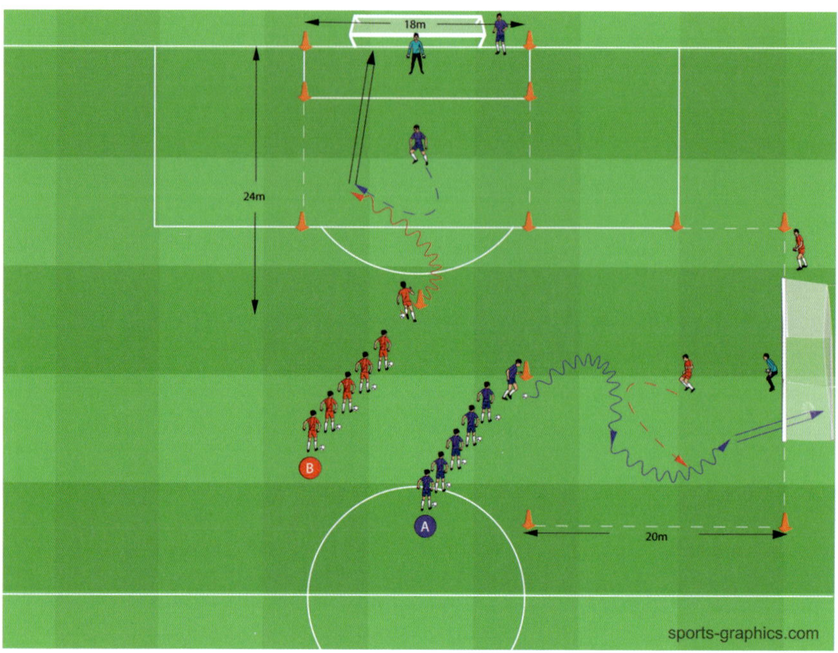

Organisation und Ablauf

- Auf der Grund- und einer Seitenlinie einer Spielfeldhälfte zwei Tore mit Torhütern aufstellen.
- Vor den Toren je einen Angriffskorridor markieren.
- Zwei Teams bilden.
- Je zwei Verteidiger benennen.
- Jeweils ein Verteidiger postiert sich 20 Meter vor dem Tor, der jeweils andere pausiert neben dem Tor.
- 24 Meter vor den Toren je ein Starthütchen aufstellen.
- Die Angreifer mit je einem Ball an den Starthütchen aufstellen.
- Die jeweils ersten Angreifer starten vom Hütchen ins 1 gegen 1 gegen die Verteidiger und versuchen, auf das Tor abzuschließen.

Variationen

» Die Angreifer von verschiedenen Startpunkten (auch diagonal) auf die Tore zudribbeln lassen.
» Einen Teamwettbewerb durchführen: Jeder Treffer zählt einen Punkt für die Mannschaftswertung.
» Auch die Verteidiger können Punkte erzielen: Gelingt es ihnen, den Ball zu erobern (nicht nur wegschießen), erhalten sie ebenfalls einen Punkt für die Mannschaftswertung.

Coachinghinweise

» Die Verteidiger wechseln sich nach jeweils drei Aktionen ab.
» Jedes Dribbling darf nicht länger als 10 Sekunden dauern. Ansonsten den Versuch abbrechen!
» Dreht sich der Angreifer mit dem Rücken zum Verteidiger bzw. zum Tor, den Versuch ebenfalls abbrechen!
» Die Angreifer sollen mit höchstmöglichem Tempo auf die Verteidiger zudribbeln. Dabei den Ball möglichst eng am Fuß führen.
» Möglichst präzise Torschüsse fordern: Nicht nur hart, aber möglicherweise ungenau auf das Tor schießen.

1-gegen-1-Angriffsspiel nach Ballannahme

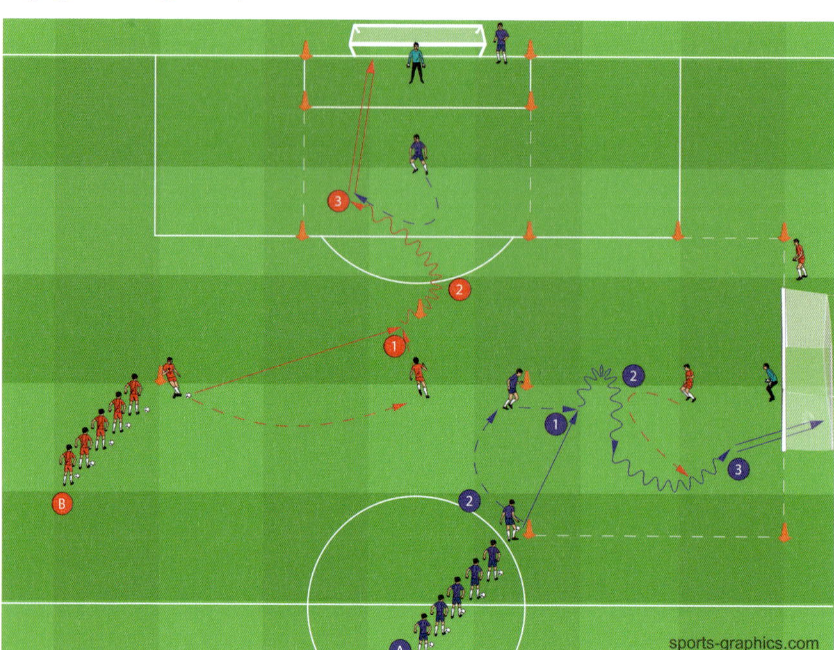

Organisation und Ablauf

» Die Spieler gleichmäßig auf die Start- und Positionshütchen verteilen.
» Die Zuspieler passen auf die Angreifer, die vom Starthütchen in Richtung Tor starten.
» Die Angreifer nehmen das Zuspiel ins 1 gegen 1 gegen den Verteidiger an und mit und versuchen, auf das Tor abzuschließen.
» Die Positionen und Aufgaben nach jeder Aktion wechseln.

Variationen

» Die Zuspielpositionen der Passgeber variieren.
» Die Passentfernungen verändern.
» Einen Teamwettbewerb durchführen: Jeder Treffer zählt einen Punkt für die Mannschaftswertung.
» Auch die Verteidiger können Punkte erzielen: Gelingt es ihnen, den Ball zu erobern (nicht nur wegschießen), erhalten sie ebenfalls einen Punkt für die Mannschaftswertung.

Coachinghinweise

» Die Verteidiger wechseln sich nach jeweils drei Aktionen ab.
» Auf eine saubere Ballan- und -mitnahme in die Bewegungsrichtung achten!
» Mit möglichst hohem Tempo dribbeln.
» Jedes Dribbling darf nicht länger als 10 Sekunden dauern. Ansonsten den Versuch abbrechen!
» Dreht sich der Angreifer mit dem Rücken zum Verteidiger bzw. zum Tor, den Versuch ebenfalls abbrechen!
» Das Spielergebnis laut mitzählen!

1-gegen-1-Duelle

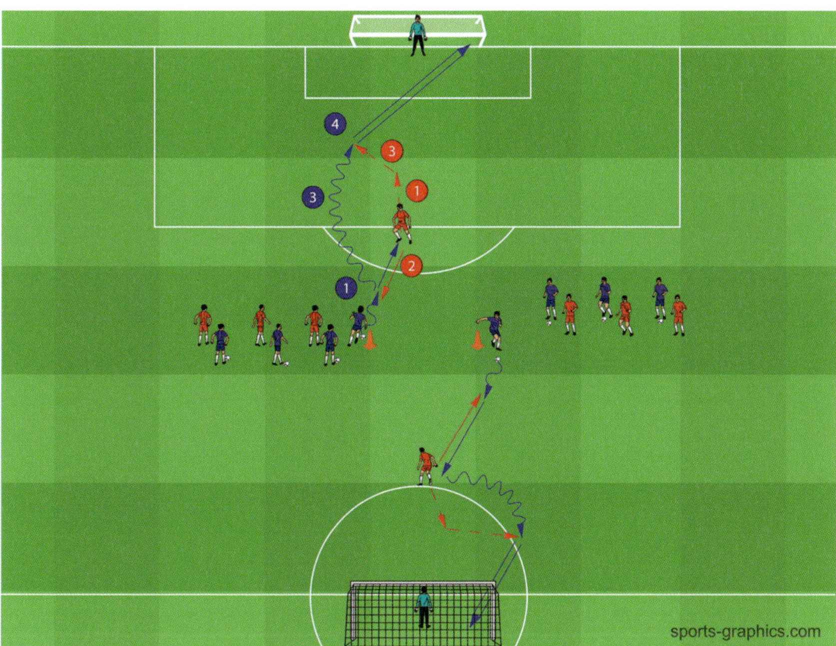

Organisation und Ablauf

- Das halbe Feld dient als Spielfeld.
- Jeweils zwei Tore an die Enden stellen.
- Die Mannschaft in zwei Teams aufteilen.
- Zwei Hütchen auf Pfostenhöhe in die Mitte des Felds stellen.
- Jeweils ein Hütchen auf die beiden Hälften der Felder stellen.
- Dort startet der Verteidiger.
- Das angreifende Team passt den Ball zum Verteidiger, der passt den Ball zurück.
- Der Verteidiger muss in Richtung des Tors um das Hütchen herumlaufen und dann ins 1 gegen 1 gegen den Angreifer gehen.
- Danach folgt der Torabschluss.
- Der Angreifer wird zum Verteidiger.

Variation

- Die Hütchenpositionen variieren.

Coachinghinweise

- Die Punkte zählen.
- Pass-/und Schussqualität einfordern.
- Den Verteidiger anfeuern.
- Die Angriffszeit begrenzen.
- Den Angreifer vom eigenen Tor wegverteidigen (nach außen).

1 gegen 1 frontal auf zwei kleine Tore – I

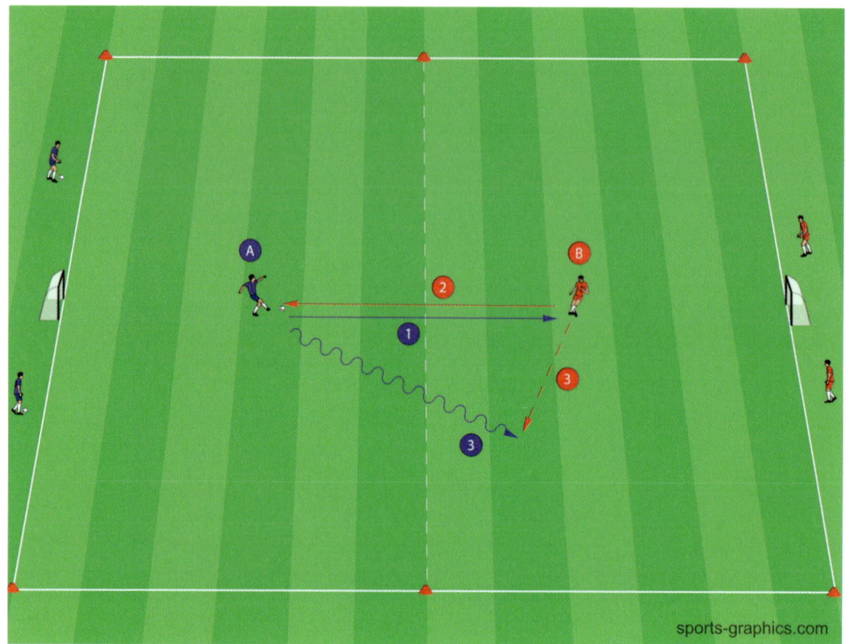

Organisation und Ablauf

- Das Spielfeld ist 15 x 20 Meter groß.
- Das Spielfeld in der Mitte noch einmal teilen.
- An die Enden beider Seiten ein Minitor stellen.
- Die Mannschaft in zwei Teams aufteilen.
- Team A startet mit Ball ins Feld und passt Team B in den Fuß.
- Es folgt ein direkter Rückpass.
- Team A geht ins 1 gegen 1 gegen Team B.
- Der 1-gegen-1-Gewinner schießt ins Minitor.

Variation

- Die Spielfeldgröße anpassen.

Coachinghinweise

- Die Punkte zählen.
- Passqualität einfordern.
- Die Angriffszeit begrenzen.
- Den Angreifer nach außen verteidigen.
- Aggressivität anregen und einfordern.

1 gegen 1 frontal auf zwei kleine Tore – II

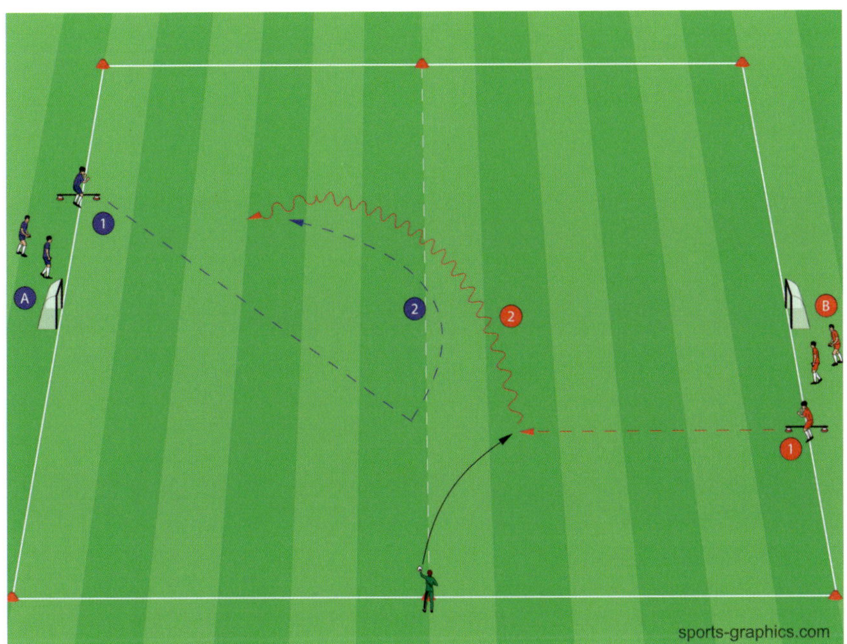

Organisation und Ablauf

- Das Spielfeld ist 15 x 20 Meter groß.
- Das Spielfeld in der Mitte noch einmal teilen.
- An die Enden beider Seiten ein Minitor stellen.
- Die Mannschaft in zwei Teams aufteilen.
- Der Trainer startet das Duell.
- Beide Spieler müssen mit Sidesteps durch den abgesteckten Bereich laufen.
- Dann wirft der Trainer den Ball ein und die Spieler starten das Laufduell.
- Der ballbesitzende Spieler geht ins 1 gegen 1.
- Der Gewinner schließt ins Minitor ab.

Variationen

- Die Spielfeldgröße anpassen.
- Den Ball in die Mitte des Felds legen, anstatt ihn einzuwerfen.

Coachinghinweise

- Die Punkte zählen.
- Die Angriffszeit begrenzen.
- Den Angreifer nach außen verteidigen.
- Aggressivität anregen und einfordern.
- Volle Intensität im Laufduell einfordern.
- Kein Meckern wegen des Balleinwerfens zulassen.

1 gegen 1 frontal auf zwei kleine Tore – III

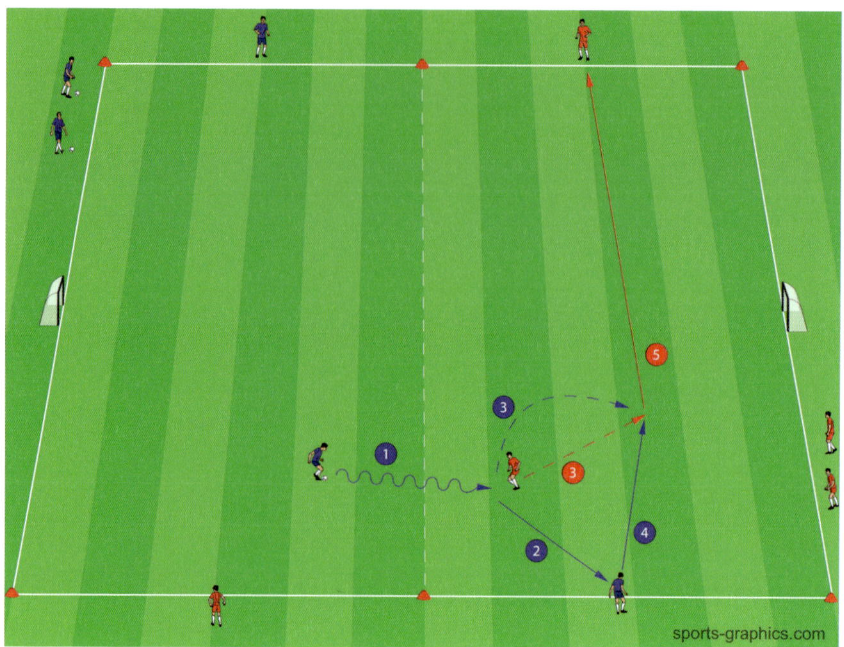

Organisation und Ablauf

» Die Spielfeldgröße beträgt 15 x 20 Meter.
» Das Spielfeld in der Mitte noch einmal teilen.
» An die Enden beider Seiten ein Minitor stellen.
» Die Mannschaft in zwei Teams aufteilen.
» Der Angreifer dribbelt in die andere Hälfte und sucht den Doppelpass mit dem Außenspieler, der ihm den Ball in den Lauf spielt.
» Erobert der Verteidiger den Ball, sucht er seinen Mitspieler an der Außenlinie, um mit einem Doppelpass in die gegnerische Hälfte zu gelangen und einen Treffer zu erzielen.

Variation

» Die Spielfeldgröße anpassen.

Coachinghinweise

» Die Punkte zählen.
» Die Angriffszeit begrenzen.
» Aggressivität anregen und einfordern.
» Volle Intensität im Laufduell fordern.

1 gegen 1 frontal in den Viereckllinien

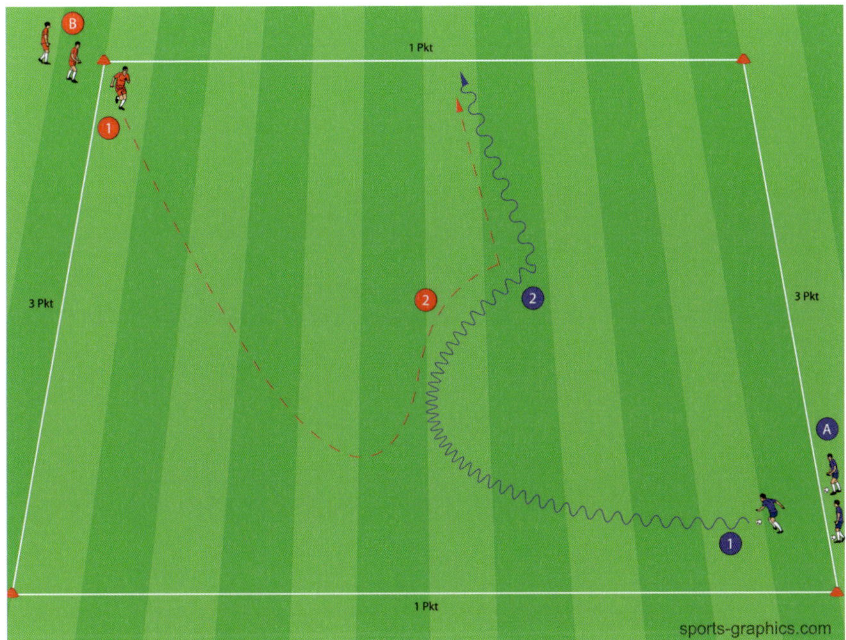

Organisation und Ablauf

- Das Spielfeld ist 15 x 20 Meter groß.
- Die Mannschaft in zwei Teams aufteilen.
- Beide Teams starten jeweils in einer Ecke, natürlich entgegengesetzt.
- Team A startet mit Ball ins Feld.
- Läuft der Spieler mit dem Ball auf der kurzen Seite ins Aus, gibt es einen Punkt.
- Läuft der Spieler mit dem Ball auf der langen Seite ins Aus, gibt es drei Punkte.
- Team B geht als Verteidiger ins 1 gegen 1 und hat die Möglichkeit, den Ball zu gewinnen und selbst Punkte zu machen.

Variationen

- Die Spielfeldgröße anpassen.
- Die Punktzahlen anpassen.

Coachinghinweise

- Die Punkte zählen.
- Die Angriffszeit begrenzen.
- Aggressivität anregen und einfordern.
- Höchste Laufintensität einfordern.

1 gegen 1 frontal im Viereck auf Tore

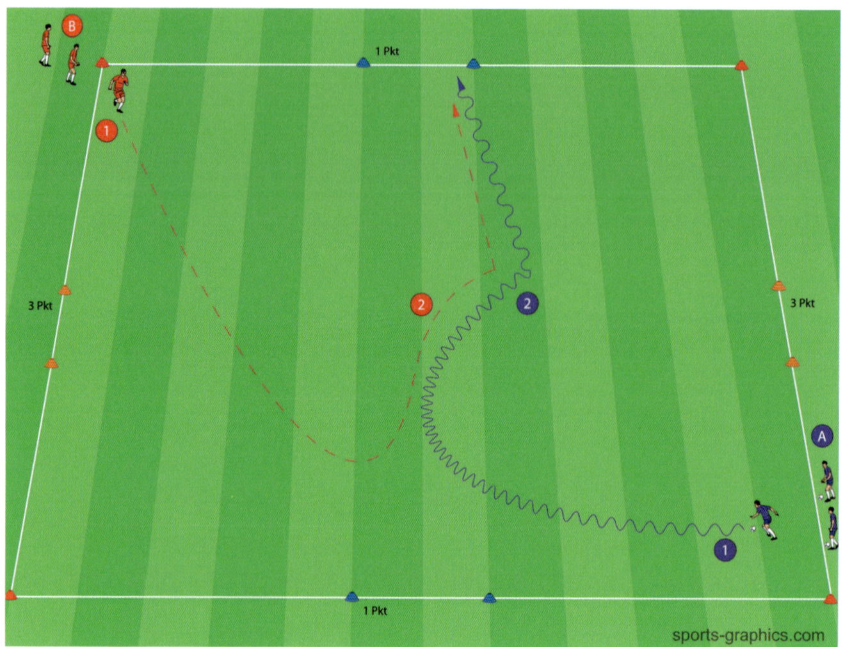

Organisation und Ablauf

- Das Spielfeld ist 15 x 20 Meter groß.
- Die Mannschaft in zwei Teams aufteilen.
- Beide Teams starten jeweils in einer Ecke, natürlich entgegengesetzt.
- Team A startet mit Ball ins Feld.
- Läuft der Spieler mit dem Ball auf der kurzen Seite ins (blaue Hütchentore) Aus, gibt es einen Punkt.
- Läuft der Spieler mit dem Ball auf der langen Seite ins (rote Hütchentore) Aus, gibt es drei Punkte.
- Das Ziel auf den Seiten ist auf zwei Meter begrenzt.
- Team B geht als Verteidiger ins 1 gegen 1 und hat die Möglichkeit, den Ball zu gewinnen und selbst Punkte zu machen.

Variationen

- Die Spielfeldgröße anpassen.
- Die Punktzahlen anpassen.

Coachinghinweise

- Die Punkte zählen.
- Die Angriffszeit begrenzen.
- Aggressivität anregen und einfordern.
- Höchste Laufintensität einfordern.

1 gegen 1 frontal im Wechsel – I

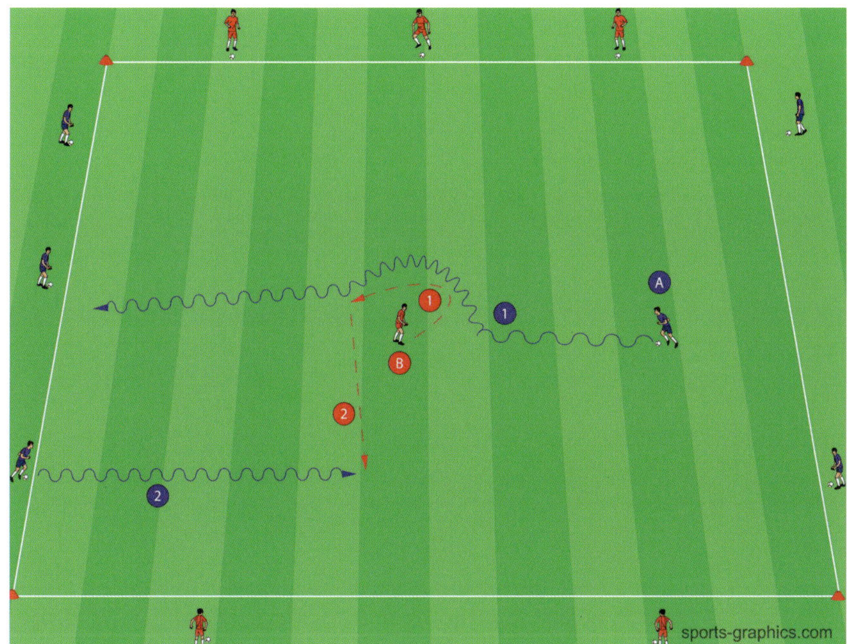

Organisation und Ablauf

- Die Feldgröße beträgt 20 x 20 Meter.
- Zwei Teams bilden.
- Alle Spieler haben einen Ball am Fuß. Die Teams teilen sich jeweils auf die gegenüberliegenden Linien auf. Ein Spieler von Rot ohne Ball kommt ins Viereck als defensiver Spieler.
- Blau beginnt das Dribbling mit dem Ziel, über die gegenüberliegende Linie zu dribbeln.
- Bei erfolgreichem Dribbling über die Linie beginnt der nächste Spieler von Team Blau mit dem Dribbling.

Variation

- Ein Spiel mit zwei Bällen und zwei defensiven Spielern zu Beginn erlauben.

Coachinghinweise

- Die Teams möglichst gerecht einteilen, um den Wettbewerb ausgeglichen zu gestalten.
- Viele Finten und Körpertäuschungen im 1 gegen 1 einbauen.
- Mutig und dynamisch ins 1 gegen 1 gehen.

1 gegen 1 frontal im Wechsel – II

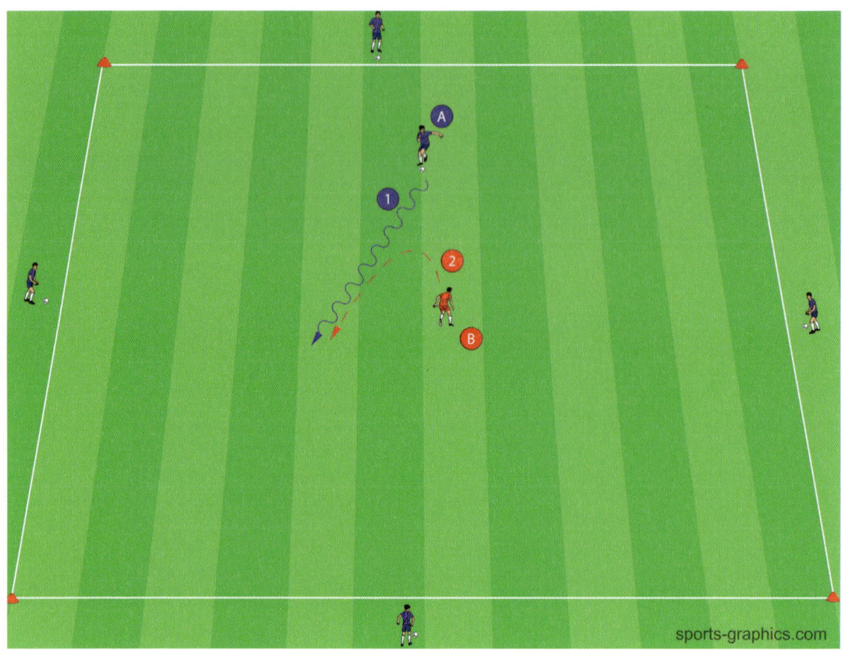

Organisation und Ablauf

- Die Feldgröße beträgt 20 x 20 Meter.
- Je ein Angreifer steht an jeder Linie und ein Verteidiger ist in der Mitte.
- Der Angreifer dribbelt ins Viereck mit dem Ziel, den Ball lange zu halten.
- Der Verteidiger hat das Ziel, den Ball zu erobern.
- Bei Ballverlust wird der Angreifer zum Verteidiger.

Variationen

- Ein Spiel mit zwei Bällen und zwei defensiven Spielern zu Beginn erlauben.
- Die Linien überspielen.
- Auf zwei Minitore spielen.

Coachinghinweise

- Die Teams möglichst gerecht einteilen, um den Wettbewerb ausgeglichen zu gestalten.
- Viele Finten und Körpertäuschungen im 1 gegen 1 einbauen.
- Mutig und dynamisch ins 1 gegen 1 gehen.
- Harte und faire Zweikämpfe fordern.

1 gegen 1 frontal mit Balllinien

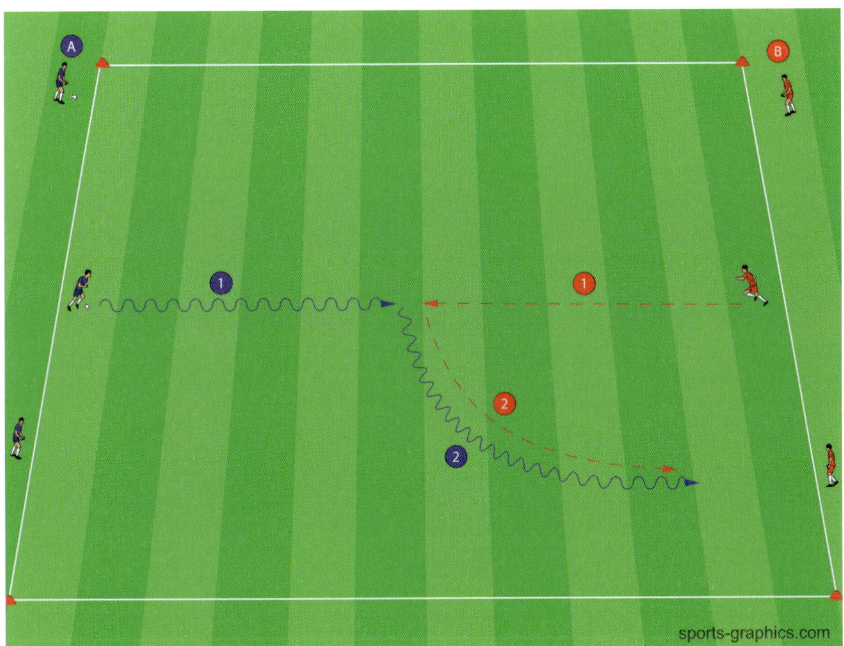

Organisation und Ablauf

- Die Feldgröße beträgt 20 x 20 Meter.
- Zwei Teams bilden.
- Die angreifende Mannschaft dribbelt ins Feld und soll versuchen, über die gegnerische Grundlinie zu dribbeln.
- Die Verteidiger versuchen, den Ball zu erobern und können bei Balleroberung ebenso über die gegnerische Grundlinie dribbeln.
- Nach der Aktion wechseln die Spieler die Rollen.

Variationen

- Zwei Angreifer dribbeln ins Feld und jeder spielt im 1 gegen 1.
- Drei Angreifer dribbeln ins Feld und jeder spielt im 1 gegen 1.

Coachinghinweise

- Mit hohem Tempo andribbeln.
- Im 1 gegen 1 Finten und Körpertäuschungen ohne Tempoverlust spielen.
- Eine enge Ballführung fordern.
- Harte und faire Zweikämpfe fordern.
- Ein beidfüßiges Dribbling durchführen.

1 gegen 1 frontal mit Ball auf Linientore

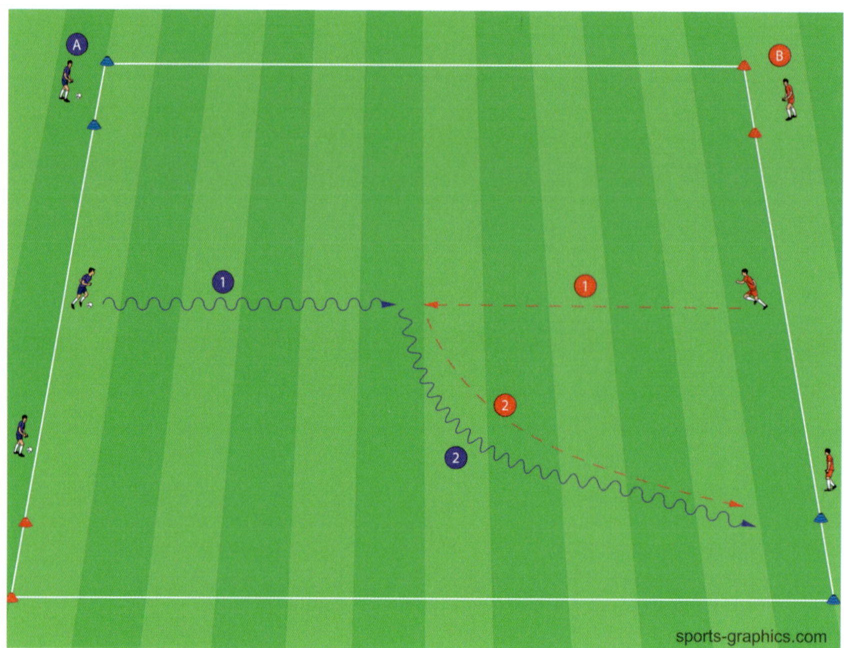

Organisation und Ablauf

- Die Spielfeldgröße beträgt 15 x 20 Meter mit farbigen Hütchentoren (je Linie ein rotes und ein blaues Tor) in zwei Meter Breite.
- Zwei Teams bilden und diese jeweils am rechten Eck positionieren.
- Der Angreifer geht in das 1 gegen 1 mit dem Verteidiger mit dem Ziel, durch eins der beiden blauen Tore zu dribbeln.

Variationen

- 2 gegen 2 spielen.
- Ein Überzahlspiel spielen.

Coachinghinweise

- Eine saubere Ballan- und -mitnahme fordern.
- Eine enge Ballführung fordern.
- Ein dynamisches 1 gegen 1 spielen.

1 gegen 1 frontal nach Flugball – I

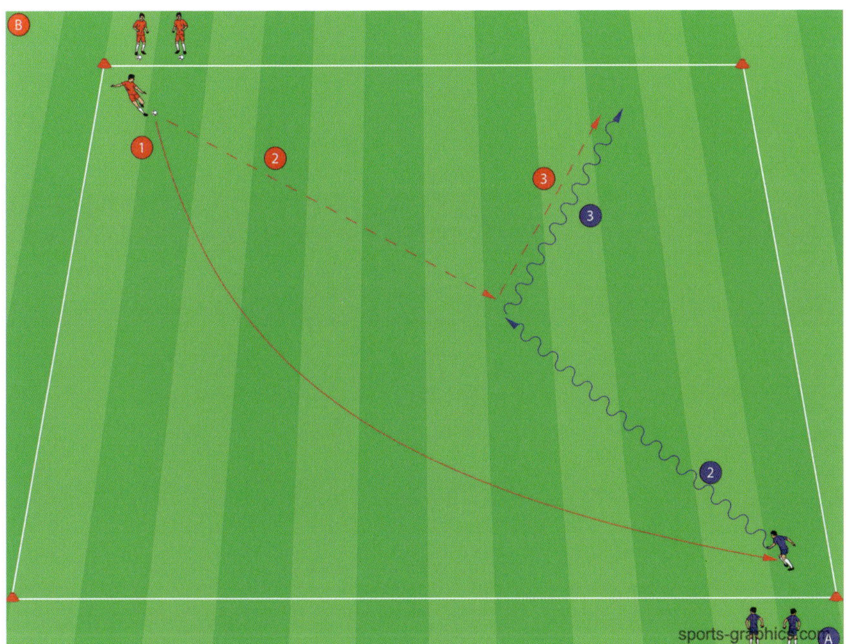

Organisation und Ablauf

- Die Spielfeldgröße beträgt 15 x 20 Meter.
- Zwei Teams bilden und diese jeweils am rechten Eck positionieren.
- Der Verteidiger spielt einen diagonalen Flugball auf den Angreifer.
- Der Angreifer beginnt nach der Ballan- und -mitnahme das Dribbling und sucht den Abschluss.

Variationen

- 2 gegen 2 spielen.
- Ein Überzahlspiel spielen.
- Einen Vollspannpass spielen.
- Einen Pass mit dem schwachen Fuß spielen.

Coachinghinweise

- Die Präzision beim Flugball beachten.
- Eine saubere Ballan- und -mitnahme fordern.
- Eine enge Ballführung fordern.
- Ein dynamisches 1 gegen 1 spielen.

1 gegen 1 frontal nach Flugball – II

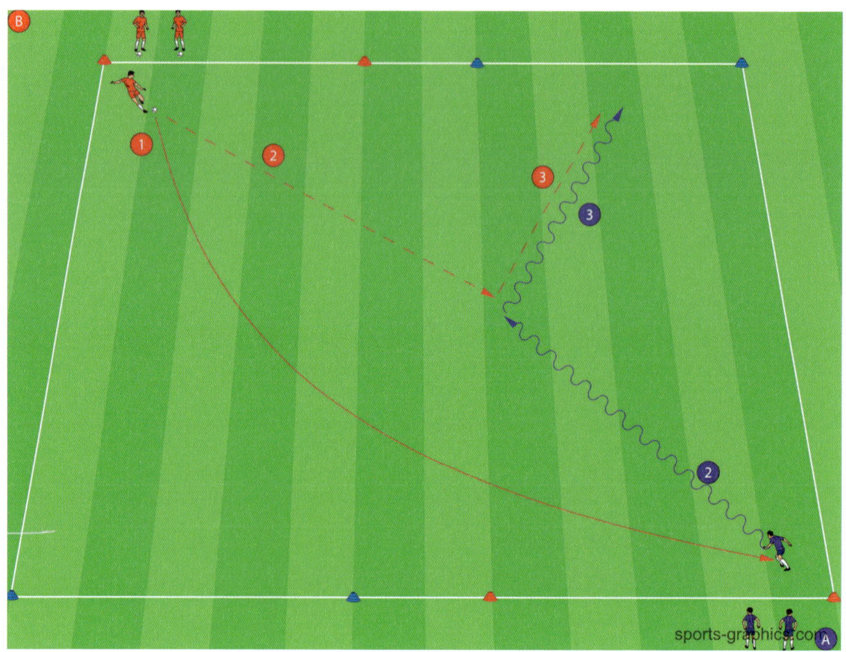

Organisation und Ablauf

» Die Spielfeldgröße beträgt 15 x 20 Meter. Es werden farbige Hütchentoren (je Linie ein rotes und ein blaues Tor) aufgestellt.
» Zwei Teams bilden und diese jeweils am rechten Eck positionieren.
» Der Verteidiger (in Rot) spielt einen diagonalen Flugball auf den Angreifer (in Blau).
» Der Angreifer beginnt nach der Ballan- und -mitnahme das Dribbling mit dem Ziel, durch eines der beiden blauen Tore zu dribbeln.

Variationen

» 2 gegen 2 spielen.
» Ein Überzahlspiel spielen.
» Einen Vollspannpass spielen.
» Einen Pass mit dem schwachen Fuß spielen.

Coachinghinweise

» Die Präzision beim Flugball beachten
» Eine saubere Ballan- und -mitnahme fordern.
» Eine enge Ballführung fordern.
» Ein dynamisches 1 gegen 1 spielen.

1 gegen 1 frontal nach Flugball – III

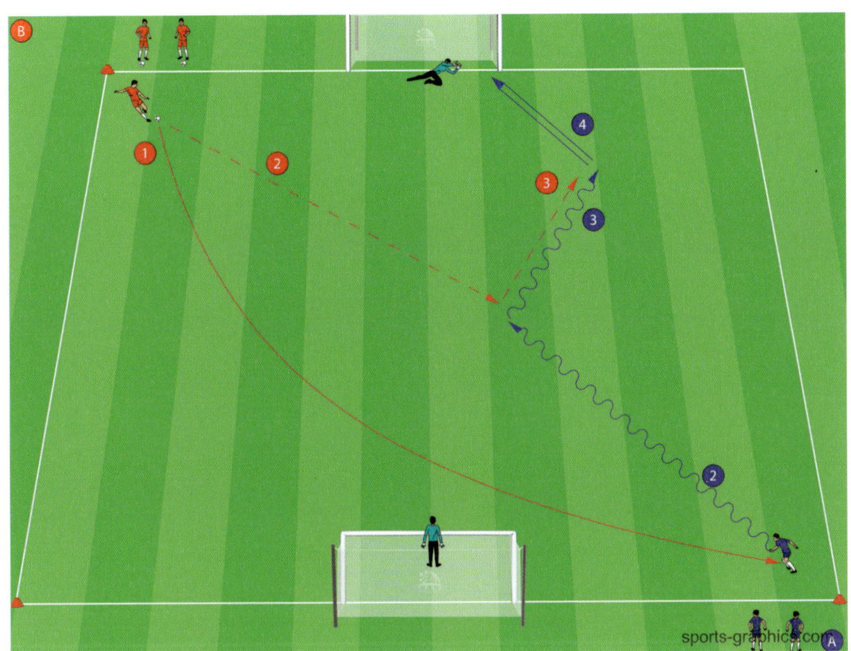

Organisation und Ablauf

- Die Spielfeldgröße beträgt 15 x 20 Meter mit zwei großen Toren.
- Zwei Teams bilden und diese jeweils rechts vom eigenen Tor aufstellen.
- Der Verteidiger spielt einen diagonalen Flugball auf den Angreifer.
- Der Angreifer beginnt nach der Ballan- und -mitnahme das Dribbling und sucht den Abschluss.

Variationen

- Einen Flugball auf den TW spielen, der den Ball sofort in den Lauf des Angreifers rollt.
- Der Angreifer spielt mit dem TW einen Doppelpass.
- 2 gegen 2 spielen.
- Ein Überzahlspiel spielen.
- Einen Vollspannpass spielen.
- Einen Pass mit dem schwachen Fuß spielen.

Coachinghinweise

- Die Präzision beim Flugball beachten.
- Eine saubere Ballan- und -mitnahme fordern.
- Eine enge Ballführung fordern.
- Ein dynamisches 1 gegen 1 spielen.

1 gegen 1 mit sechs Dribbeltoren

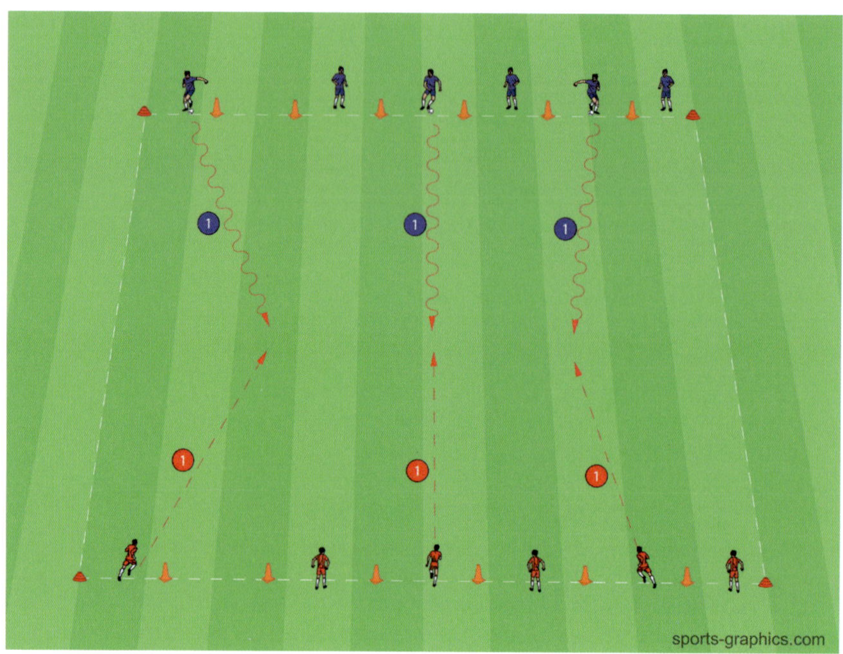

Organisation und Ablauf

» Das Spielfeld ist circa 30 x 20 Meter groß.
» Auf jeder Grundlinie drei Dribbeltore mit zwei Meter Breite aufbauen.
» Die Spieler in Angreifer und Verteidiger einteilen, die sich in den Dribbeltoren auf den Grundlinien gegenüberstehen.
» Das Team mit Angriffsrecht hat die Bälle.
» Die ersten drei Spieler des angreifenden Teams dribbeln (1) ins Feld und spielen gleichzeitig 45 Sekunden lang dreimal 1 gegen 1 gegen die ersten drei Verteidiger (1).
» Es können auf alle drei Tore des Gegners so viele Treffer wie möglich erzielt werden. Nach einem Treffer und beim Seitenaus wird zwei Meter Abstand eingenommen, um den Gegner ausschließlich dribbelnd ins Spiel kommen zu lassen.
» Bei Ballverlust kontern die Verteidiger unmittelbar (Kontertore zählen doppelt).
» Die spielfreien Spieler halten möglichst hinter den Toren die Bälle auf. Nach Ablauf der Spielzeit wechseln die Spielerpaare und nach einem Durchgang das Angriffsrecht.

Variationen

» Ohne Angriffsrecht: Jeweils drei Spieler jedes Teams sprinten zu drei Bällen, die in der Mitte des Felds positioniert werden.
» Die Tore müssen durchdribbelt werden.

Coachinghinweise

» Die Angreifer dribbeln mit hohem Tempo ins Feld und orientieren sich, auf welche Hütchentore sie dribbeln und nutzen Finten, um am Gegenspieler vorbeizukommen.
» Der Verteidiger soll den Abstand zum Angreifer verkürzen und ihn auf eine Seite lenken, damit der Gegenspieler weniger Raum besitzt.

1 gegen 1 mit seitlichen Anspielern

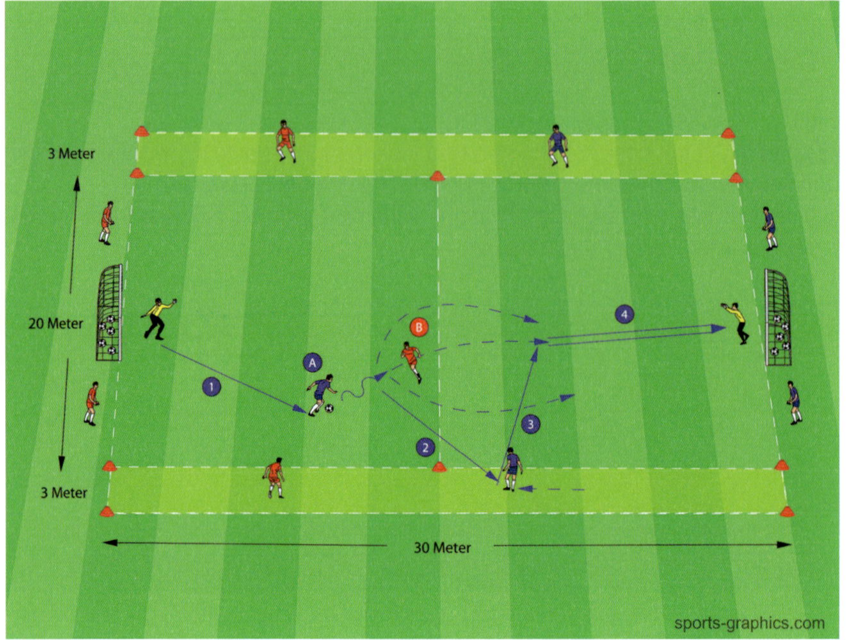

Organisation und Ablauf

- Das Spielfeld ist circa 30 x 20 Meter groß, zwei Tore sind mit Torhütern besetzt.
- Zwei Teams bilden.
- Je ein Spieler jedes Teams befindet sich im Feld und jeweils zwei Mitspieler positionieren sich torfern auf den Außenbahnen.
- Das 1 gegen 1 startet mit einem flachen Zuspiel des Torhüters (1).
- A hat nun die Wahl, B entweder im 1 gegen 1 oder mittels eines Zusammenspiels mit seinem Wandspieler (2 und 3) zu überwinden, bevor er zum Torabschluss kommt (4).
- Bei Ballverlust oder gehaltenen Bällen greift B sofort auf das gegnerische Tor an.
- Spielzeit: Maximal 45 Sekunden, oder so lange, bis der Ball im Tor oder im Tor- oder Seitenaus ist, anschließend Spielerwechsel. - Jeweils ein Anspieler kommt ins Feld, jeweils ein Spieler ersetzt den Anspieler, der Zweikämpfer hat Pause.

Variationen

- Erleichternd: Die Anspieler sind neutral und helfen beiden Spielern im 1 gegen 1.
- Tore ohne Zusammenspiel zählen doppelt.

Coachinghinweise

- Die Spieler außen sollen aktiv und anspielbar sein.
- Der Verteidiger soll intelligent verteidigen, indem er auf das 1 gegen 1 achtet, aber auch bereit ist, wenn es zu einem Doppelpass über die Außenspieler kommt.

Sechsmal 1 gegen 1 und Abschlussspiel

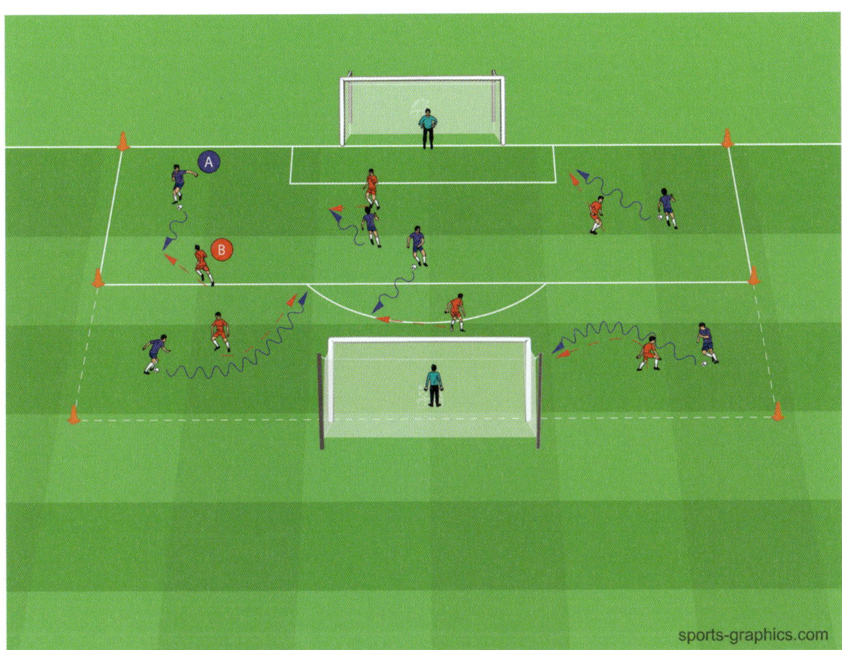

Organisation und Ablauf

» Das Spielfeld ist der doppelte 16-Meter-Raum mit zwei großen Toren.
» Zwei Teams bilden und sechs Spielerpaare einander zuordnen.
» Die Spielerpaare suchen über das 1 gegen 1 den Abschluss.

Variationen

» Der Partnerwechsel erfolgt auf Zuruf des Trainers.
» Nur mit links/rechts spielen.
» Nach jedem Abschluss orientieren sich Spieler zu den Mitspielern als Anspielstation.

Coachinghinweise

» Freie Räume erkennen/antizipieren und bespielen/belaufen.
» Ein mutiges 1 gegen 1 mit Finten und präzisem Abschluss spielen.
» Harte und faire Zweikämpfe fordern.
» Eine enge Ballführung fordern.

Ablegen und 1 gegen 1

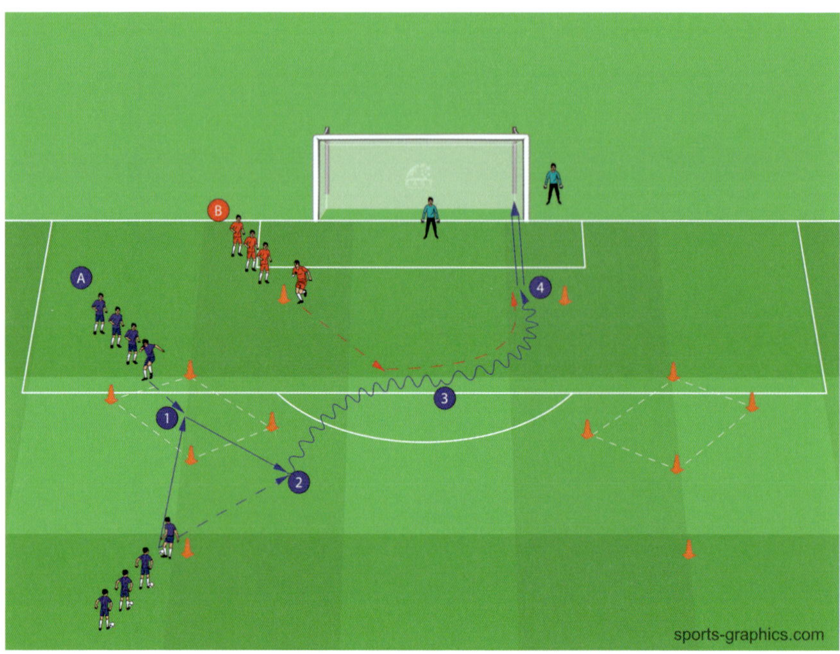

Organisation und Ablauf

- Die Mannschaft in zwei Teams aufteilen.
- Das angreifende Team in zwei Untergruppen aufteilen.
- Der Angreifer aus Team A spielt einen Doppelpass mit einem Kollegen.
- Ein Dribbling in den Strafraum starten.
- Der Verteidiger aus Team B geht ins 1 gegen 1.
- Der Angreifer versucht, zum Torabschluss zu kommen.

Variationen

- Das 1-gegen-1-Feld begrenzen.
- Das gesamte Spielfeld vergrößern.

Coachinghinweise

- Die Punkte zählen.
- Passqualität einfordern.
- Die Intensität hochhalten.
- Die Angriffszeit begrenzen.
- Den Angreifer nach außen lenken.
- Den Verteidiger anfeuern.

Aufwärmen I – 1 gegen 1 als Vorbereitung

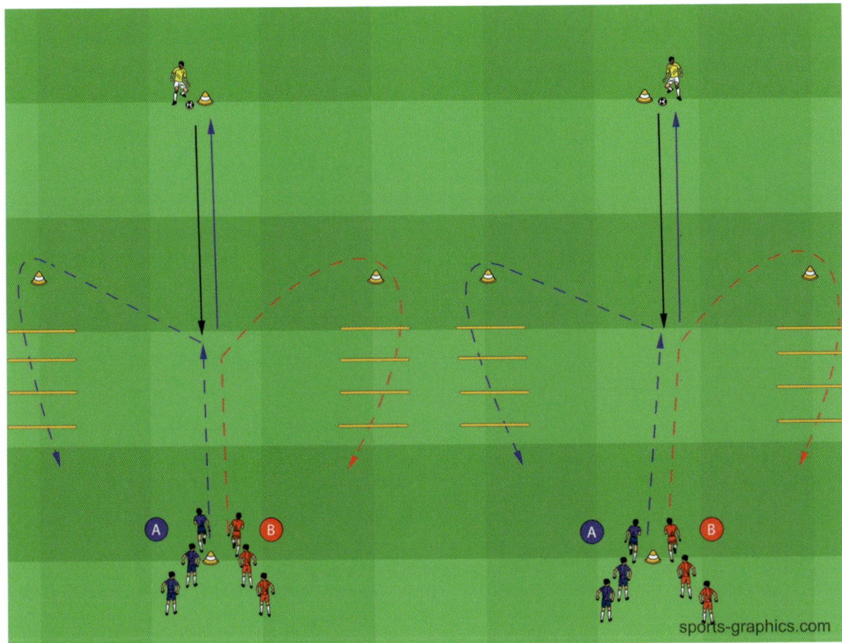

Organisation und Ablauf

- Zwei identische Parcours mit Hütchen und Stangen nebeneinander aufbauen.
- Zwei Gruppen einteilen und in den Gruppen jeweils drei Spielerpaare und davon die Anspieler (A) bestimmen.
- Gegenüber den Gruppen jeweils einen Passgeber positionieren, bei dem sich die Bälle befinden.
- Spieler A startet ins Feld und erhält den Pass vom Zuspieler.
- Spieler B läuft gleichzeitig teilaktiv im Rücken von Spieler A.
- Spieler A kontrolliert das Zuspiel und passt den Ball danach zurück zum Zuspieler.
- Nach dem Rückpass durchlaufen beide Spieler (A und B) die beiden Stangenparcours und stellen sich bei den Starthütchen an.
- Die Positionen werden nach jeder Aktion getauscht.
- Der Anspieler wird nach zwei Minuten gewechselt.

Variationen

- Der Trainer gibt für das Durchlaufen des Stangenparcours Vorgaben.
- Spieler A lässt direkt auf den Zuspieler zurückklatschen.
- Der Zuspieler wirft Spieler A halbhoch per Einwurf an.

Coachinghinweise

- Orientierung zum Gegenspieler im Rücken haben.
- Sauberes Passspiel fordern.

Aufwärmen II – Zweikampffeld

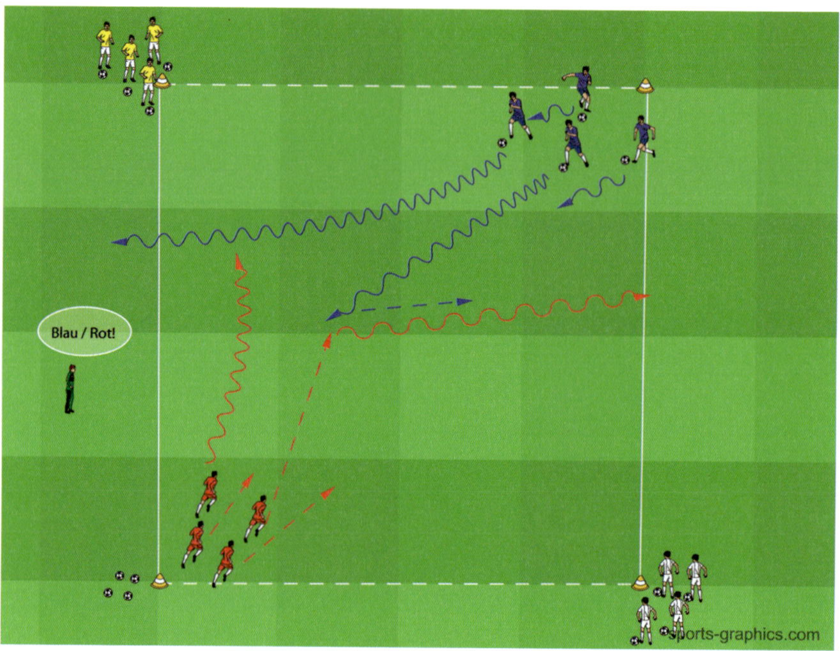

Organisation und Ablauf

- Ein Quadrat (Größe: 20 x 20 Meter) aufbauen.
- Dribbellinien auf zwei gegenüberliegenden Grundlinien markieren.
- Vier Mannschaften à vier Spieler aufteilen und ihnen Farben zuteilen.
- Jedes Team positioniert sich jeweils an einer Ecke.
- Jeder Spieler hat einen Ball.
- Der Trainer startet die Aktion, indem er zwei Mannschaften aufruft.
- Die erstgenannte Mannschaft dribbelt als Angreifer ins Feld und versucht, die gegnerische Grundlinie zu überdribbeln.
- Die letztgenannte Mannschaft läuft als Verteidiger ins Feld und versucht, die Bälle zu erobern.
- Wenn die verteidigende Mannschaft den Ball erobert, kontert sie auf die gegnerische Grundlinie.
- Für jedes Überdribbeln der Grundlinie erhält die Mannschaft einen Punkt.
- *Welches Team hat am Ende die meisten Punkte?*

Variationen

- » Ins Feld nur mit zwei Bällen spielen.
- » Ins Feld nur mit einem Ball spielen.
- » Die erstgenannte Mannschaft dribbelt ins Feld und spielt den Ball zur gegnerischen Mannschaft und wird zu Verteidigern.

Coachinghinweise

- » Die freien Räume erkennen.
- » Mit hohem Tempo in die Aktion gehen.

Aufwärmen III – Zweikämpfe im Mittelfeld

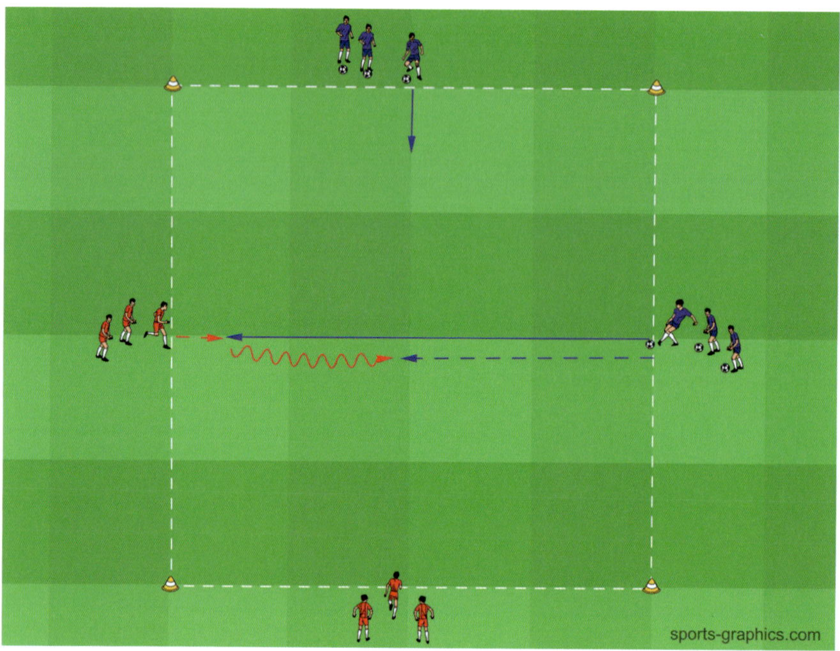

Organisation und Ablauf

- Ein Quadrat (Größe: 20 x 20 Meter) aufbauen.
- Sechs Angreifer und sechs Verteidiger wählen. Drei Spieler von beiden Teams stellen sich jeweils gegenüber auf.
- Der Verteidiger startet die Aktion, indem er den gegenüberstehenden Angreifer anspielt.
- Der Angreifer nimmt den Ball an und mit in die Bewegung und versucht, den Ball gegen den Verteidiger zu halten.
- Erobert der Verteidiger den Ball, versucht er, aus dem Feld zu dribbeln.

Variationen

- Zwei Paare starten gleichzeitig.
- Nach 10 Sekunden startet ein neues Paar.
- Die Angreifer starten mit Ball ins Feld.

Coachinghinweise

- Den Körper zwischen Ball und Gegner bekommen beim Ballhalten.
- Freie Räume sehen und nutzen.

Frontales 1 gegen 1 am Flügel

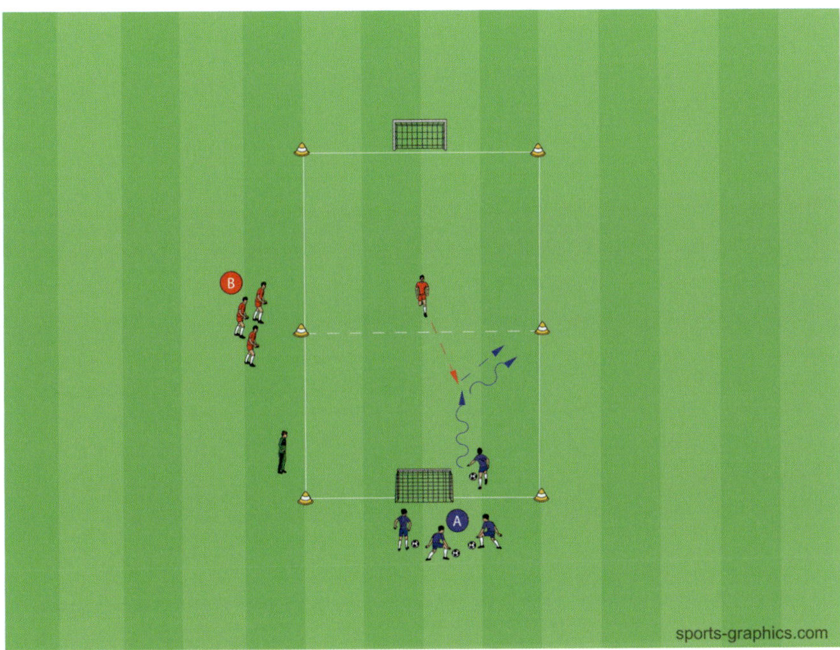

Organisation und Ablauf

- Vier Angreifer stehen an der Grundlinie, drei Verteidiger stehen an der Seite, einen Verteidiger im Feld postieren.
- Der erste Angreifer dribbelt ins Feld und versucht, den Gegner zu überwinden und über die gegnerische Grundlinie zu dribbeln.
- Erobert der Verteidiger den Ball, kontert er auf dessen Grundlinie.

Variation

- Der Angreifer spielt mit dem Verteidiger einen Doppelpass, bevor es ins 1 gegen 1 geht.

Coachinghinweise

- Als Verteidiger die Distanz zum Angreifer sofort verringern. Dazu läuft er dem Angreifer seitlich versetzt entgegen und wechselt etwa 5-8 Meter vor ihm die Laufrichtung und passt sich der Laufrichtung des Angreifers an, um nicht überlaufen zu werden!
- Den Weg für den Angreifer nach innen zustellen und ein Dribbling in Richtung Auslinie provozieren.
- Dann den Ball direkt oder im „Zusammenspiel" mit der Auslinie erobern!

Frontales 1 gegen 1 auf der Außenbahn

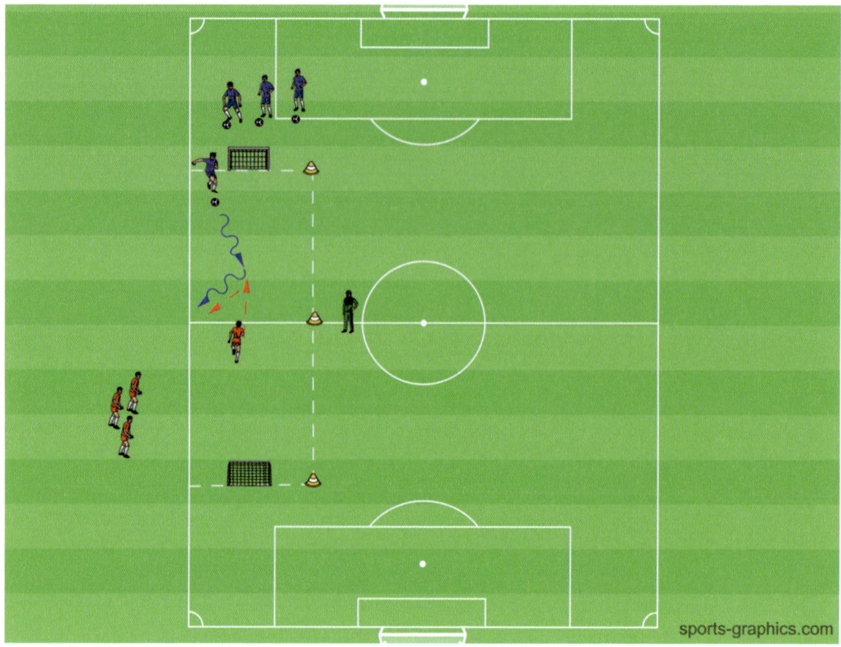

Organisation und Ablauf

- Vier Angreifer stehen neben einem Minitor, drei Verteidiger stehen an der Seite, einen Verteidiger im Feld an der Mittellinie postieren.
- Der erste Angreifer dribbelt ins Feld und versucht, am gegnerischen Minitor einen Treffer zu erzielen.
- Erobert der Verteidiger den Ball, kontert er auf das andere Minitor.

Variation

- Der Angreifer spielt mit dem Verteidiger einen Doppelpass, bevor es ins 1 gegen 1 geht.

Coachinghinweise

- Dem Angreifer entgegenlaufen, eine seitliche Stellung zu Ball und Gegner einnehmen und dem Angreifer die Seite in Richtung Auslinie zum Durchbruch anbieten!
- Den Angreifer nicht in frontaler Position stellen, sondern eine Seite „komplett" zustellen!
- Sobald der Angreifer zum Durchbruch ansetzt, heranrücken und Druck auf den Angreifer ausüben.

Offensives 1 gegen 1

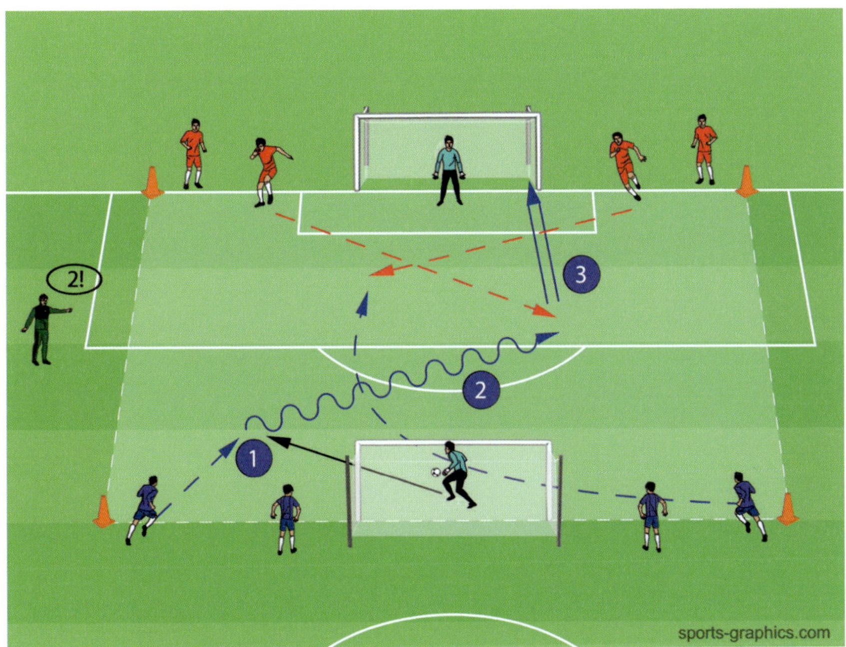

Organisation und Ablauf

- Die Spieler positionieren sich hinter der Grundlinie am eigenen Tor.
- Der Übungsleiter ruft 1-3 Nummern.
- Die Spieler mit den entsprechenden Nummern starten ins Feld und es wird im 1 gegen 1, 2 gegen 2, 3 gegen 3 gespielt.
- Der Torhüter des ersten Teams bringt einen Ball ins Spiel.
- Der Durchgang ist beendet, wenn ein Treffer fällt, der Ball ins Aus geht oder 30 Sekunden vergangen sind.
- Im nächsten Durchgang bringt der Torhüter des anderen Teams einen Ball ins Spiel.

Coachinghinweise

- Den Ball direkt in die Bewegung mitnehmen und das Tempo aufnehmen.
- Entschlossen ins 1 gegen 1 gehen.
- Durch diagonale Laufwege Räume für den ballführenden Spieler öffnen.
- Die Überzahl nach einem gewonnenen 1 gegen 1 ausspielen.
- Den Gegenspieler mit einer Finte, einem explosiven Tempo- und Richtungswechsel überwinden.
- Die Angriffe zielstrebig zu Ende spielen.

Zweikampf im 1 gegen 1

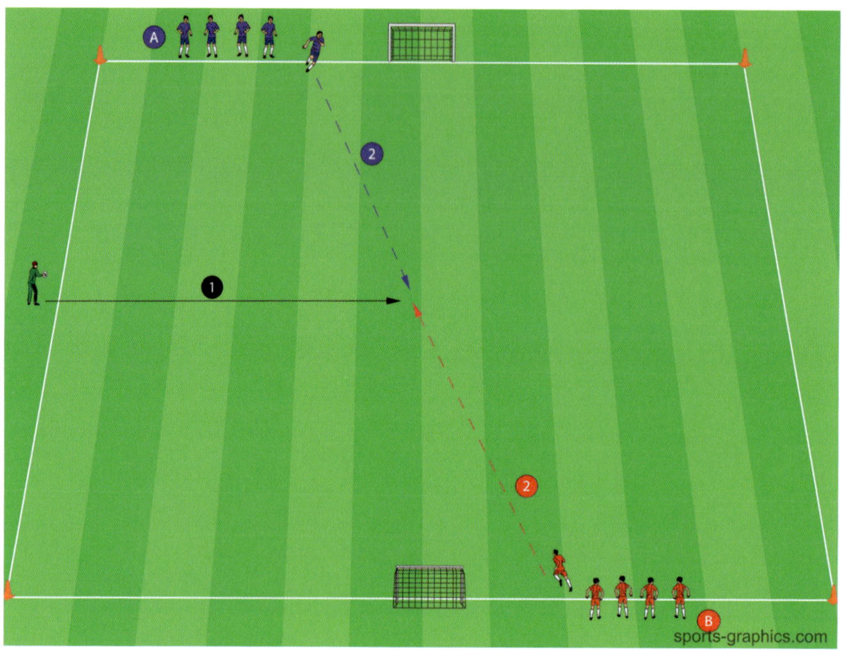

Organisation und Ablauf

- Zwei Minitore aufstellen.
- Stangen oder Hütchen benutzen, um das Spielfeld zu markieren.
- Der Trainer spielt einen Ball zum entfernt stehenden Spieler.
- Dieser nimmt den Ball an und mit. Der gegenüberstehende Spieler läuft ins Feld und wird zum Verteidiger.
- Der Angreifer versucht, auf das gegnerische Tor abzuschließen.
- Erkämpft der Verteidiger den Ball, schließt er auf sein Tor ab.

Variationen

- Der Trainer wirft den Ball hoch ins Feld.
- Jedes Team wird in grade und ungrade Zahlen aufgeteilt. Es wird eine Zahl gerufen und je nach Zahl hat das Team den Ball, auf welche diese zutrifft.

Coachinghinweise

- Reaktionsschnelligkeit nach Kommando des Trainers ist wichtig.
- Vororientierung zum Gegenspieler haben.

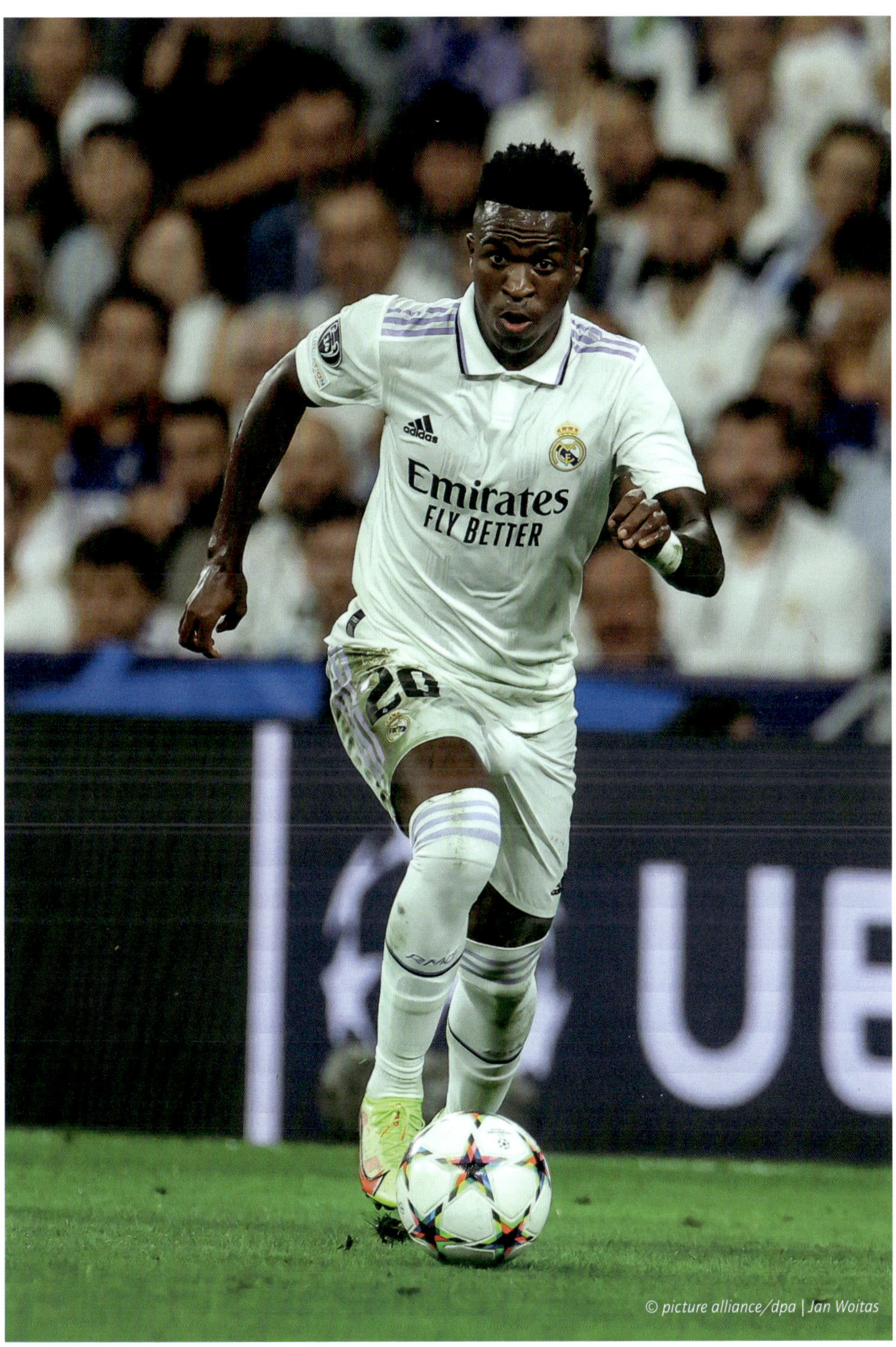

© picture alliance/dpa | Jan Woitas

Vom 1 gegen 1 ins Mannschaftsspiel

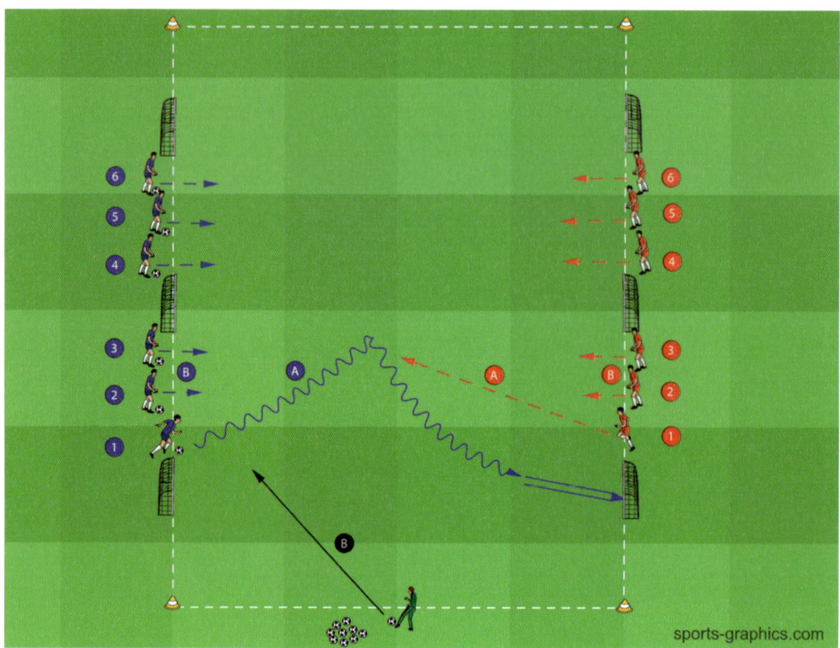

Organisation und Ablauf

» Ein Feld (Größe: 30 x 20 Meter) mit jeweils drei Minitoren auf den langen Seiten aufbauen.

» Sechsmal gleich starke Paare bilden, die sich gegenüberstehen. Dadurch bilden sich zwei Teams.

» Die Spieler von Team Blau haben alle einen Ball.

» Das Paar Nr. 1 startet die Aktion (A), indem der Spieler von Team Blau ins Feld dribbelt und dabei ins 1 gegen 1 geht, um den Ball in eins der drei Minitore zu verwerten.

» Erobert der verteidigende Spieler den Ball, startet er die Gegenaktion und kann einen Treffen auf eins der anderen drei Minitore erzielen.

» Die Aktion ist beendet, wenn ein Treffer erzielt wird oder der Ball außerhalb des Spielfelds landet.

» Daraufhin startet die nächste Aktion (B), indem der Trainer einen Ball zum startenden Team spielt und es zum 6 gegen 6 kommt, bis ein Treffer erzielt wird.

» *Wer erzielt insgesamt mehr Treffer?*

» So geht es hin und her, bis alle Spieler von Team Blau jeweils einen Durchgang durchlaufen haben und danach der Ballbesitz zu Team Rot wechselt.

Variationen

- Zwei Paare starten gleichzeitig (A).
- Drei Paare starten gleichzeitig (A).

Coachinghinweise

- Schnelles Umschalten nach der ersten Aktion (A) ist erforderlich.
- Der Angreifer soll mit hohem Tempo auf den Verteidiger zudribbeln und Finten bzw. Richtungswechsel einbauen, um am Gegenspieler vorbeizukommen.
- Der Verteidiger soll das Tempo des Angreifers reduzieren und versuchen, den Ball auf eine Seite zu lenken, im besten Fall auf den schwächeren Fuß des Gegenspielers.

1 gegen 1 – Farbenspiel mit Parcours

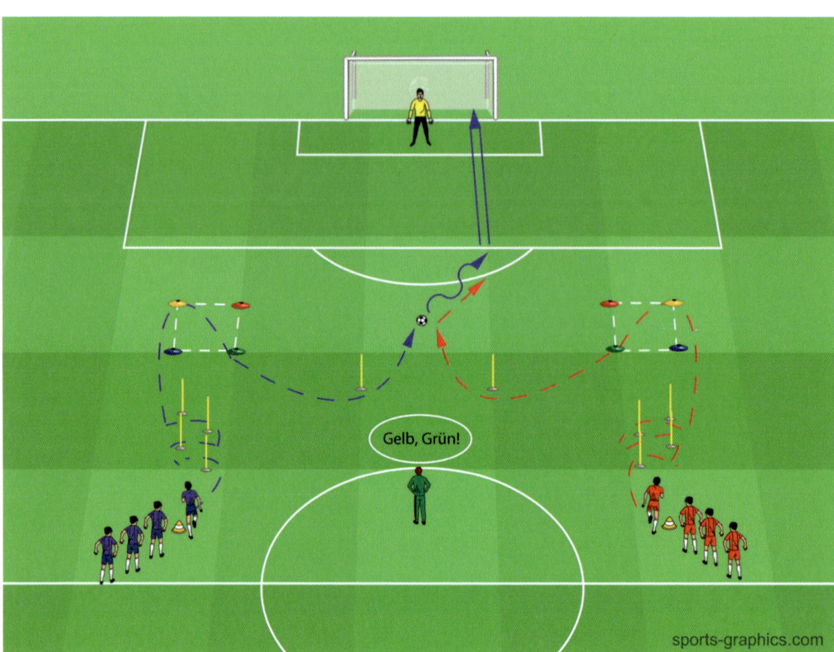

Organisation und Ablauf

» Zwei Teams bilden.

» Zwei Quadrate (Größe: 2 x 2 Meter) aufbauen, mit vier verschiedenen Farben an jeder Ecke.

» Fünf Meter vor den Quadraten viermal Stangen jeweils versetzt aufstellen und jeweils eine Stange diagonal vom grünen Hütchen positionieren.

» Die ersten Spieler aus den Teams starten die Aktion und laufen um die Stangen. Der Trainer ruft die Farben auf, die mit der Hand berührt werden müssen. Nachdem alle genannten Hütchen berührt wurden, laufen die Spieler um ihre jeweilige Stange im Zentrum und dann in Richtung Ball. Der Spieler, der als Erstes am Ball ist, dribbelt in Richtung Tor und sucht den Torabschluss. Der andere Spieler wird zum Verteidiger, der beim Ballgewinn ebenso die Möglichkeit hat, das Tor zu erzielen.

Variationen

» Mehrere Farben nennen und variieren.

» Anstatt Farben Zahlen nennen.

» Anstatt Farben Vereine nennen.

Coachinghinweis

» Die Aktionen im höchsten Tempo durchführen.

1 gegen 1 frontal in Richtung Tor im Zentrum

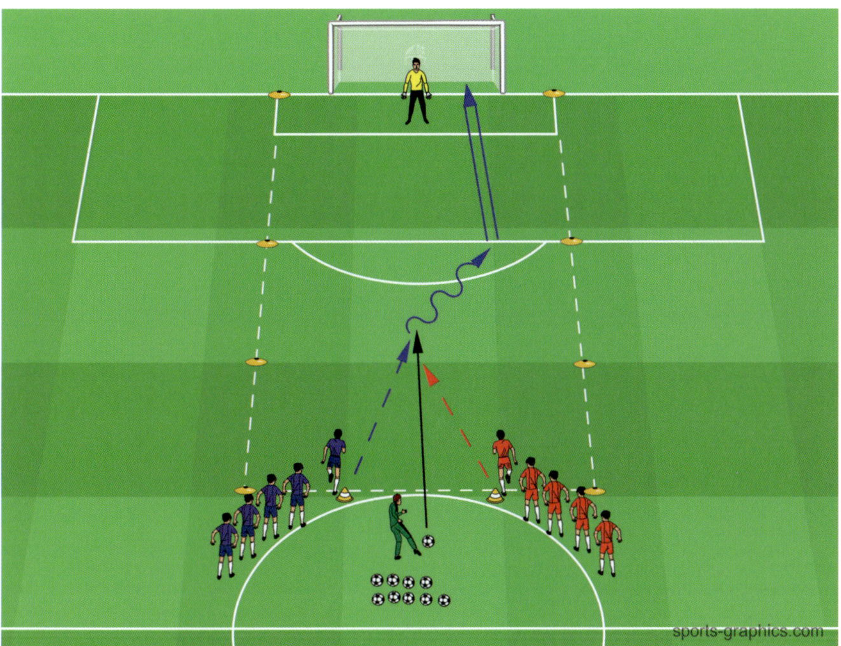

Organisation und Ablauf

- Ein Feld aufbauen, das so breit wie der Fünf-Meter-Raum ist.
- Zwei Teams bilden und sie an den jeweiligen Hütchen am Mittelkreis positionieren.
- Der Trainer spielt den Ball ins Spielfeld und die ersten Spieler der Teams starten das 1 gegen 1.
- Der Spieler, der als Erstes am Ball ist, wird zum Angreifer und versucht, ein Tor zu erzielen. Der Verteidiger versucht, den Ball zu erobern, wird bei Balleroberung zum Angreifer und versucht, ein Tor zu erzielen.
- Die Aktion ist beendet, wenn ein Tor erzielt wird oder der Ball das markierte Feld verlässt.

Variationen

- Die Spieler stehen am Startpunkt mit dem Rücken zum Tor.
- Verschiedene Positionen der Spieler (sitzen, liegen usw.) vorschlagen.
- Den Ball hoch hineinwerfen.

Coachinghinweise

- Immer in Bewegung bleiben und schnellstmöglich den Torabschluss suchen.
- Wenn der erste Spieler an den Ball kommt, den Laufweg des Gegenspielers kreuzen, um sich in eine bessere Position zu bringen.

1 gegen 1 – Dribbelpyramide

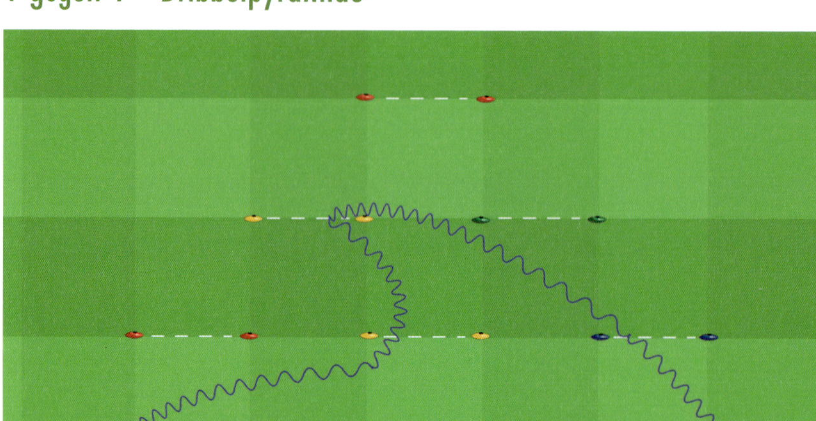

Organisation und Ablauf

- Zwei Teams bilden, die sich auf ihre jeweiligen Starthütchen verteilen.
- Es werden 10 Hütchentore in einer Pyramidenform aufgestellt, wovon zwei Farben jeweils dreimal und die anderen Farben jeweils zweimal vertreten sind.
- Die Bälle befinden sich zunächst bei Team Blau.
- Der Trainer gibt mit einem Kommando die Farben an, welche durchdribbelt werden sollen.
- Die beiden ersten Spieler von Blau starten gleichzeitig nach dem Kommando und dribbeln durch alle Hütchentore in den jeweiligen Farben.
- Zwei Sekunden nach dem Start der ersten Spieler können die ersten beiden Spieler von Team Rot starten und versuchen, den Ball vom Gegenspieler zu erobern.
- Wenn der Ball erobert wurde, ist die Aktion beendet.
- Jeder Spieler hat drei Durchgänge, bis dann die Rollen getauscht werden.

Variationen

- Mehrere Farben nennen.
- Anstatt Farben Vereine nennen.

Coachinghinweise

- Der Spieler in Ballbesitz muss die Hütchentore, die er durchdribbelt, und seinen Gegenspieler im Auge behalten.
- Richtungswechsel einbauen.

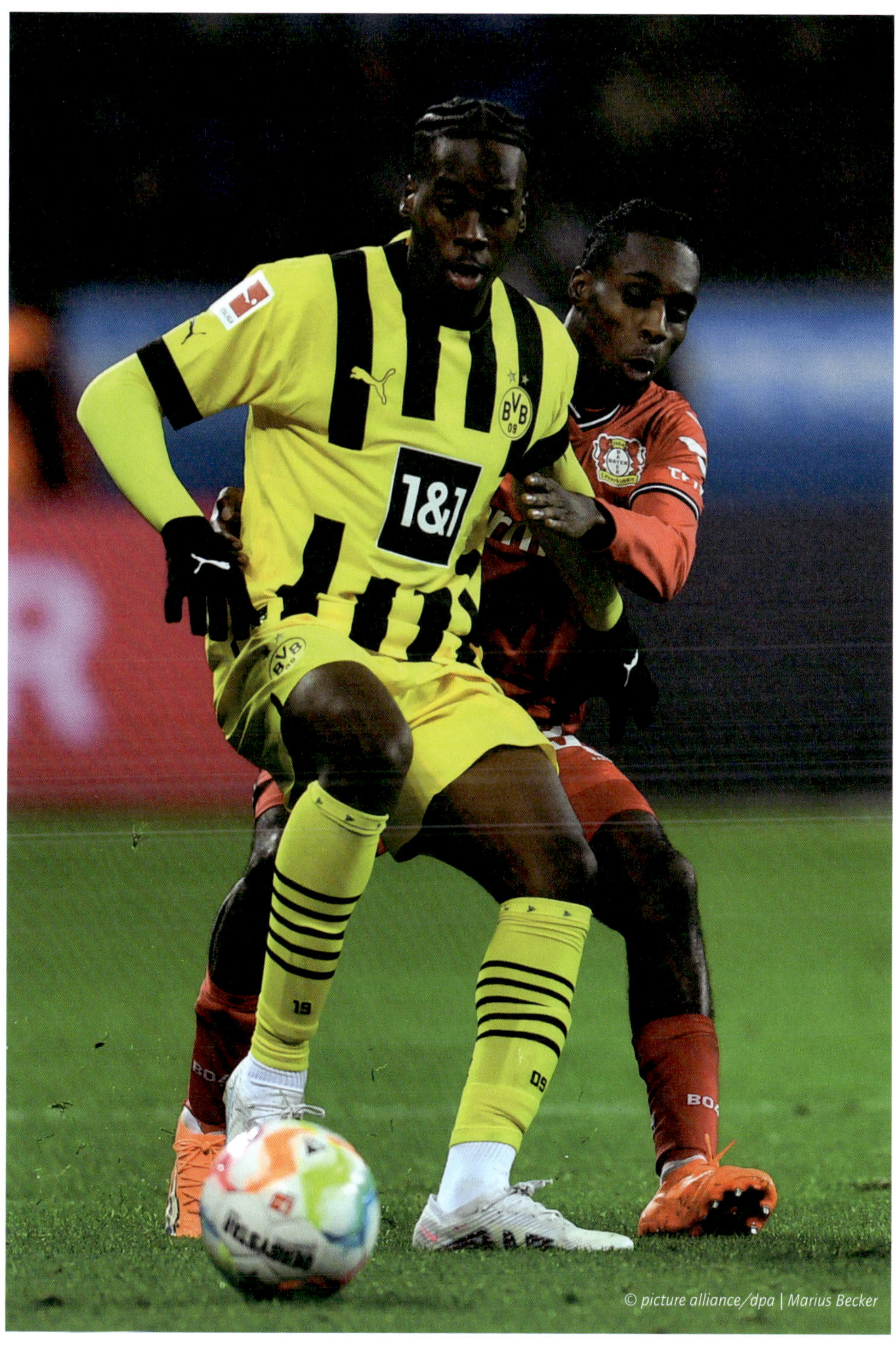

© picture alliance/dpa | Marius Becker

1 gegen 1 – frontal auf Minitore

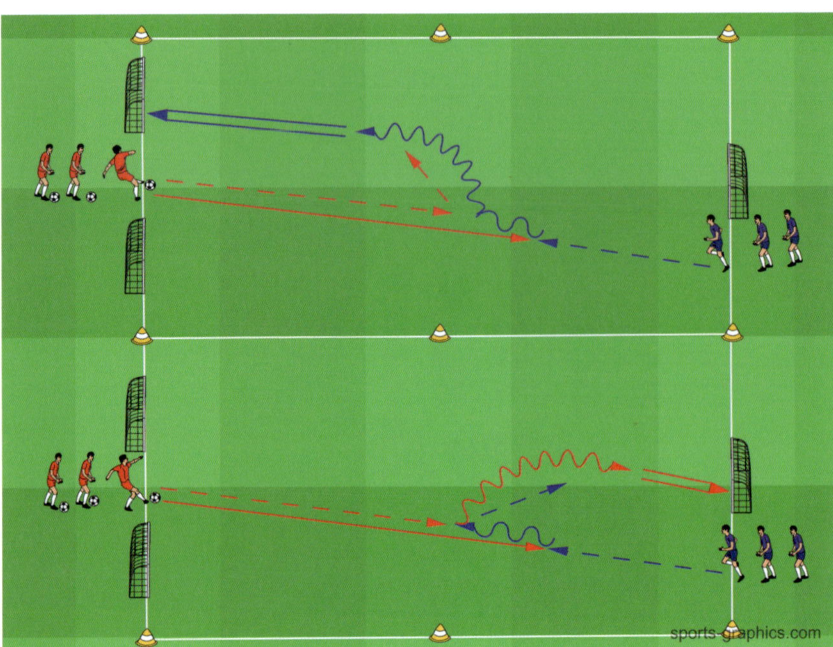

Organisation und Ablauf

» Zwei Felder (Größe: 20 x 10 Meter) aufbauen. Auf einer Seite zwei und auf der anderen Seite ein Minitor aufstellen.

» Die Angreifer (Team Blau) positionieren sich auf der Seite, wo ein Minitor steht und die Verteidiger (Team Rot) positionieren sich auf der anderen Seite zwischen die Minitore mit Bällen.

» Die ersten Spieler von Team Rot passen den Ball zum Gegenspieler und laufen hinterher, um den Ball zu erobern.

» Die Angreifer erhalten den Ball und versuchen, im 1 gegen 1 vorbeizukommen und einen Treffer auf eins der Minitore zu erzielen.

» Wenn die Verteidiger den Ball erobern, haben sie die Möglichkeit, auf das gegnerische Minitor ein Tor abzuschließen.

» Nach fünf Minuten werden die Rollen getauscht.

Variation

- Die Verteidiger werfen den Ball zum Gegenspieler.

Coachinghinweise

- Der Verteidiger spielt einen Druckpass.
- Auf den ersten Kontakt des Angreifers achten, dass er ihn nicht stoppt, sondern in die Bewegung mitnimmt.
- Der Angreifer soll mit hohem Tempo ins Dribbling gehen.
- Der Verteidiger soll das Tempo des Angreifers herausnehmen, indem er in defensiver Stellung anläuft.
- Dabei soll er den Gegner auf seinen schwachen Fuß nach außen lenken.

1 gegen 1 – Zweikampf im Viereck

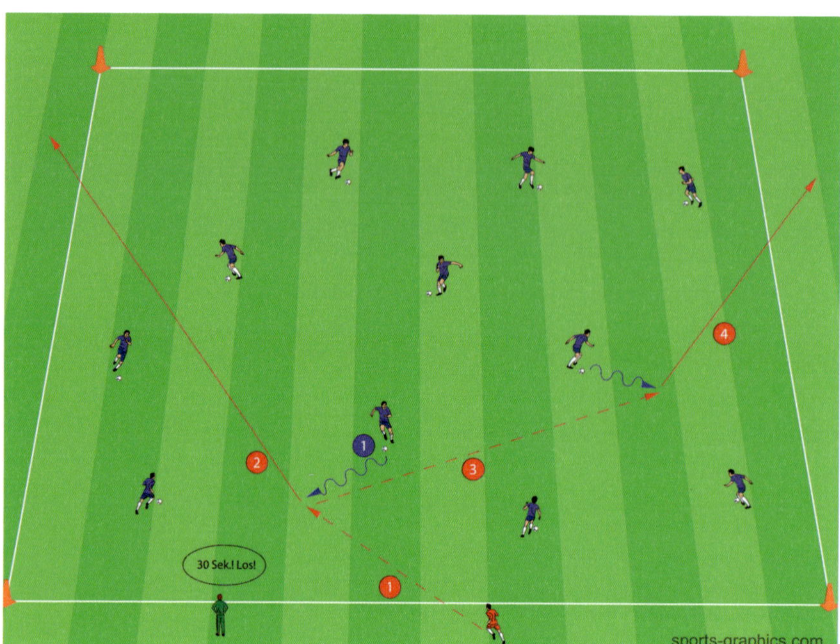

Organisation und Ablauf

- Ein 10 x 10 Meter großes Viereck mit Hütchen aufbauen.
- Alle Spieler (in Blau), bis auf einen, haben einen Ball und dribbeln im Viereck.
- Beim Kommando des Trainers startet der Verteidiger (in Rot) ins Viereck und versucht, viele Bälle zu erobern und aus dem Viereck zu schießen.
- Blau holt den Ball zurück und dribbelt im Viereck weiter.

Variationen

- Nach einigen Durchgängen die Aktion als Wettkampf durchführen.
- Nur mit rechts/links dribbeln.
- Ein erfolgreiches frontales Dribbling zieht einen Punkt von Rot ab.

Coachinghinweise

- Eine enge Ballführung bei hohem Tempo fordern.
- Die Intensität hochhalten.
- Viele Finten vorgeben.
- Harte und faire Zweikämpfe fordern.

1 gegen 1 zur Seite nach Zuspiel

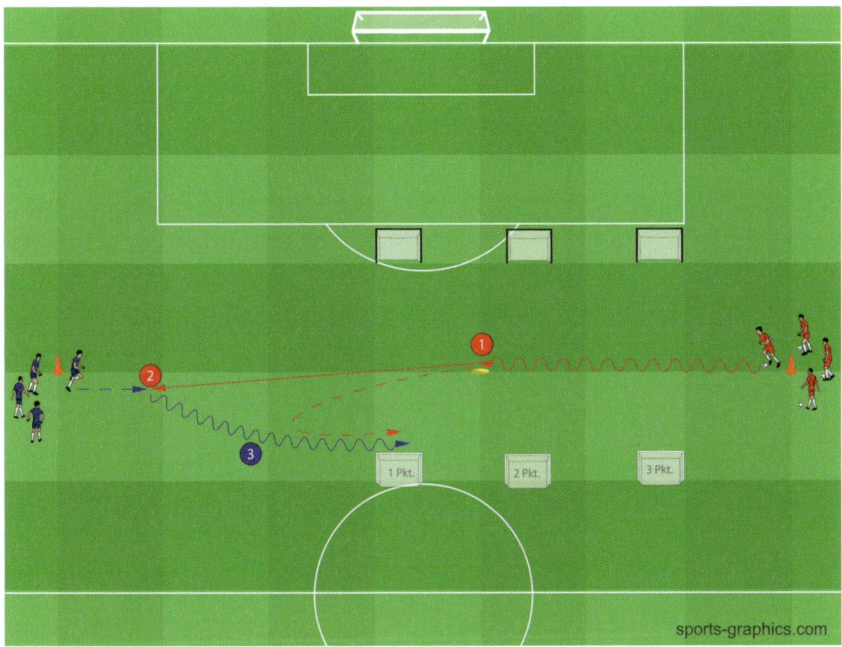

Organisation und Ablauf

- Beide Teams stehen sich in circa 30 Meter Entfernung gegenüber.
- Je drei Tore in der Verteidigerhälfte auf den Außenbahnen platzieren. Den Toren werden Punkte zugeordnet.
- Team Rot dribbelt bis circa zur Hälfte an und passt den Ball auf Team Blau.
- Team Blau dribbelt an und geht ins 1 gegen 1 mit dem Ziel, möglichst viele Punkte zu erzielen.

Coachinghinweise

- Eine enge Ballführung bei hohem Tempo fordern.
- Die Intensität hochhalten.
- Viele Finten vorgeben.
- Harte und faire Zweikämpfe fordern.

1 gegen 1 – Liga 2

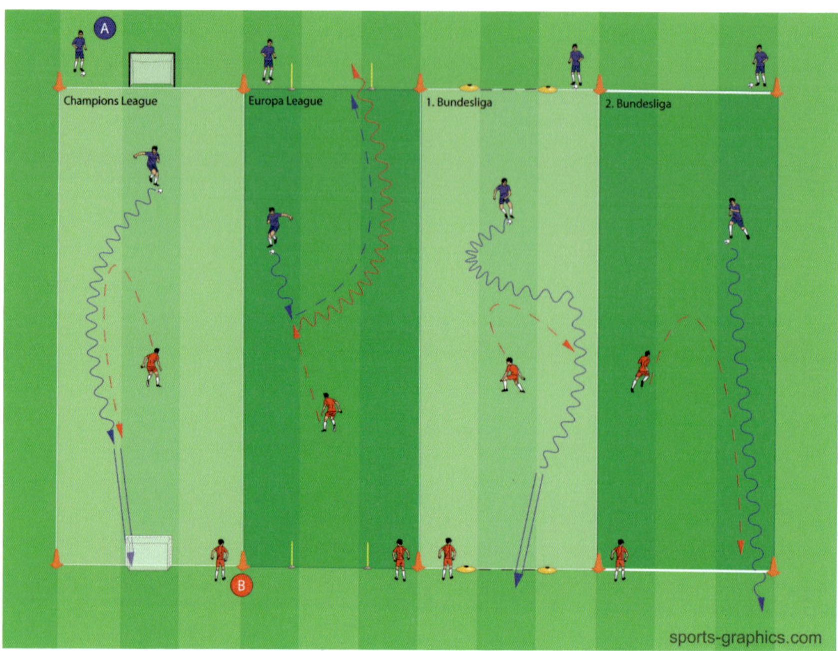

Organisation und Ablauf

- Vier gleich große Felder à 4 x 8 Meter aufbauen.
- Im Feld „2. Bundesliga" Linientore aufstellen, im Feld „1. Bundesliga" Hütchentore aufstellen. Im Feld „Europa League" Stangentore aufstellen und im Feld „Champions League" Minitore aufstellen.
- Gespielt wird jeweils zwei Minuten lang.
- Tore zählen im Feld „2. Bundesliga" beim Überdribbeln der Linie, im Feld „1. Bundesliga" bei flachem Pass durch die Hütchentore. Im Feld „Europa League" zählt das Überdribbeln der Linie als Tor mit anschließendem Stoppen des Balls hinter der Linie. Im Feld „Champions League" zählt ein Schuss in die Minitore als Tor.
- Der Gewinner steigt in die nächste Liga auf. Der Verlierer steigt ab.

Coachinghinweise

- Eine enge Ballführung bei hohem Tempo fordern.
- Die Intensität hochhalten.
- Viele Finten vorgeben.
- Harte und faire Zweikämpfe fordern.

1 gegen 1 über die Flügel mit der Option Zentrum

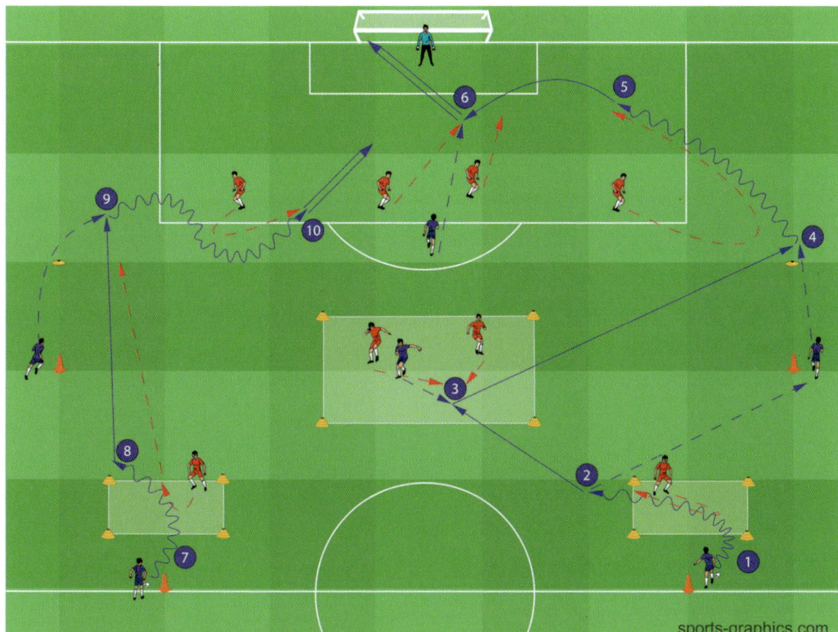

Organisation und Ablauf

- Ein Spieler dribbelt aus der halbrechten Position ins Rechteck und geht ins 1 gegen 1 mit dem Ziel, den zentralen Spieler im großen Rechteck oder den in die Tiefe laufenden Außenspieler anzuspielen.
- Mit diesem Zuspiel startet ein Mitspieler aus dem rechten Halbfeld in die Tiefe.
- Der zentrale Spieler hat die Möglichkeit, direkt einen Pass auf den Außenspieler zu spielen oder gegen beide Gegenspieler ins 1 gegen 1 zu gehen.
- Beim Zuspiel auf den Außenspieler nimmt der Außenspieler den Ball sauber mit hohem Tempo mit und geht ins 1 gegen 1 gegen den zustellenden Verteidiger, mit dem Ziel, eine Flanke vor das Tor zu spielen oder mit Zug nach innen den Abschluss zu suchen.
- Bei 1 gegen 2 durch das Zentrum versucht der zentrale Spieler, einen Steckpass durch die Innenverteidigung auf den Mittelstürmer zu spielen.
- Nach Abschluss der Aktion wird von der anderen Seite gestartet.

Variation

- Die Passkombinationen können variieren.

Coachinghinweise

- Das Timing beachten.
- Auf die Passqualität achten.
- Auf die Ballan- und -mitnahme achten.
- Kreativität fordern.
- Eine enge Ballführung fordern.

1 gegen 1 – Ballbehauptung

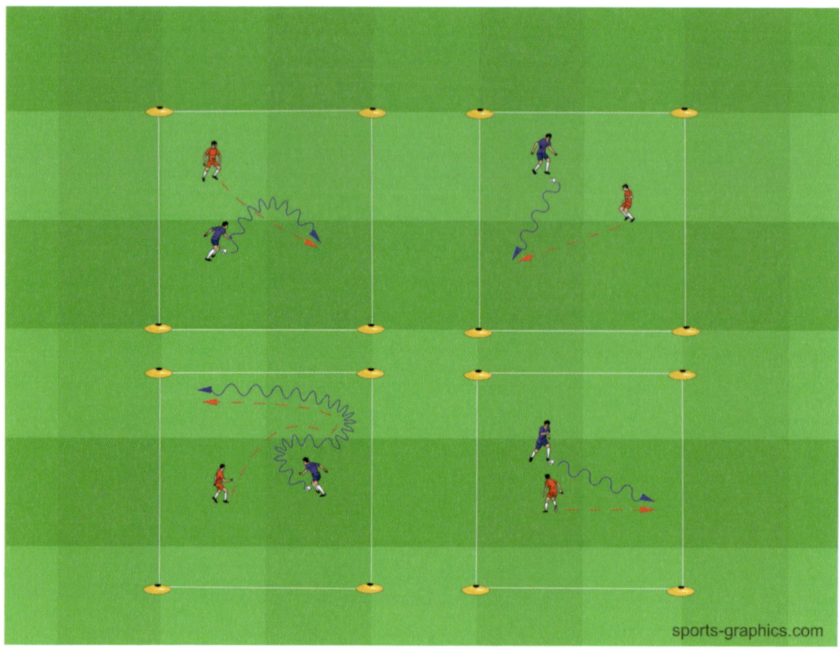

Organisation und Ablauf

» Ein 4 x 4 Meter großes Viereck mit Hütchen aufbauen.
» Alle Spieler (in Blau) haben einen Ball und dribbeln im Viereck.
» Beim Kommando des Trainers hat der Verteidiger (in Rot) 30 Sekunden Zeit, um den Ball zu erobern.
» Nur bei Erfolg wechselt der Ballbesitz.
» Anschließend wird Blau zum Verteidiger.

Variationen

» Nach einigen Durchgängen die Aktion als Wettkampf durchführen.
» Ein Ball durch die Beine zählt einen Punkt.
» Die Linien überdribbeln und den Ball stoppen.
» Nur mit rechts/links dribbeln.

Coachinghinweise

» Eine enge Ballführung fordern.
» Ballbehauptung fordern.
» Die Intensität hochhalten.
» Viele Finten vorgeben.
» Harte und faire Zweikämpfe fordern.

1 gegen 1 über Zonen

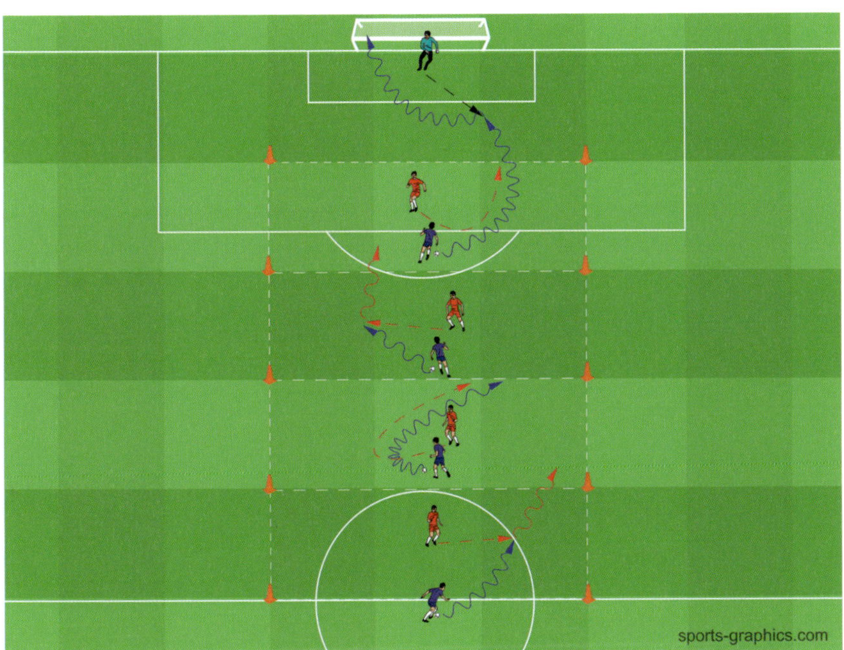

Organisation und Ablauf

» Jeweils ein Verteidiger (in Rot) steht auf jedem Feld.
» Der Angreifer (in Blau) startet fünf Meter entfernt mit dem Dribbling in das erste Feld.
» Bei erfolgreichem Dribbling wird ins nächste Feld gewechselt.
» Bei Ballverlust geht der Verteidiger als Angreifer ins nächste Feld.
» Der Angreifer wird zum Verteidiger im Feld des Ballverlustes.
» Der Torwart darf nur ausgedribbelt werden.

Variationen

» Nach einigen Durchgängen die Aktion als Wettkampf durchführen.
» Mit zwei Verteidigern spielen.
» Nur links/rechts dribbeln.
» Die Kontakte begrenzen.

Coachinghinweise

» Eine enge Ballführung bei hohem Tempo fordern.
» Die Intensität hochhalten.
» Die Spieler dürfen das Tempo kurz vor dem Zweikampf nicht absenken.
» Mit Tempo am Gegenspieler vorbeiziehen.
» Den Wechsel von Offensive auf Defensive beachten.

1 gegen 1 auf zwei große Tore mit zwei Bällen

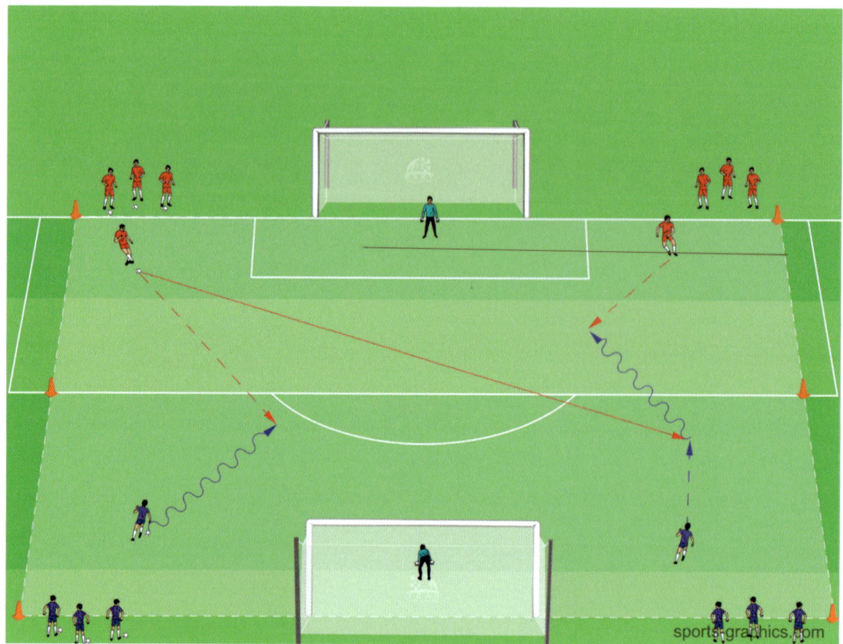

Organisation und Ablauf

» Zwei Teams stehen sich auf der Grundlinie gegenüber. Es gibt zwei große Tore.
» Die Verteidiger (in Rot) und die Angreifer (in Blau) haben auf der linken Seite den Ball.
» Der Verteidiger spielt einen diagonalen, flachen Druckpass auf den anlaufenden Angreifer.
» Zeitgleich läuft der Verteidiger auf den Angreifer zu.
» Der Angreifer mit Ball startet nach dem diagonalen Druckpass das Dribbling.
» Der Verteidiger orientiert sich nach dem Pass zum andribbelnden Angreifer.

Variationen

» Nach dem Abschluss der ersten Aktion 2 gegen 2 spielen.
» Die Verteidiger sind in der Überzahl.
» Die Angreifer sind in der Überzahl.

Coachinghinweise

» Einen Pass mit Druck auf den richtigen Fuß spielen.
» Eine dynamische Ballan- und -mitnahme fordern.
» Eine enge Ballführung mit hohem Tempo fordern.
» Ein mutiges 1 gegen 1 mit Finten und Körpertäuschungen spielen.
» Das Stellungsspiel der Verteidiger beachten.

1 gegen 1 – Reaktion

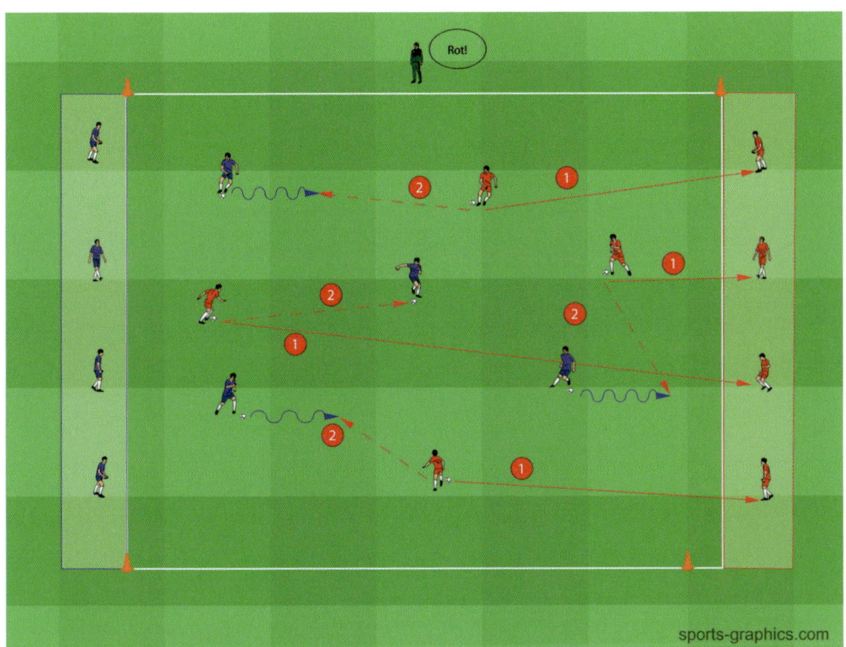

Organisation und Ablauf

- Ein 10 x 15 Meter großes Viereck mit Hütchen und Ballannahmezonen hinter den Linien markieren.
- Je Team vier Spieler mit Ball im Feld und vier Spieler ohne Ball in den Zonen verteilen.
- Bei Zuruf des Trainers passt das Team zu den Mitspielern in der Zone und versucht, die Bälle vom Gegner zu erobern.
- Bei Balleroberung den Ball zum Mitspieler in die Zone passen.
- Die Angreifer haben das Ziel, den Ball 20 Sekunden zu behaupten.

Variationen

- Die Linien überdribbeln.
- Bälle aus der Zone erobern und in die eigene Zone passen.
- Nach Balleroberung eines Verteidigers darf der Mitspieler unterstützt werden.
- Bei Ballverlust eines Angreifers darf er als Anspielstation fungieren.
- Jeder Spieler eines Teams erhält eine Nummer (1-8). Bei Zuruf der Nummern das Dribbling starten. Die anderen Spieler verteidigen.

Coachinghinweise

- Einen Pass mit Druck spielen.
- Eine enge Ballführung mit hohem Tempo fordern.
- Ein mutiges 1 gegen 1 mit Finten und Körpertäuschungen spielen.
- Die entstehenden Räume bespielen/andribbeln.

1 gegen 1 – einer von vier

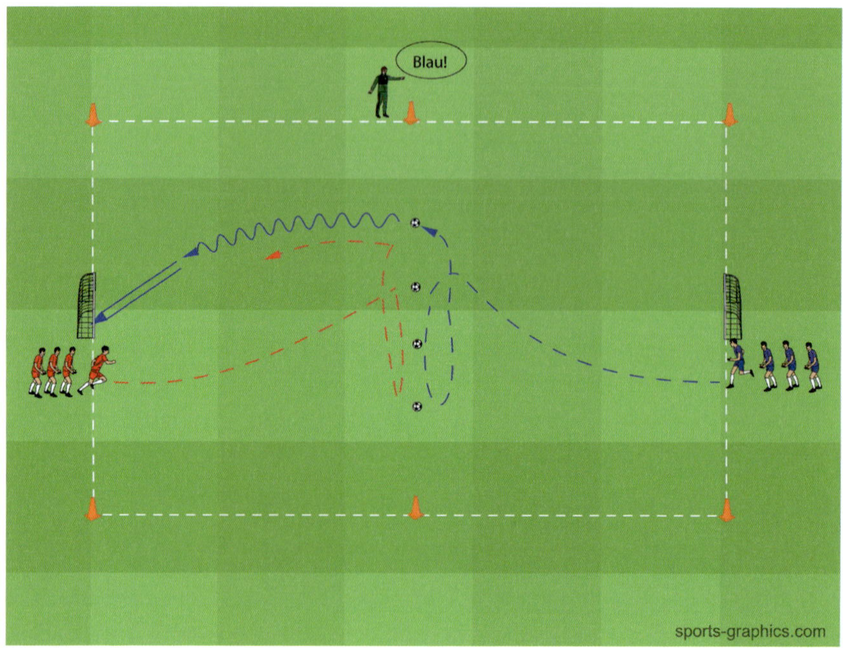

Organisation und Ablauf

- Ein Feld (Größe: 20 x 10 Meter) aufbauen und jeweils ein Minitor auf den kurzen Seiten aufstellen.
- Zwei Team à vier Spieler aufteilen und gegenüber jeweils ein Minitor positionieren.
- Das Team, das der Übungsleiter nennt (in dem Fall Team Blau), startet als Angreifer und versucht durch Körpertäuschen und Richtungswechseln den Gegner zu täuschen, um sich dann einen von den vier Bällen auszuwählen und einen Treffer auf eines der Minitore zu erzielen.
- Wenn der Verteidiger den Ball erobert, kann er ebenfalls im Gegenzug einen Treffer auf eines der Minitore erzielen.

Variationen

- Erobert der verteidigende Spieler den Ball, hat er die Möglichkeit, auch einen Treffer zu erzielen.
- Der Trainer gibt ein Tor (linkes Tor: 1/rechtes Tor: 2) vor, auf das gespielt werden soll.

Coachinghinweise

- Viele Richtungswechsel und Körpertäuschungen einbauen.
- Die Übung in hohem Tempo durchführen.

1 gegen 1 – Richtungswechselduell

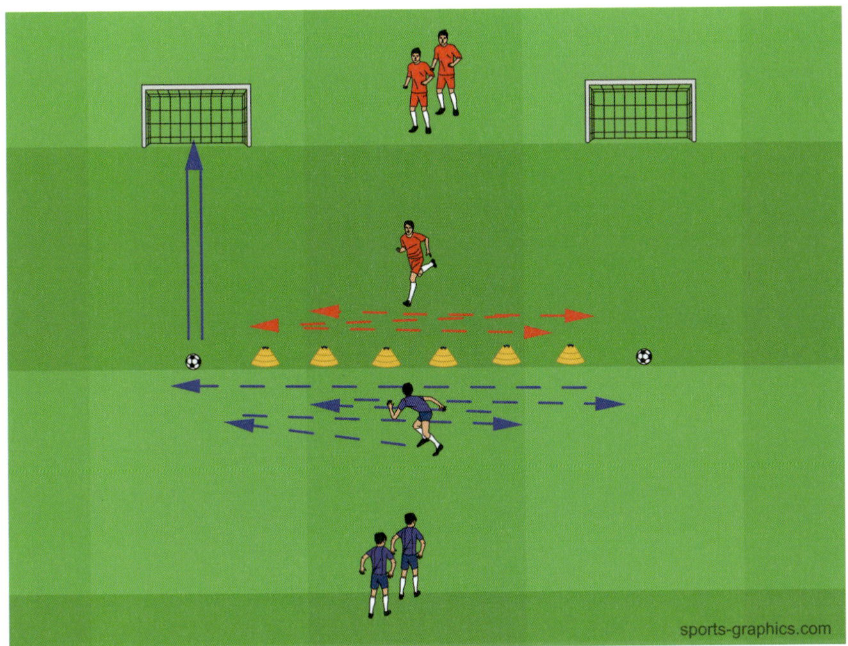

Organisation und Ablauf

- Zwei Minitore 10 Meter voneinander entfernt aufstellen.
- Fünf Meter vor den Minitoren jeweils einen Ball hinlegen und zwischen den Bällen Hütchen aufstellen.
- Der Offensivspieler (in Blau) agiert mit schnellen Bewegungen, Richtungswechseln und Körpertäuschungen, bis eine Möglichkeit entsteht, einen der zwei Bälle in eins der zwei Minitore zu passen.
- Die Aktion endet, wenn ein Treffer erzielt ist oder keiner der zwei Bälle mehr im Feld liegt.

Variationen

- Zwei Tore sind möglich.
- Eine Zeitvorgabe für den Abschluss festlegen.

Coachinghinweise

- Immer auf den Fußballen agieren, um beweglich zu sein.
- Viele Richtungswechsel und Körpertäuschungen einbauen.

Umschaltspiel vom 2 gegen 2 ins 1 gegen 1

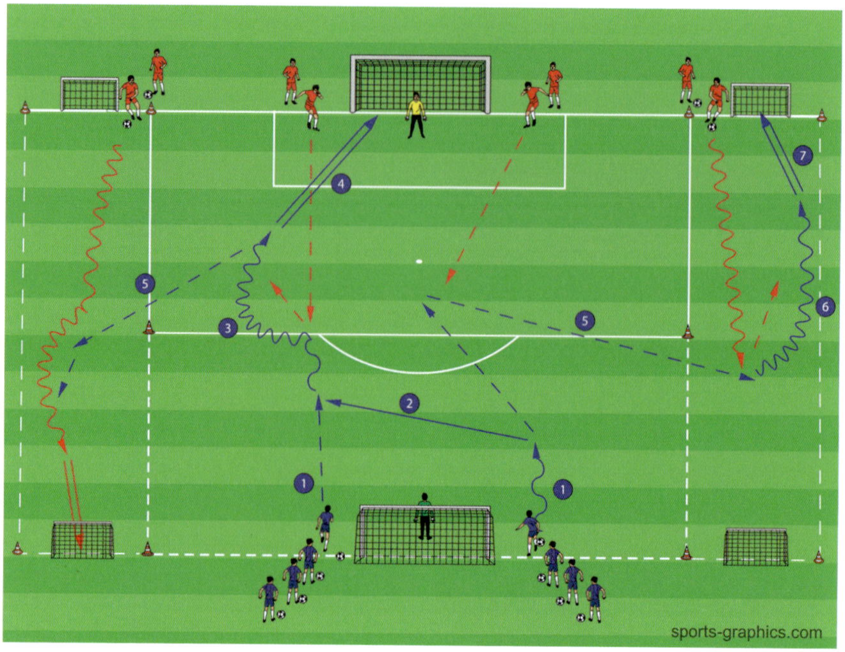

Organisation und Ablauf

- Spielfeld ist der doppelte 16-Meter-Raum mit großen Toren und Torhütern. Dazu zwei schmalere Felder (10 Meter) daneben mit jeweils zwei Minitoren aufbauen.
- Zwei Mannschaften à acht Spieler bilden.
- Ein Team (in Blau) teilt sich auf und positioniert sich neben dem unteren Tor.
- Das andere Team (in Rot) teilt sich mit je zwei Spielern auf den schmalen Feldern und neben dem oberen großen Tor auf.
- Team Blau startet von unten die Aktion (1), indem die ersten beiden Spieler, einer mit Ball, laufen bzw. andribbeln und es zu einer 2-gegen-2-Situation kommt.
- Wenn die Aktion ausgespielt wurde (2, 3, 4), schalten die beiden Spieler von Team Blau sofort in die schmalen Felder um (5), wo es zur 1-gegen-1-Situation kommt, die von den andribbelnden Spielern von Team Rot gestartet wird.
- Bei Balleroberung gibt es die Möglichkeit, zu kontern und einen Treffer zu erzielen.
- Wenn die Aktion vorbei ist, beginnen die nächsten Spieler.

Variation

- Eine Zeitvorgabe vorgeben.

Coachinghinweise

- Schnelles Umschalten fordern.
- Beim 1 gegen 1 hohes Tempo des Angreifers fordern.
- Das defensive Stellungsspiel beachten.

Umschaltspiel vom 1 gegen 1 zum 2 gegen 2

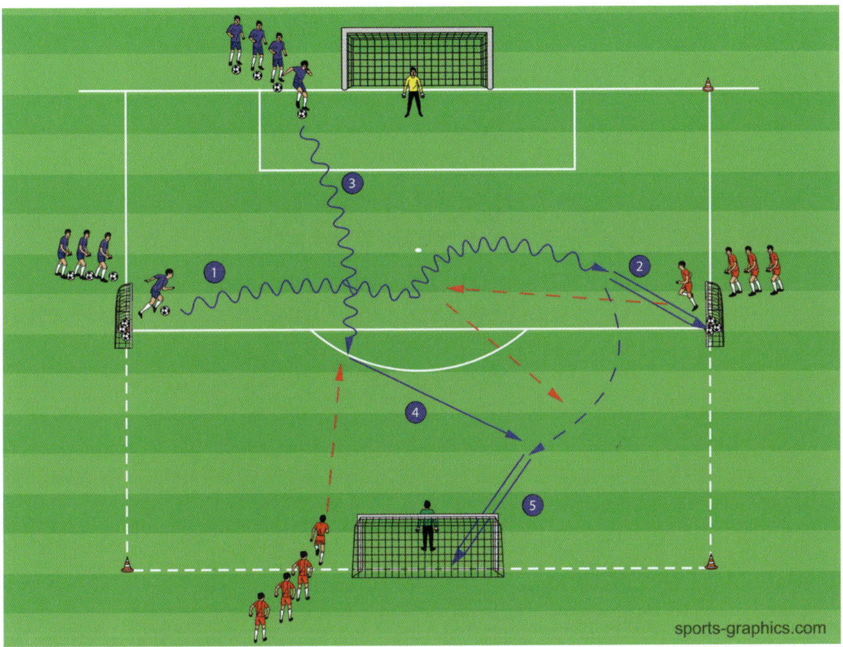

Organisation und Ablauf

- » Das Spielfeld ist der doppelte 16-Meter-Raum mit zwei großen Toren und Torhütern. In der Mitte des Felds an beiden Seiten steht jeweils ein Minitor.
- » Zwei Teams mit acht Spielern bilden. Die Teams verteilen sich mit vier Spielern jeweils neben die großen Tore und die Minitore.
- » Das angreifende Team (in Blau) beginnt die 1-gegen-1-Situation, wo es zunächst auf die Minitore geht (1, 2).
- » Nach der Aktion wird sofort umgeschaltet, indem der Spieler von Team Blau andribbelt (3) und eine 2-gegen-2-Situation entsteht.

Variation

- » Die Zeitvorgabe begrenzen.

Coachinghinweise

- » Hohes Tempo in den Aktionen fordern.
- » Schnelles Umschalten fordern.

Frontales 1 gegen 1 im 16-Meter-Raum

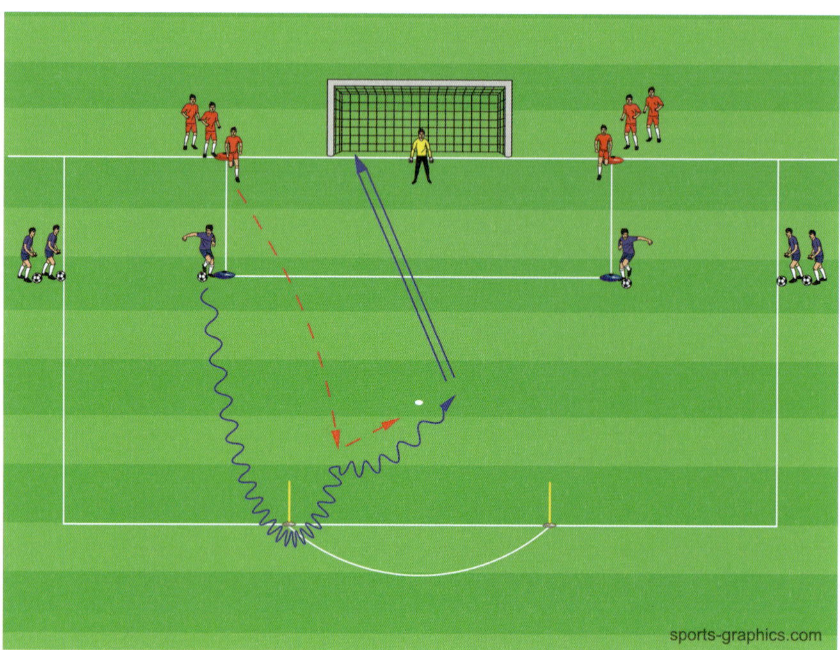

Organisation und Ablauf

» Ein offensives und ein defensives Team mit jeweils drei Spielern pro Seite einteilen.
» Die startenden Spieler des angreifendes Teams beginnen am Fünf-Meter-Eck, wobei die verteidigende Mannschaft fünf Meter dahinter steht.
» Der angreifende Spieler startet die Aktion, indem er andribbelt. Danach umdribbelt er die Stange und geht in die 1-gegen-1-Aktion mit dem hinterherlaufenden Verteidiger.

Variationen

» Punktespiel: Ein Tor zählt einen Punkt.
» Erobert der Verteidiger den Ball, dribbelt er zwischen der Stange hindurch und erhält einen Punkt.

Coachinghinweise

» Enge Ballführung im hohen Tempo fordern.
» Finten einbauen.
» Den Angreifer nach außen lenken.

1 gegen 1 in vier Zonen

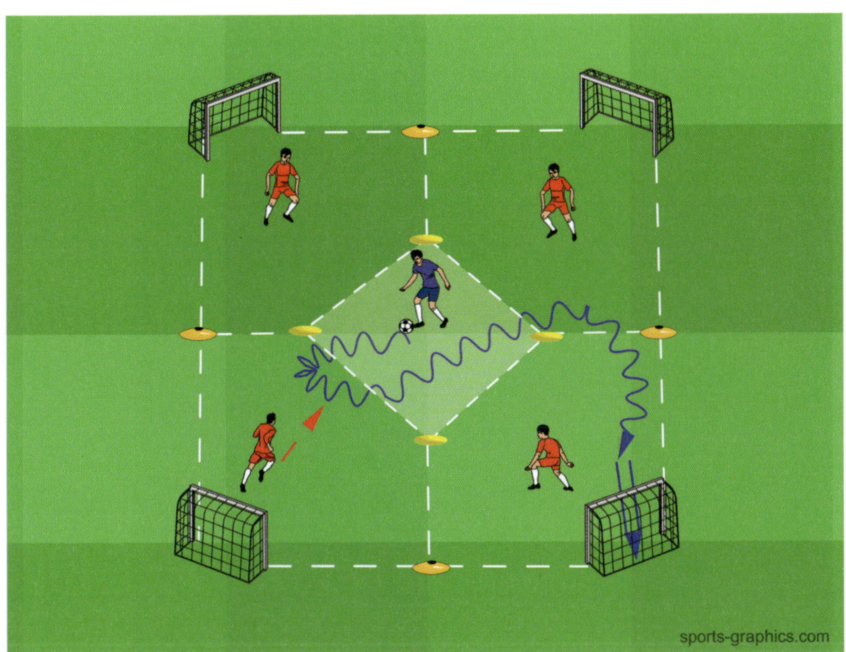

Organisation und Ablauf

» Ein Quadrat (Größe: 10 x 10 Meter) und im Feld eine Raute (jede Seite fünf Meter lang) aufbauen.
» An jeder Ecke des Quadrats ein Minitor aufstellen.
» Jeder Spieler von Team Rot hat sein eigenes Feld.
» In der Raute darf sich nur der blaue Spieler befinden.
» Der blaue Spieler dribbelt in ein Feld und geht in 1-gegen-1-Situationen. Erkennt er keine Lücke, kann er in jedes weitere Feld dribbeln und weiter nach Möglichkeiten suchen, bis ein Treffer erfolgt.
» Nach fünf Aktionen wechselt der Spieler in der Mitte.

Variation

» Der Spieler darf nur noch in drei Felder wechseln, anschließend darf er nur noch zwei Felder bespielen.

Coachinghinweise

» Schnelle Bewegungen und Körpertäuschungen fordern.
» Finten einbauen.
» Eine enge Ballführung fordern.

1 gegen 1 – Freilaufen

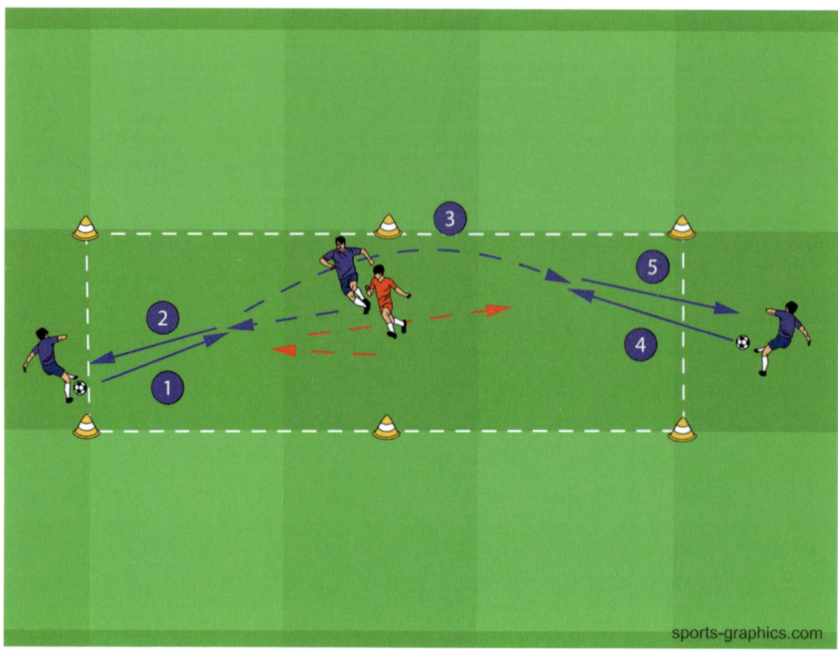

Organisation und Ablauf

- Ein Feld (Größe: 10 x 5 Meter) aufbauen und die kurzen Seiten mit jeweils einem Spieler besetzen. Im Feld steht ein blauer Spieler (Ballbesitz) und ein roter Spieler (Verteidiger).
- Der blaue Spieler im Feld muss sich ständig freilaufen und Pässe von den äußeren Spielern fordern, die er mit einem Direktpass zurückspielt.
- Der rote Spieler stört seinen Gegenspieler und versucht, den Ball zu erobern.
- Bei dreimaliger Balleroberung (Ball am Fuß oder Ball im Aus) wird in der Mitte gewechselt.

Variation

- Fünf Pässe ergeben einen Punkt.

Coachinghinweise

- Ständig in Bewegung bleiben.
- Mit Körpertäuschungen spielen.
- Auf ein sauberes Passspiel achten und den Ball auf den richtigen Fuß spielen.

1 gegen 1 – Dribbling durch Hütchentore plus Abschluss auf Minitore

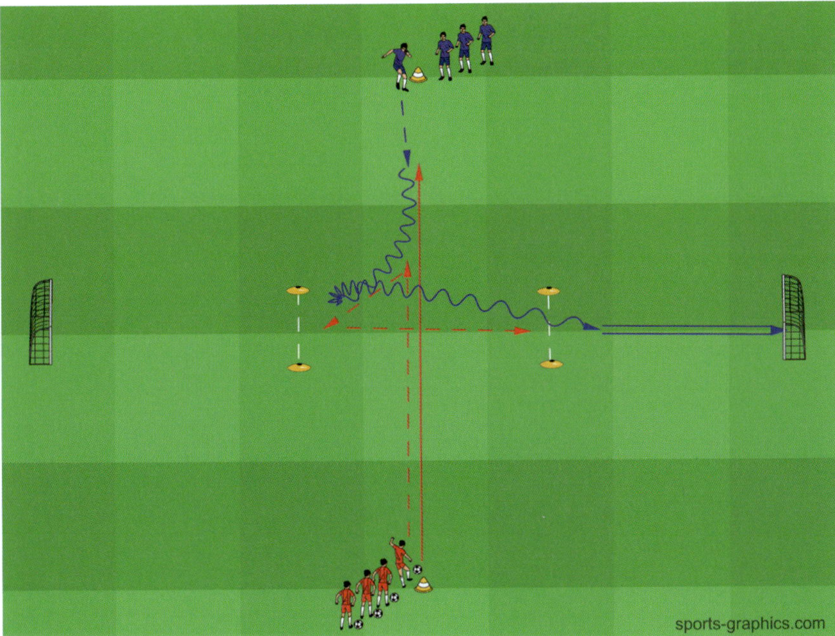

Organisation und Ablauf

- Ein Feld aufbauen (Größe: 20 x 20 Meter). An den Seiten jeweils ein Minitor aufstellen. An den oberen und unteren Seiten sind die Startpunkte der zwei Teams mit jeweils vier Spielern. Im Zentrum mit acht Meter Abstand voneinander zwei Hütchentore positionieren.
- Die angreifende Mannschaft (in Blau) erhält ein Zuspiel von der verteidigenden Mannschaft (in Rot) und dribbelt ins Zentrum, wo sie durch eins der Hütchentore dribbeln muss, um dann einen Treffer auf die Minitore erzielen zu können.
- Team Rot verhindert die Aktion, indem die Spieler nach dem Zuspiel sofort nachlaufen und den Weg zum Gegenspieler verkürzen und den Ball erobern.

Variation

- Hohes Anspiel fordern.

Coachinghinweise

- Den Ball mit dem ersten Kontakt in die Bewegung mitnehmen.
- Hohes Tempo und Finten einbauen.
- Den Abstand verkürzen, eine defensive Stellung einnehmen und den Ball auf den schwachen Fuß des Gegenspielers lenken.

Seitliches 1 gegen 1 auf Minitore

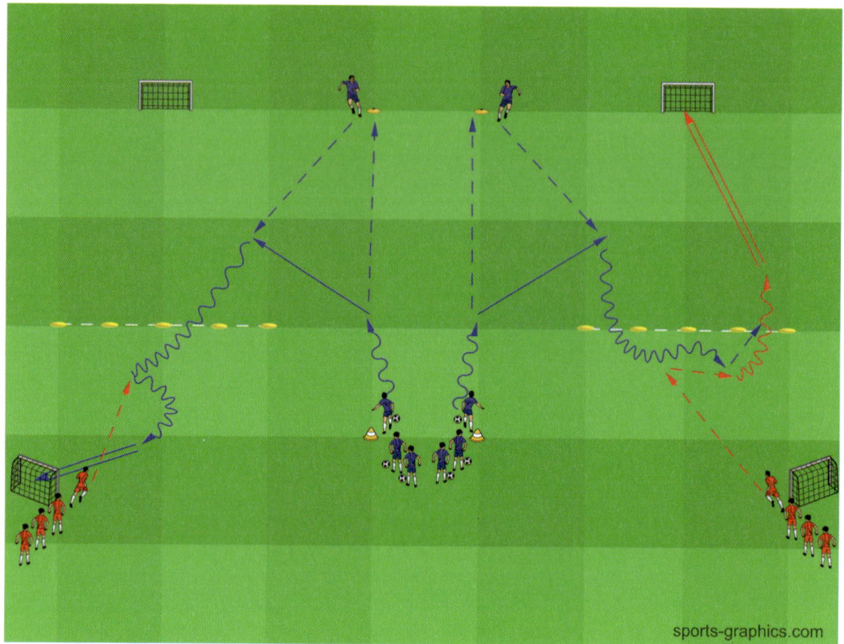

Organisation und Ablauf

- Zwei Teams bilden mit acht Spielern. Jeweils stehen vier Spieler auf einer Seite.
- Zwei Felder aufbauen, in denen jeweils mit fünf Plättchen vier Plättchentore gebildet werden.
- 10 Meter mittig über der Plättchenlinie jeweils ein Minitor positionieren.
- Acht Meter vom äußersten Plättchen nach unten ebenfalls jeweils ein Minitor aufstellen.
- Die Startpunkte sind fünf Meter diagonal von den inneren Plättchen entfernt, wo sich das angreifende Team (in Blau) befindet. Zusätzlich wird 15 Meter weiter, auf der Höhe der Minitore, ein Hütchen aufgestellt, wo sich ein weiterer Spieler befindet.
- Das verteidigende Team positioniert sich neben seine Minitore.
- Der startende Spieler dribbelt fünf Meter an und spielt den startenden Spieler in den Lauf. Dieser entscheidet sich, durch welches Plättchentor er dribbelt und geht ins 1 gegen 1, um einen Treffer zu erzielen.

Variation

- Erobert der Verteidiger den Ball, kann er durch die Plättchentore dribbeln und ein Tor im gegnerischen Minitor erzielen.

Coachinghinweise

- Hohen Tempo im Dribbling fordern.
- Ein sauberes Passspiel auf den richtigen Fuß durchführen.
- Das defensive Stellungsspiel beachten.
- Den Angreifer nach außen lenken.

1 gegen 1 – um den 16-Meter-Raum herum ins Zentrum

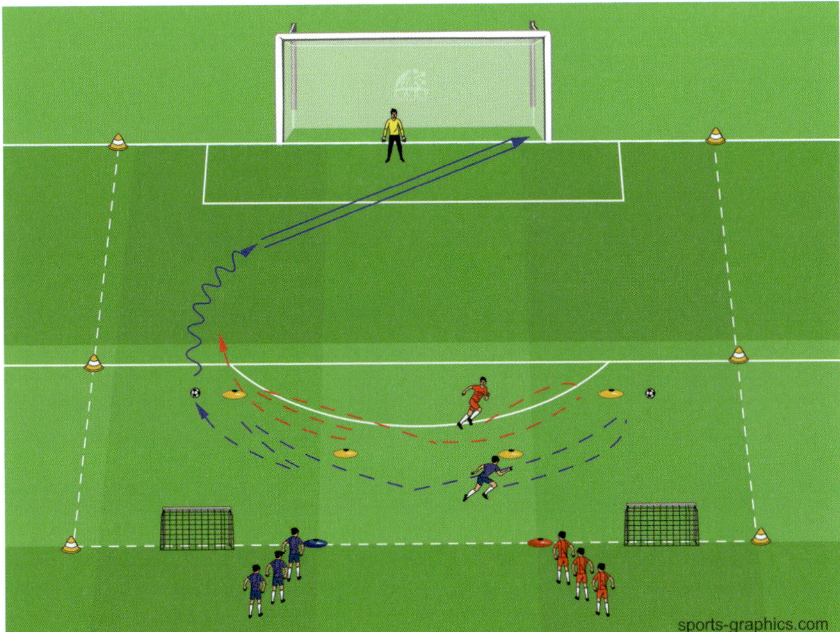

Organisation und Ablauf

- Ein Feld markieren, das eine Länge von 25 Metern hat. Auf dieser Linie zwei Minitore aufstellen.
- Um den Halbkreis des 16-Meter-Raums vier Hütchen aufstellen und neben den äußeren Hütchen zwei Bälle hinlegen.
- Der Torhüter geht ins Tor.
- Der verteidigende Spieler (in Rot) befindet sich vor den Hütchen und agiert zunächst passiv, aber stellt den angreifenden Spieler (in Blau) mit seinem Stellungsspiel.
- Wenn der angreifende Spieler den Ball berührt, kann der verteidigende Spieler auch aktiv angreifen und den Ball erobern.
- Erobert der Verteidiger den Ball, kann er einen Treffer auf die Minitore erzielen.

Variation

- Die Zeitvorgabe begrenzen.

Coachinghinweise

- Viele Richtungswechsel einbauen.
- Alles im hohen Tempo spielen.

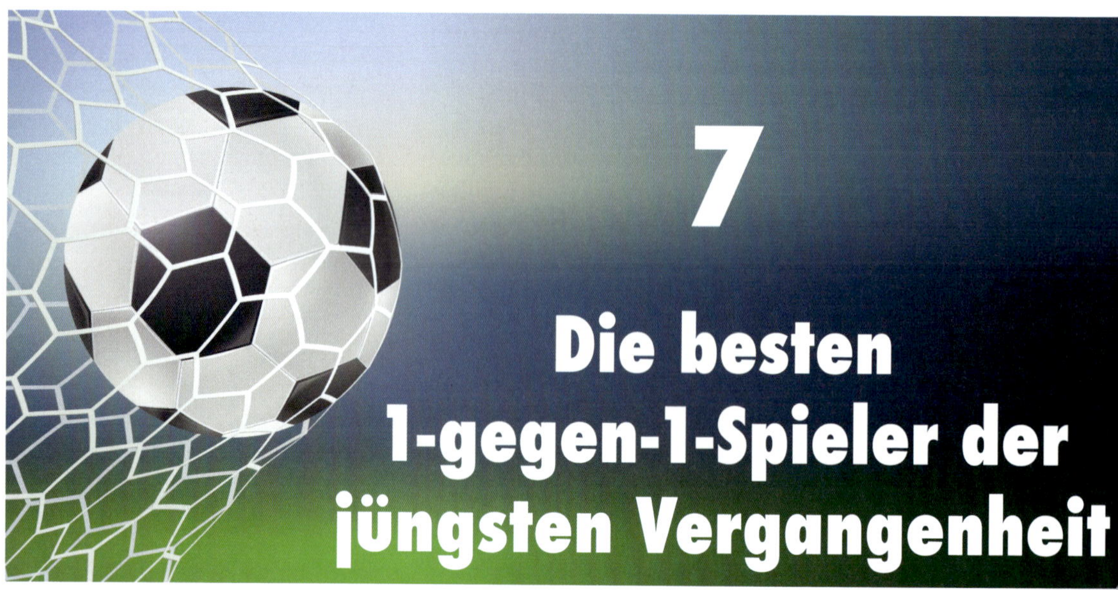

7

Die besten 1-gegen-1-Spieler der jüngsten Vergangenheit

1 Cristiano Ronaldo

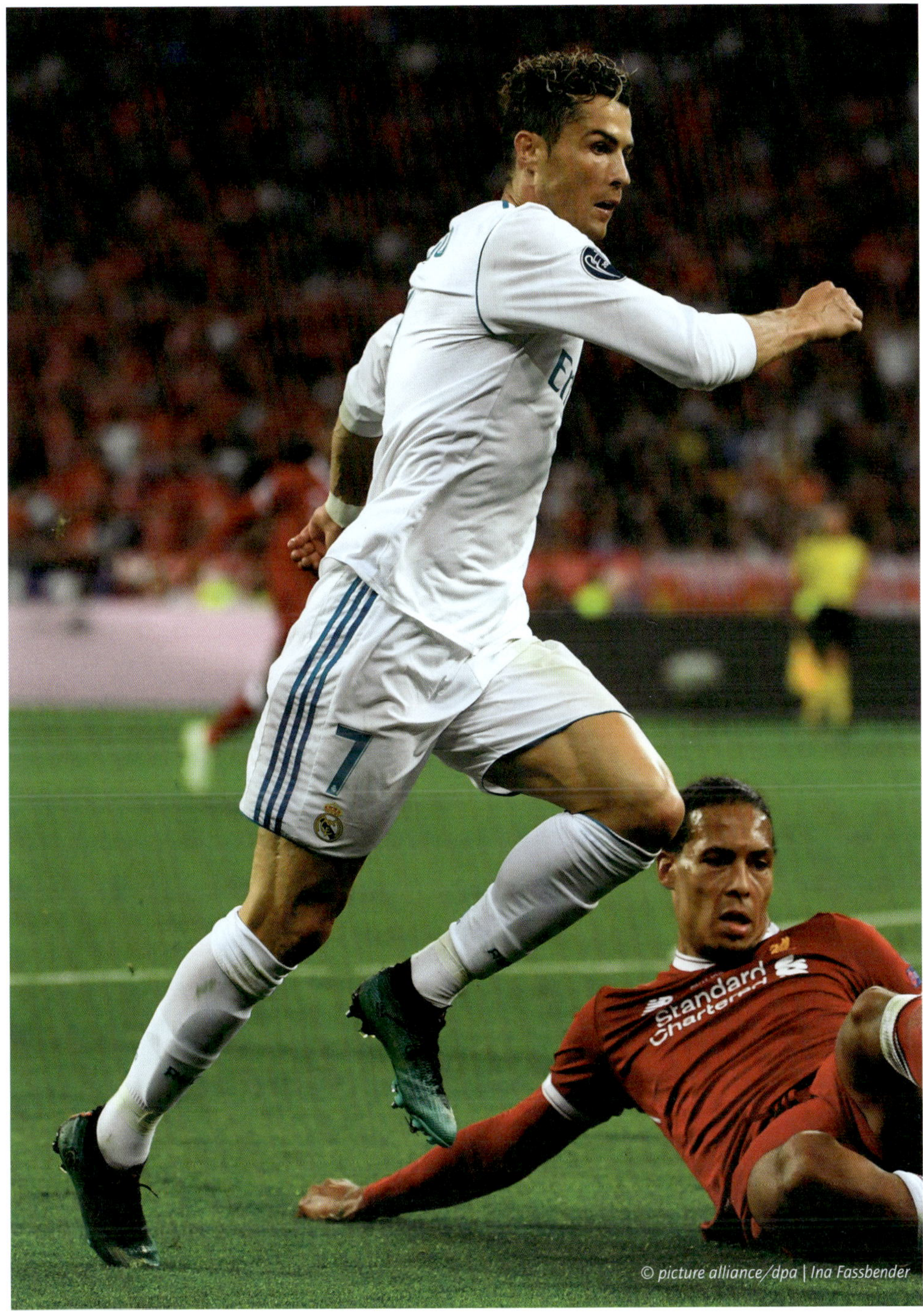

2 Zinedine Zidane

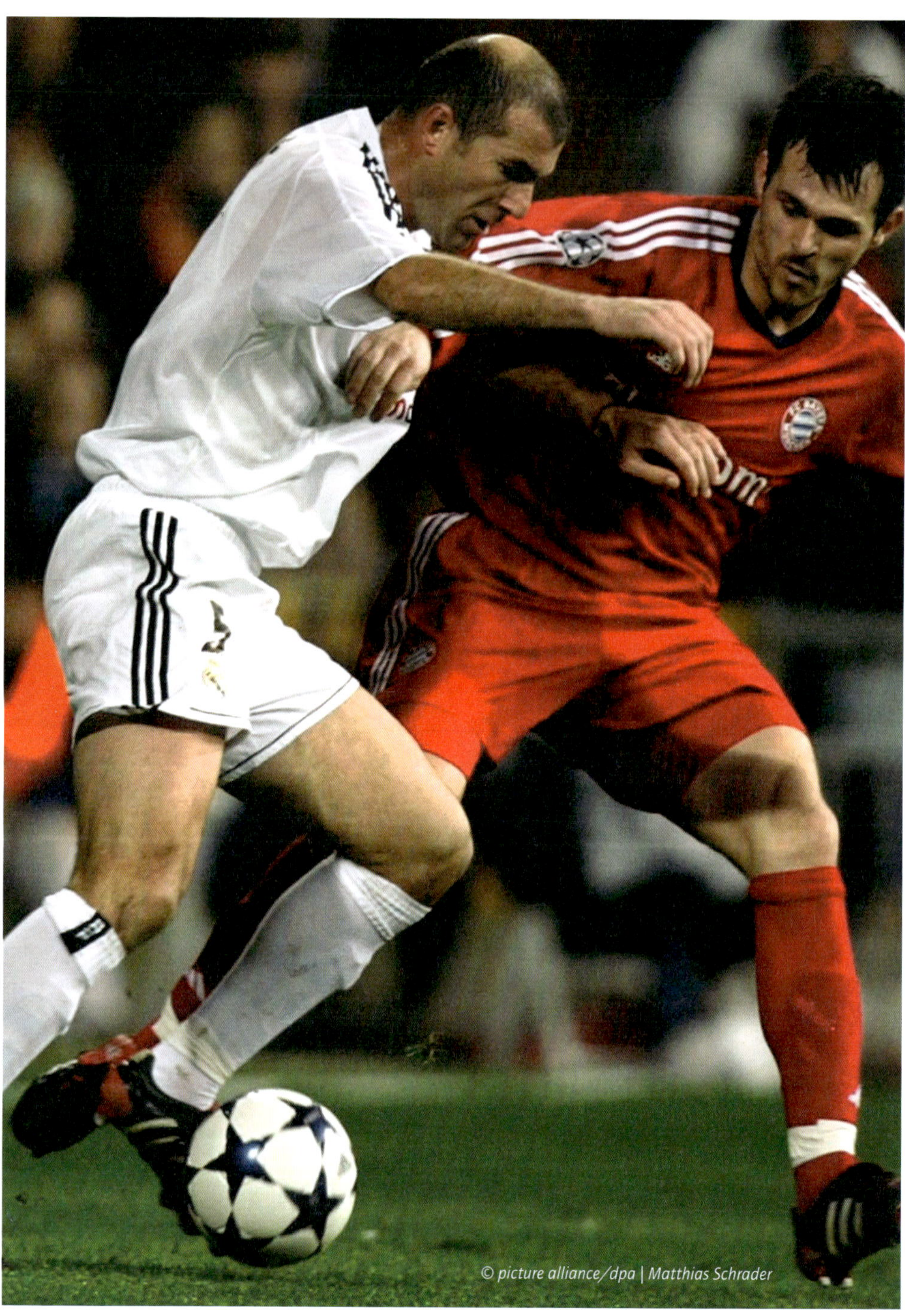
© picture alliance/dpa | Matthias Schrader

3 Arjen Robben

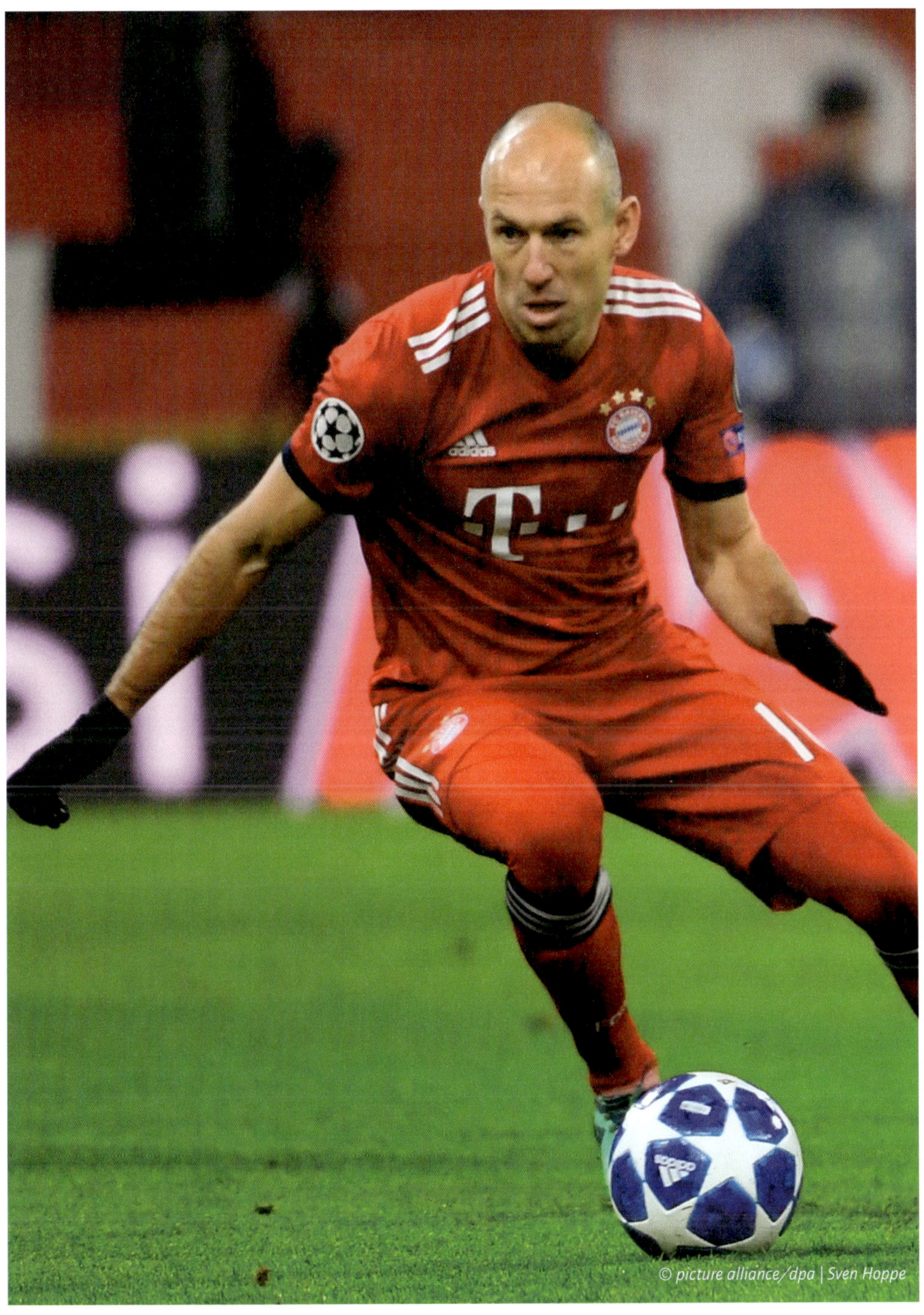
© picture alliance/dpa | Sven Hoppe

4 Zlatan Ibrahimovic

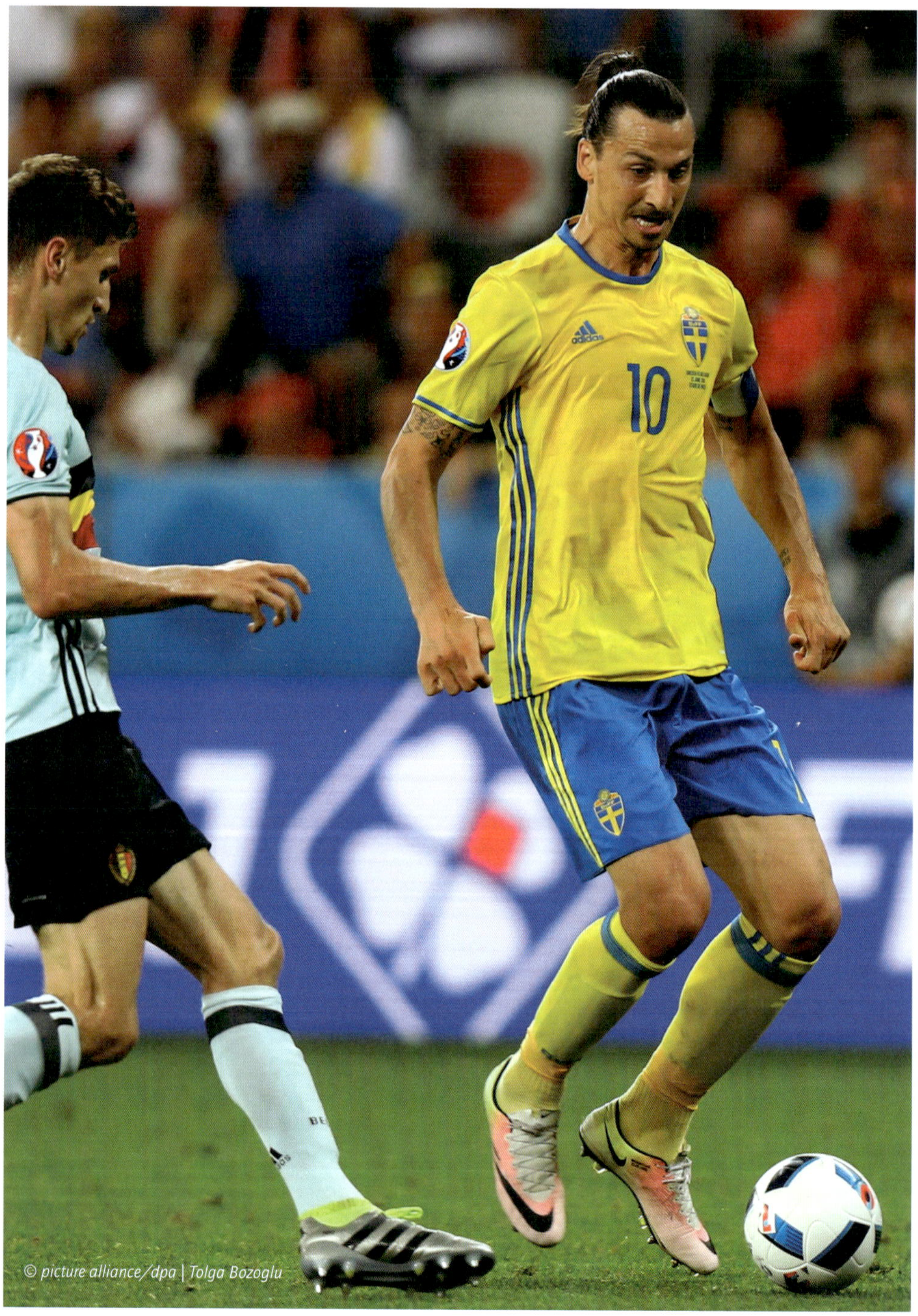

© picture alliance/dpa | Tolga Bozoglu

5 Franck Ribéry

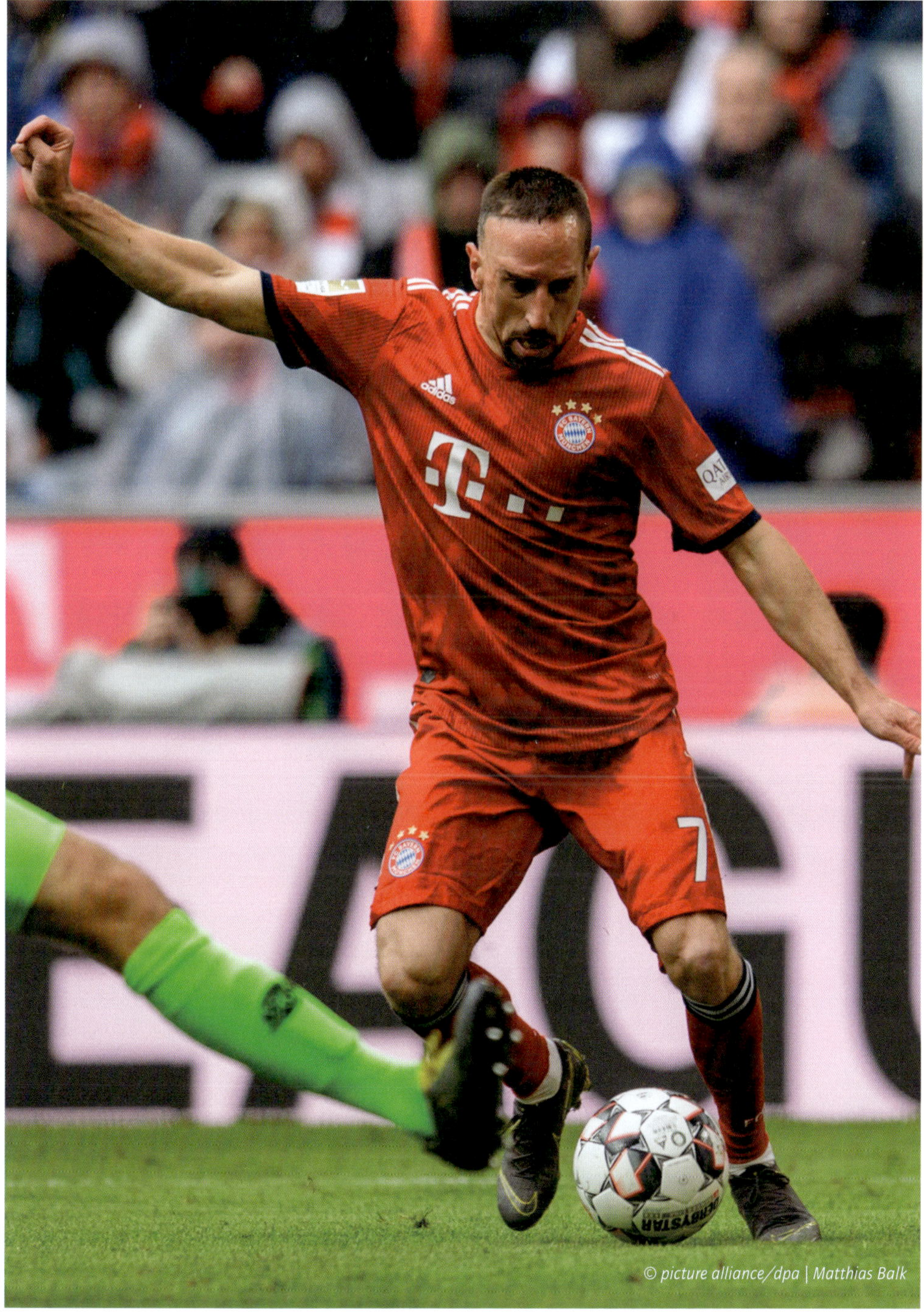

© picture alliance/dpa | Matthias Balk

6 Andrés Iniesta

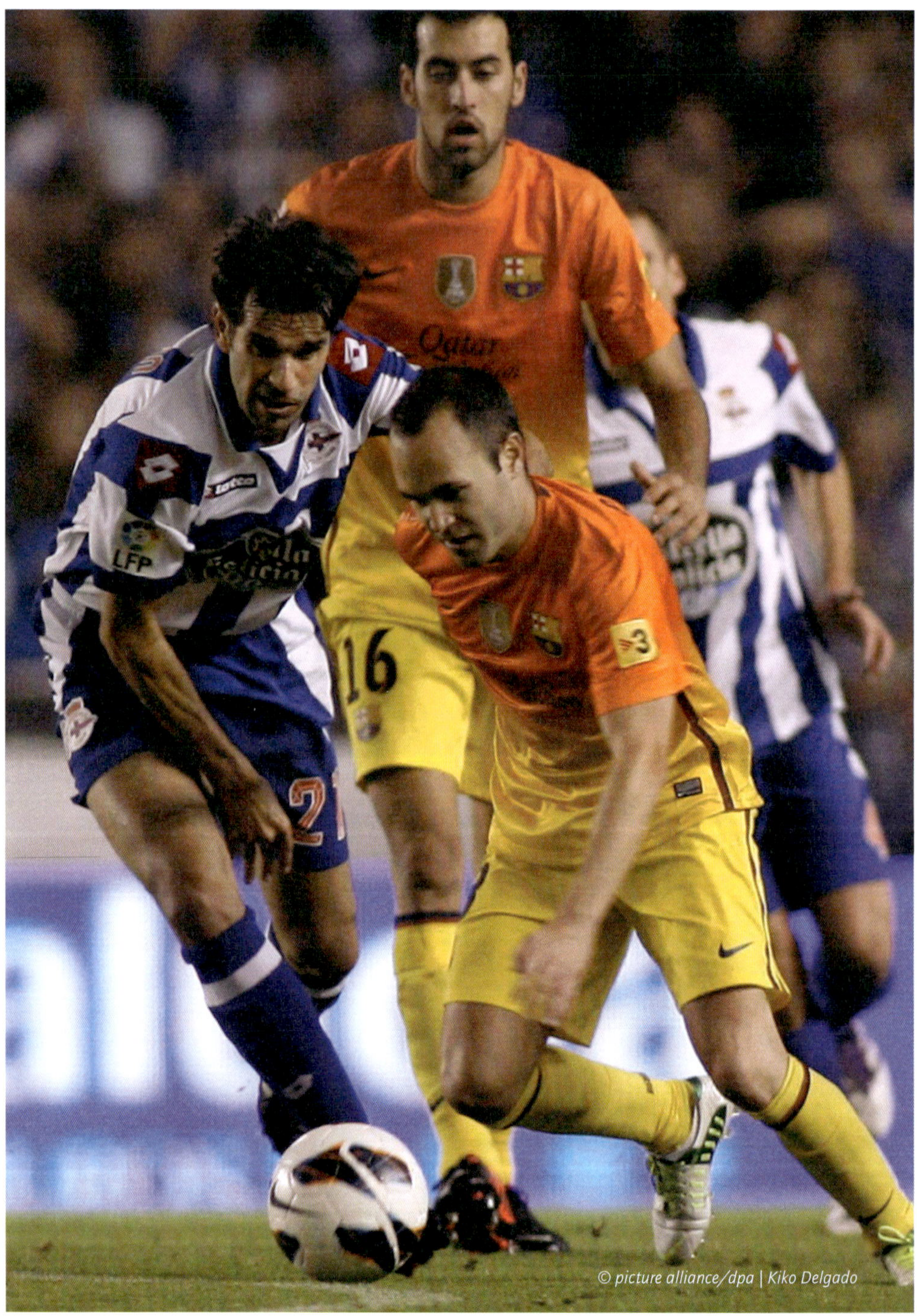

© picture alliance/dpa | Kiko Delgado

7 Steven Gerrard

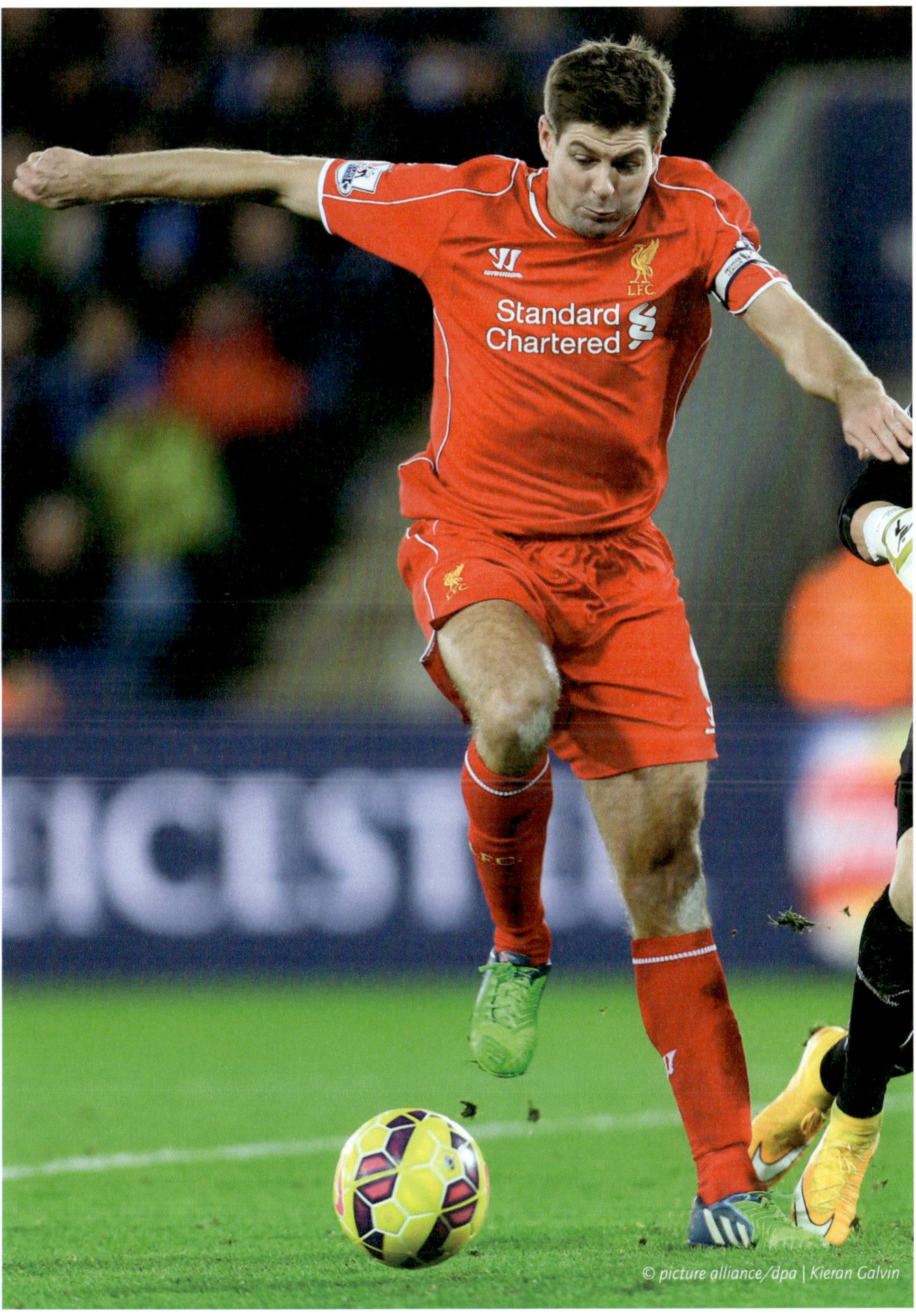

© picture alliance/dpa | Kieran Galvin

8 Xavi Hernandez

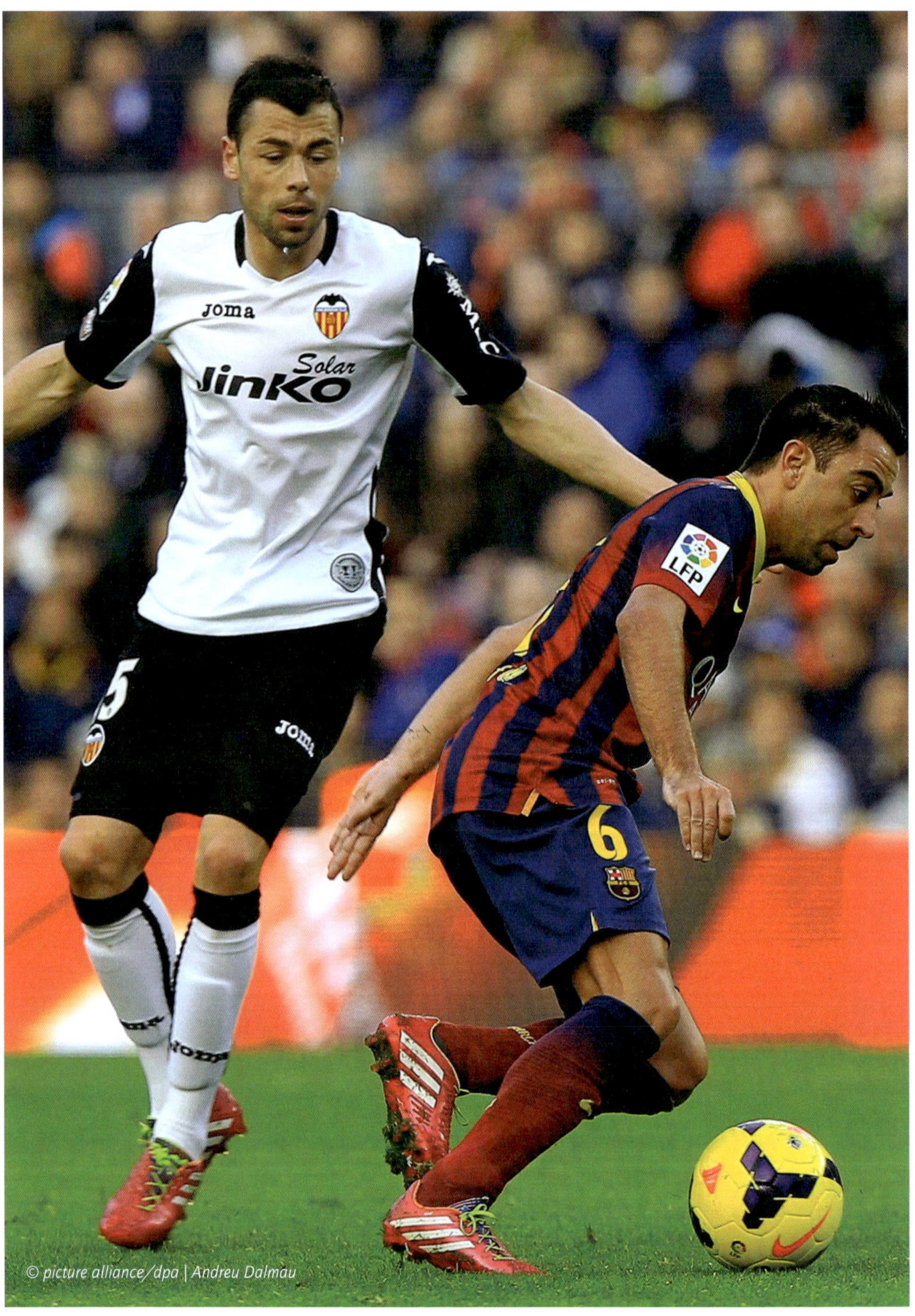

© picture alliance/dpa | Andreu Dalmau

9 Luis Figo

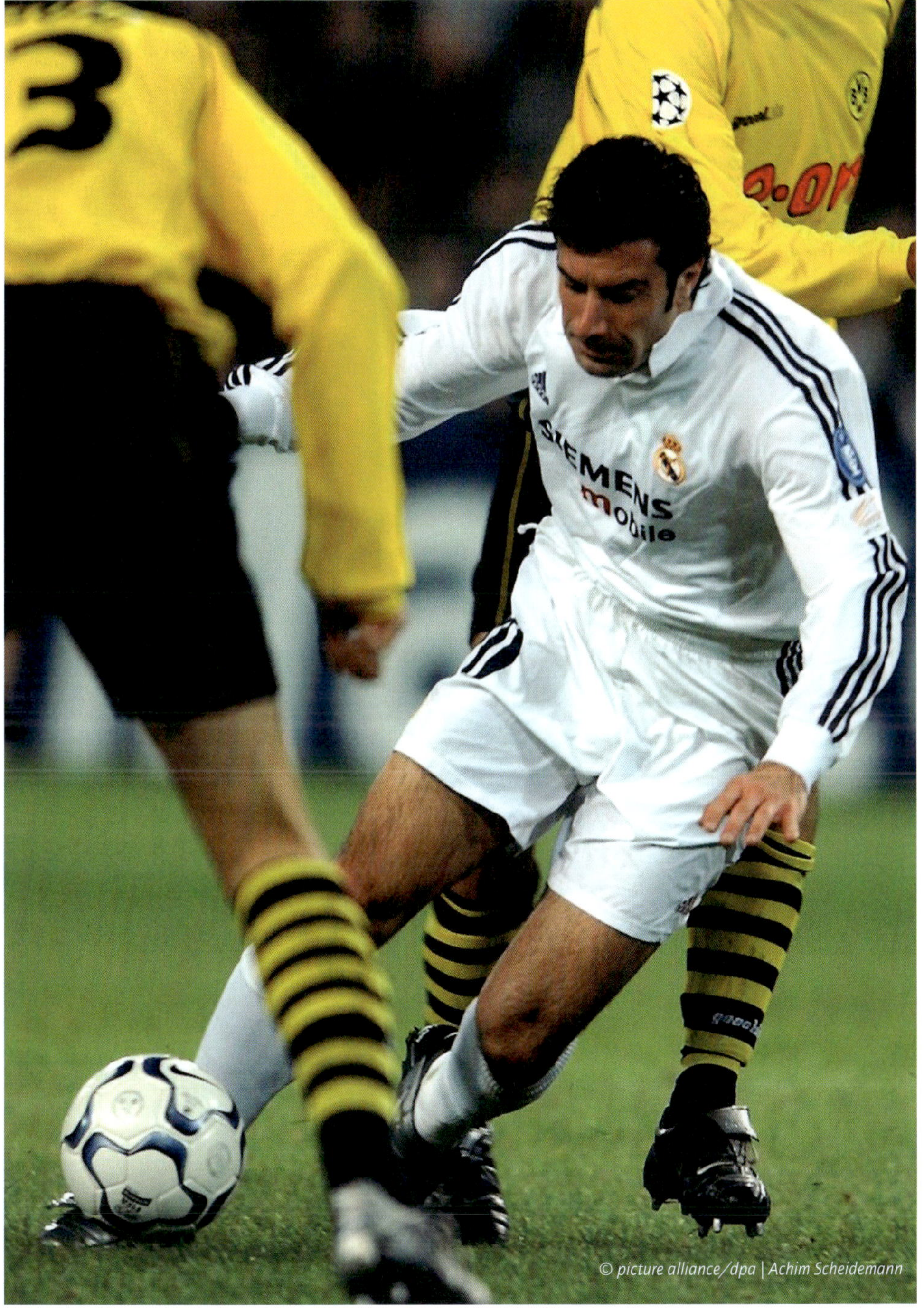

© picture alliance/dpa | Achim Scheidemann

10 Ronaldinho

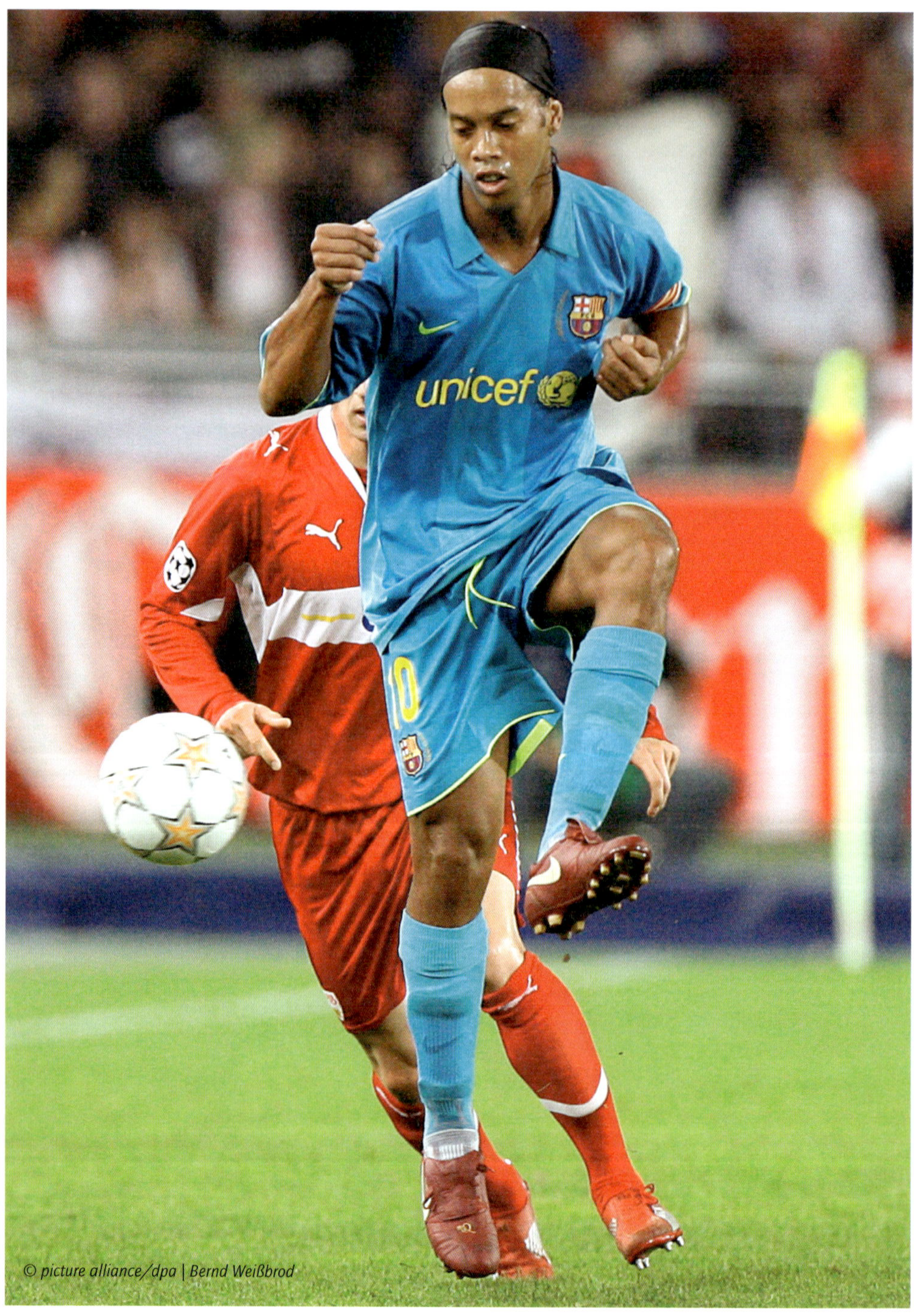

© picture alliance/dpa | Bernd Weißbrod

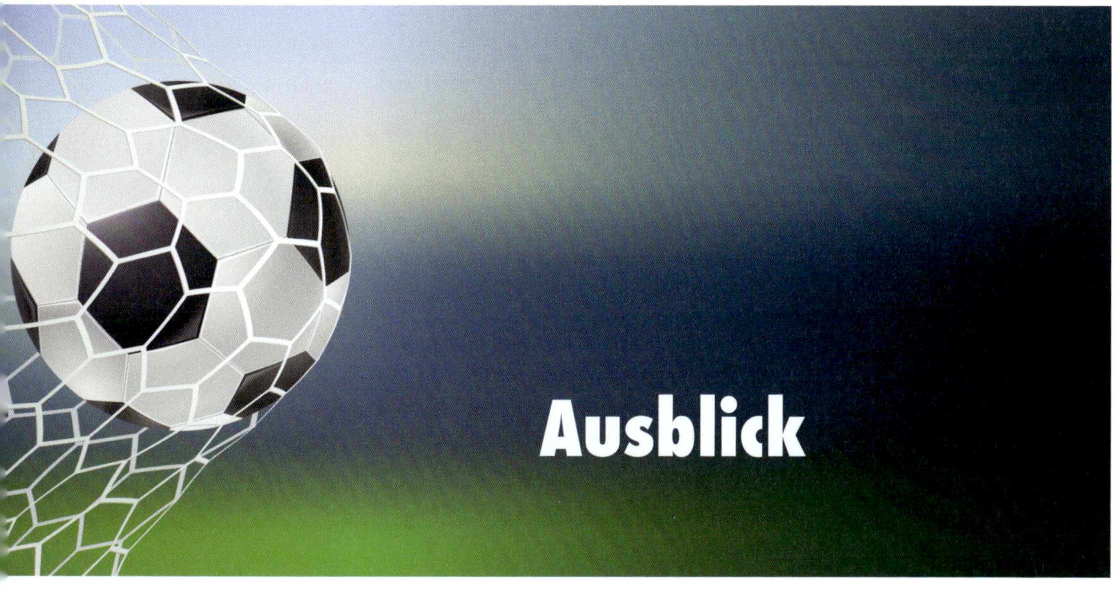

Ausblick

Insgesamt wird das 1 gegen 1 im Fußball immer eine wichtige Rolle spielen und es wird auch in Zukunft von Bedeutung bleiben. Spieler, die in dieser Fähigkeit besonders stark sind, können einen entscheidenden Vorteil ausmachen und einen großen Einfluss auf den Erfolg ihrer Mannschaft haben.

Das 1 gegen 1 im Fußball war schon immer ein wichtiger Faktor für den Erfolg einer Mannschaft. Es ist jedoch möglich, dass dies in Zukunft noch wichtiger wird, da sich der Fußball ständig weiterentwickelt und neue Taktiken und Strategien entstehen.

Eine der wichtigsten Entwicklungen im modernen Fußball ist die Verwendung von schnellen Kontern und schnellem Umschalten. In diesen Situationen kommt es oft zu 1-gegen-1-Situationen, in denen der Spieler mit der besseren Technik und dem besseren Dribbling in der Lage ist, den Gegner zu überwinden und ein Tor zu erzielen.

Darüber hinaus werden immer mehr Mannschaften auf ein ballbesitzorientiertes Spiel setzen, bei dem sie versuchen, den Ball so lange wie möglich in den eigenen Reihen zu halten und den Gegner auszuspielen. In solchen Situationen sind die Spieler, die in der Lage sind, den Ball zu halten und gleichzeitig den Gegner zu umgehen, von unschätzbarem Wert.

Insgesamt wird das 1 gegen 1 im Fußball auch in Zukunft wichtig sein, da es den Spielern ermöglicht, sich in engen Spielsituationen durchzusetzen und den Unterschied auszumachen.

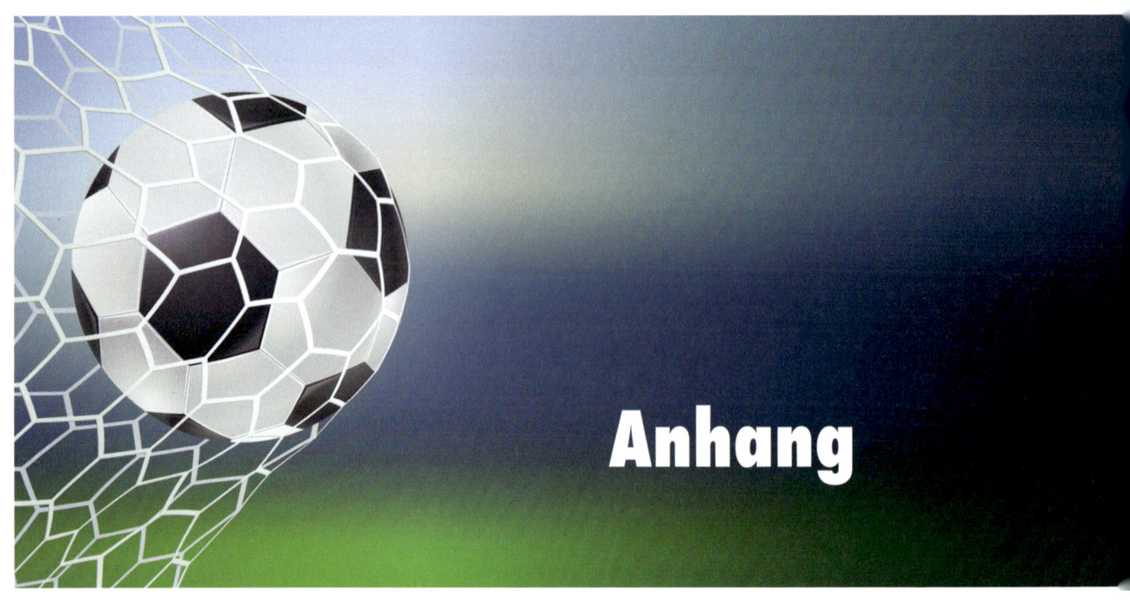

Anhang

1 Literaturliste

Kaß, P. & Bach, P. (2022). *Bolzplatzmentalität*. Aachen: Meyer und Meyer.

Kaß, P. (2022). Ex-Profi oder Akademiker? Wer trainiert besser? *Fussballtrainer Magazin*, Ausgabe 27, 46-50. Aachen: Meyer und Meyer.

Kaß, P. & Bach, P. (2021). Problemfeld Bolzplatzmentalität. *Fussballtrainer Magazin*, Ausgabe 21, 13. Aachen: Meyer und Meyer.

Kaß, P. (2021). Fußball: Technik - Taktik - Athletik – Kognition. Aachen: Meyer und Meyer.

Kaß, P. (2020). *Talentförderung im Fußball*. Aachen: Meyer und Meyer.

2 Bildnachweis

Coverbild:	© dpa - picture alliance
Covergestaltung:	Dafni Perrou
Umschlaggestaltung:	Isabella Frangenberg
Kapitelaufmacher-Grafik:	© AdobeStock
Abbildungen:	© easy sports graphics
Bilder Innenteil:	© dpa - picture alliance
Layout:	Isabella Frangenberg
Satz:	www.satzstudio-hilger.de
Lektorat:	Dr. Irmgard Jaeger

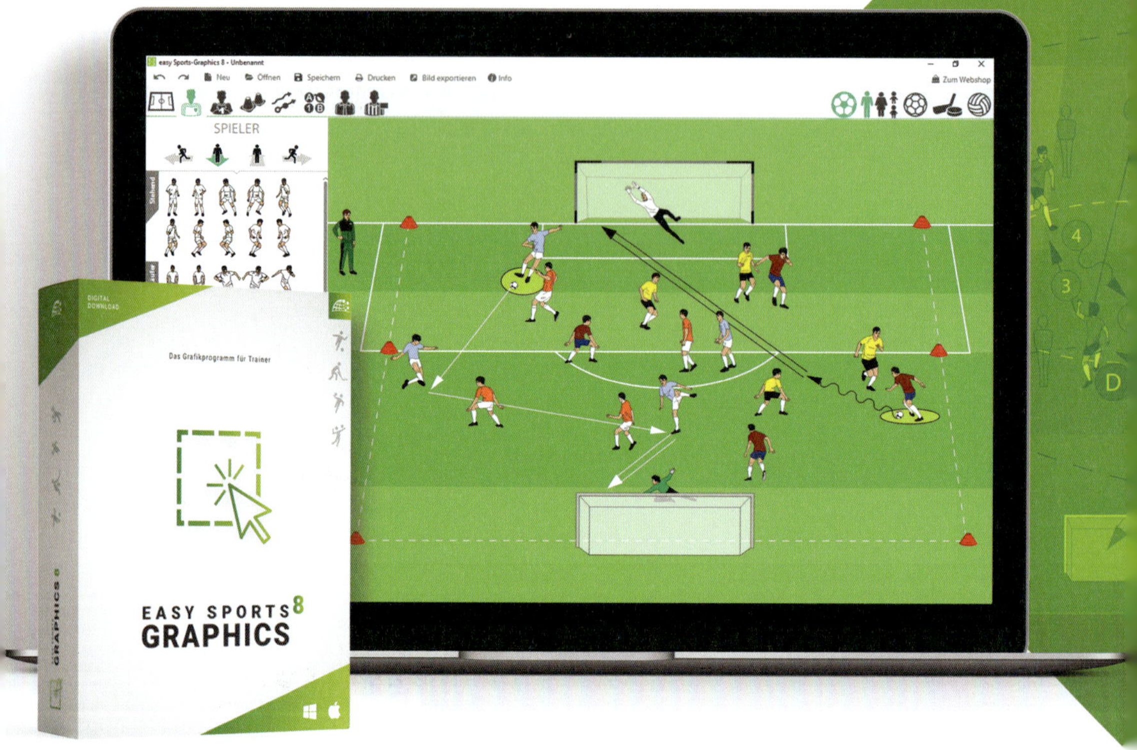

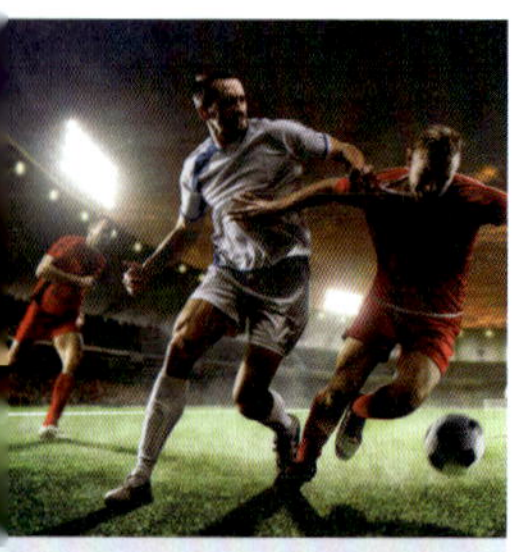

UNSERE FUSSBALLBÜCHER

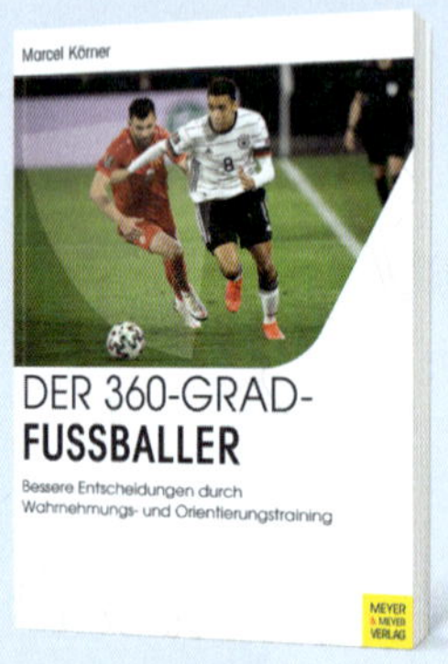

ISBN 978-3-8403-7871-3
€ [D] 28,00/[A] 28,80

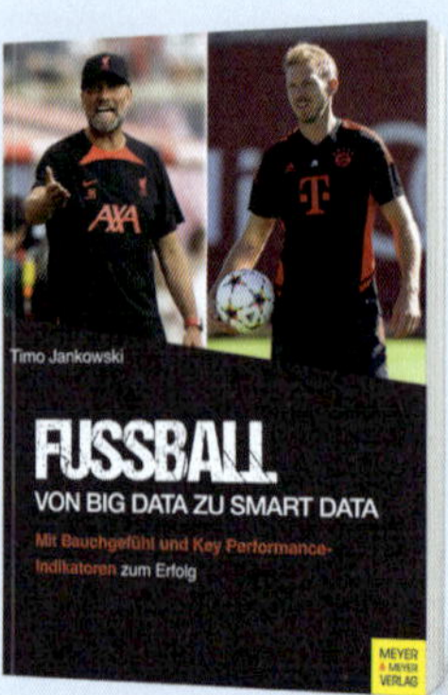

ISBN 978-3-8403-7839-3
€ [D] 28,00/[A] 28,80

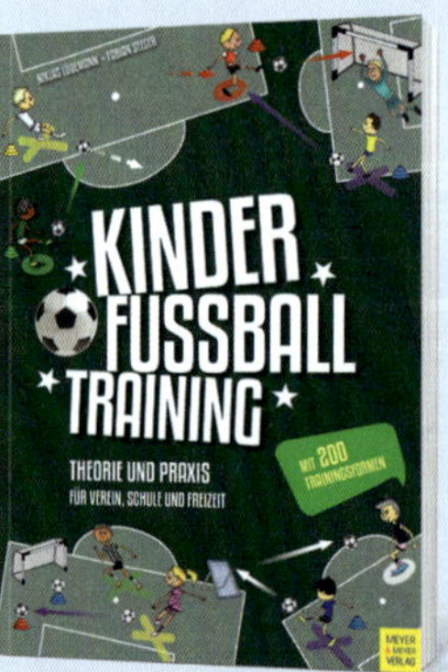

ISBN 978-3-8403-7828-7
€ [D] 40,00/[A] 41,20

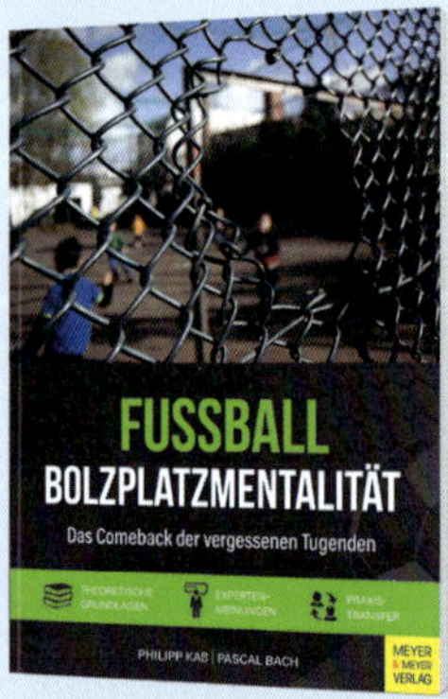

ISBN 978-3-8403-7814-0
€ [D] 20,00/[A] 20,60

MEYER
& MEYER
VERLAG

MEYER & MEYER Verlag
Von-Coels-Str. 390
52080 Aachen

Telefon 02 41 - 9 58 10 - 25
Fax 02 41 - 9 58 10 - 10
E-Mail vertrieb@m-m-sports.com
Website www.dersportverlag.de